融合型·新形态教材
复旦社云平台 fudanyun.cn

婴幼儿托育·教养·早期教育系列教材

U0730942

婴幼儿早期教育活动设计与组织

主 编 徐小妮

副主编 左斌营 林 青

编 委 （按姓氏笔画排列）

左斌营 李 路 林 青

胡倩雅 徐小妮 韩 奕

融合型·新形态教材

婴幼儿托育·教养·早期教育系列教材

复旦大学 出版社

内容简介

　　0~3岁是人生发展的初始阶段，也是一生中发展最为迅速的时期，还是人生的重要奠基期。高质量的早期教育活动是促进婴幼儿发展的有力保障，而提升早期教育、婴幼儿托育从业人员的专业水平是提升婴幼儿早期教育活动质量的关键。本书对婴幼儿早期教育活动设计的理论基础、环境创设、具体活动的设计与组织等进行了细致梳理。在活动设计与组织模块，按照每6个月一个阶段展现了婴幼儿身心发展特点以及对应的适宜活动。希望通过本书的学习，能够提升学习者的早期教育活动设计能力，进而提升早期教育服务质量。

　　书中配套资源丰富，包括PPT教学课件、教案、拓展阅读、练习题及答案解析等，可登录复旦社云平台（www.fudanyun.cn）查看、获取。每个模块后配套的在线测试题，可以辅助学习者及时检验学习情况。教案仅限授课教师获取。

　　本书既可作为婴幼儿托育、早期教育及学前教育等专业的专用教材，也可作为幼儿教师的培训用书。

复旦社云平台
数字化教学支持说明

为提高教学服务水平，促进课程立体化建设，复旦大学出版社建设了"复旦社云平台"，为师生提供丰富的课程配套资源，可通过"电脑端"和"手机端"查看、获取。

【电脑端】

电脑端资源包括PPT课件、电子教案、习题答案、课程大纲、音频、视频等内容。可登录"复旦社云平台"（fudanyun.cn）浏览、下载。

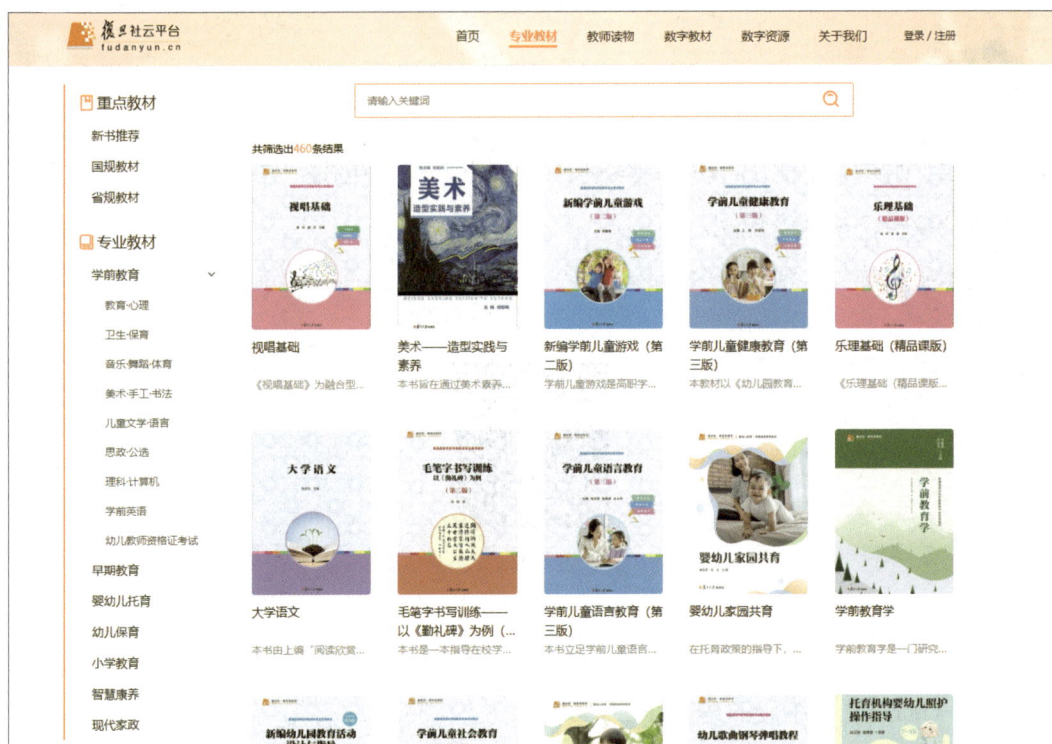

Step 1 登录网站"复旦社云平台"（fudanyun.cn），点击右上角"登录／注册"，使用手机号注册。

Step 2 在"搜索"栏输入相关书名，找到该书，点击进入。

Step 3 点击【配套资料】中的"下载"（首次使用需输入教师信息），即可下载。音频、视频内容可点击【数字资源】，搜索书名进行浏览。

📱 【手机端】

PPT 课件、音视频、阅读材料：用微信扫描书中二维码即可浏览。

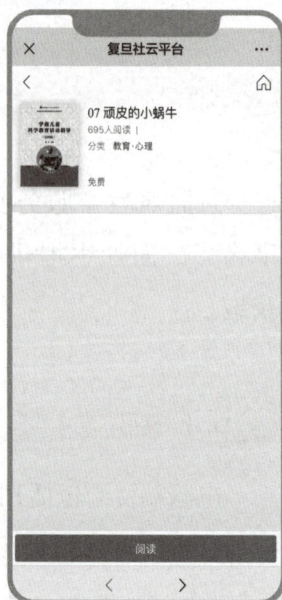

扫码浏览

📖 【更多相关资源】

更多资源，如专家文章、活动设计案例、绘本阅读、环境创设、图书信息等，可关注"幼师宝"微信公众号，搜索、查阅。

平台技术支持热线：029-68518879。

"幼师宝"微信公众号

✏️ 【本书配套资源说明】

1. 刮开书后封底二维码的遮盖涂层。

2. 使用手机微信扫描二维码，根据提示注册登录后，完成本书配套在线资源激活。

3. 本书配套的资源可以在手机端使用，也可以在电脑端用刮码激活时绑定的手机号登录使用。

4. 如您的身份是教师，需要对学生使用本书的配套资料情况进行后台数据查看、监督学生学习情况，我们提供配套教师端服务，有需要的教师请登录"复旦社云平台"（fudanyun.cn），点击"教师监控端申请入口"提交相关资料后申请开通。

前言

　　人生百年，立于幼学。0～3岁是人生发展的初始阶段，也是一生中发展最为迅速的时期，还是人生的重要奠基期：人的健康、语言、认知、情感态度、人格发展、行为习惯都要在此时期打下坚实的基础，为终身发展做好铺垫。2010年，联合国教科文组织在首届"世界幼儿保育和教育大会"上指出，接受保育和教育是儿童的人权，对个人与国家而言都具有深远的意义和价值。尤其是0～3岁，是为儿童创设适宜发展轨道的最佳时期。此外，投资婴幼儿早期教育也是在投资国家的未来。据"全球跟踪研究报告"显示，每投入1美元在儿童早期发展与教育，就会收获4～9美元的社会经济回报。因此，世界各国都对婴幼儿早期教育的重要性达成了共识。

　　近些年，世界各国进一步将确保0～3岁婴幼儿（以下简称"婴幼儿"）早期教育质量作为儿童早期教育发展的重要内容之一。例如，欧美主要发达国家建立了系统化的儿童早期教养体系，有机整合儿童早期学习标准、教师专业发展、教育质量评估，以确保儿童早期教育质量。我国也非常重视婴幼儿早期教育的质量。例如，2017年10月，习近平总书记在党的十九大报告中明确提出"幼有所育"是我国七大民生工程之首，要为0～6岁婴幼儿建立一个全覆盖的早期教育公共服务保障体系，提升早期教育质量。2019年5月，国务院办公厅印发的《关于促进3岁以下婴幼儿照护服务发展的指导意见》中指出：建立完善婴幼儿照护服务体系，促进婴幼儿健康成长；到2025年，实现婴幼儿照护水平明显提升。

　　婴幼儿早期教育活动的质量是体现教育质量的核心指标之一。当前，许多国家的早期教育活动研究正在蓬勃发展中。虽然各国国情不同，在婴幼儿早期教育的理念上也有差异，但都强调：婴幼儿早期教育的目标是要培养婴幼儿的身心健康与安全感，有良好的语言和社会交往能力，有良好的生活习惯与个性，有强烈的好奇心和求知欲，有基本的阅读和数概念能力，为成长为健康、自信、坚韧、幸福的人打好基础。此外，还强调家庭教育的重要性。简言之，婴幼儿早期教育就是要为婴幼儿创设最适宜他们健康成长的系统化教育体系。在这个教育体系中，强调早期教育应培养完整儿童，应尊重每名婴幼儿的个体差异；强调教育内容应贴近婴幼儿真实的生活经验，在游戏、操作、模仿、社会交往中支持婴幼儿的学习；强调真实性评价。我国自20世纪末开始发展婴幼儿早期教育实践与理论研究，在二十多年的时间里，婴幼儿早期教育活动设计与组织领域的研究有了新进展。例如，逐步认识到婴幼儿时期的独特性与价值，重视婴幼儿早期教育活动，重视婴幼儿家庭教育的引导，等等。但在实践操作层面，仍存在许多问题。例如，婴幼儿早期教育活动过于侧重知识、技能培养，课程活动盲目跟风现象严重，活动内容系统性不足，忽略对婴幼儿及其家长真实需求的关注等。这些问题都亟待解决。

提升早期教育、婴幼儿托育从业人员的专业水平是提升婴幼儿早期教育活动质量的关键。婴幼儿早期教育活动设计与组织作为一项综合性专业能力，是教师专业核心能力的体现。因此，本教材在编写过程中特别强调培养教师的这项能力。同时，本教材以"完整儿童""婴幼儿为本""顺应发展""发展适宜性教育实践"等核心教育理念为依据，强调教育活动应尊重婴幼儿及其家庭，保障婴幼儿的基本权利，鼓励婴幼儿在适宜的教育环境中自主探索，实现整合性发展目标，为一生的幸福做好铺垫。在教材具体的内容安排上，从基本的核心知识、理论理解入手，再分八个月龄段详细介绍婴幼儿早期教育活动目标制定、内容选择、环境创设、组织实施与调整、家庭教育指导各环节工作的具体开展，帮助学习者真正掌握早期教育活动的设计与组织。最后，还补充了婴幼儿早期教育特色活动与家长教育活动的设计与组织，以提升学习者对于婴幼儿特色类教育的了解与进行家长教育的能力。

本书各模块内容概要及编者如下：模块一，介绍了婴幼儿早期教育活动设计与组织的基本概念、原则、价值、流程，由上海震旦职业学院李路老师撰写；模块二，分别从教育活动设计与组织理论、婴幼儿早期教育理论、家庭教育理论三个视角，介绍了婴幼儿早期教育活动设计与组织的理论基础，由本人、李路老师和青岛职业技术学院韩奕老师共同撰写；模块三，阐述了婴幼儿早期教育活动环境创设的理论与实践，由湘南幼儿师范高等专科学校林青老师撰写；模块四，介绍了0～1岁四个月龄段婴儿早期教育活动的设计与组织，由上海震旦职业学院左斌营老师撰写；模块五，介绍了1～2岁两个月龄段幼儿早期教育活动的设计与组织，由本人和林青老师共同撰写；模块六，介绍了2～3岁两个月龄段幼儿早期教育活动的设计与组织，由上海震旦职业学院胡倩雅老师撰写；模块七，介绍了婴幼儿感觉统合、蒙台梭利、奥尔夫音乐教育活动的设计与组织，由韩奕老师撰写。全书由本人统稿。

本书的编写得到了复旦大学出版社的大力支持与帮助，赵连光编辑的耐心、认真、负责、专业令本书添色不少，在此表示感谢！书中若有不足之处，恳请各位读者批评指正，以便不断修订完善。

徐小妮

杭州科技职业技术学院

目 录

模块 一

认识婴幼儿早期教育活动设计与组织

模块导读

　　系统地学习婴幼儿早期教育的相关理论知识是设计和组织婴幼儿早期教育活动的良好基础，主要包括掌握婴幼儿早期教育活动设计与组织的相关概念和价值，遵循婴幼儿早期教育活动设计与组织的原则，理解并梳理婴幼儿早期教育活动设计与组织的流程。期望通过本模块的学习，学习者能够形成"以婴幼儿为主""以养为主、教养融合"的科学教养观念，以更好地设计与组织早期教育活动。

学习目标

　　1. 掌握婴幼儿早期教育活动设计与组织的相关概念和价值。
　　2. 掌握婴幼儿早期教育活动设计与组织的原则。
　　3. 理解并梳理婴幼儿早期教育活动设计与组织的流程。

思维导图

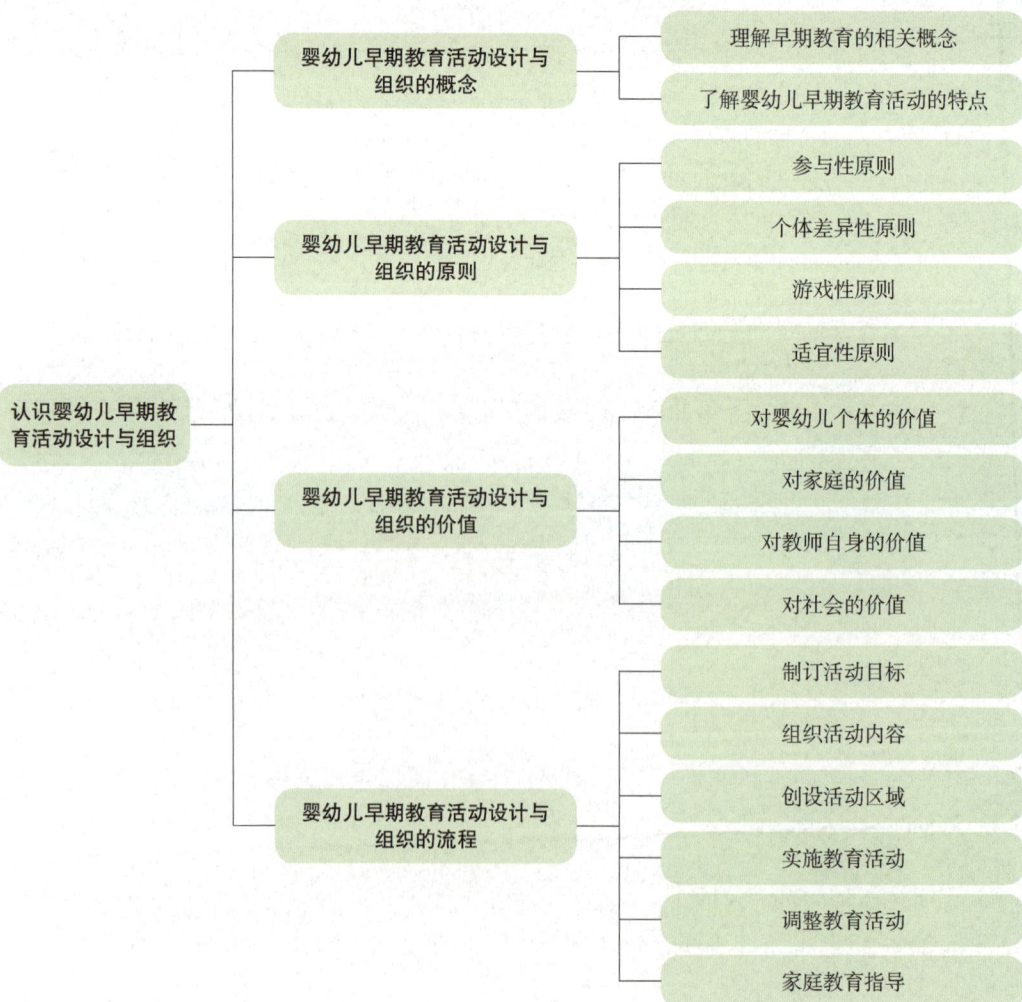

任务一 婴幼儿早期教育活动设计与组织的概念

案例导入

李萌今年大三，即将下园实习，但因为没有找到合适的实习幼儿园，最后选择了一家婴幼儿托育机构。可是，学习的幼儿园教育活动设计是不是能直接用到托育机构的活动设计中呢？早期教育的概念是什么？如何设计和组织一个完整、优秀的早期教育活动呢？李萌陷入了沉思。

任务要求

1. 了解婴幼儿早期教育的缘起和发展历程。
2. 理解早期教育相关概念。
3. 掌握婴幼儿早期教育活动的特点。

一、理解早期教育的相关概念

（一）婴幼儿早期教育

婴幼儿早期教育，是指以促进婴幼儿身心全面发展为核心目标的系统化教育活动。

首先，婴幼儿早期教育的年龄界定是 0～3 岁，因此本书中的"婴幼儿"概念特指 0～3 岁婴幼儿。其中，0～1 岁称为婴儿，1～3 岁称为幼儿（幼儿的年龄范围为 1～6 岁）。0～3 岁跨越了婴儿期和幼儿期两个阶段，且与 3～6 岁幼儿相比，0～3 岁婴幼儿的年龄差异性更大，甚至不同月龄段的婴幼儿都有较大差异，故又将 0～3 岁婴幼儿细分出了几个月龄段。目前，较常用的月龄段划分方式为"八段法"，即：0～3 个月、4～6 个月、7～9 个月、10～12 个月、13～18 个月、19～24 个月、25～30 个月、31～36 个月。

其次，婴幼儿早期教育强调儿童身心的全面发展。儿童一出生就是一个完整的个体，其身心交融，且心理发展的各领域也密不可分。所以，婴幼儿早期教育应基于"完整儿童"教育理念，为婴幼儿在健康、动作、语言、认知、社会交往领域提供最适宜的教育和养育支持。

（二）教育活动设计

设计，指为了创造性地产出新事物或解决新问题而预先进行的规划，包括观察分析、内容初定、调整等步骤，强调预先性和规划性。教育活动设计指教师对教学过程的预先规划，具体包括了解教育对象，设定教育过程（包括确定教育目标、选择教育内容、明确教育行为、创设教育环境），调整教育活动等。教育活动设计的核心目标是提升教育质量，最大限度地支持教育对象的学习与发展。

（三）早期教育活动分类

一般来说，教育活动的类别有不同的划分方式：依据活动结构，可以分为单一领域和综合领域教育活动；依据活动特征，可以分为生活活动、游戏活动和学习活动；依据发起方，分为自主活动和教学活动；依据活动组织形式，分为集体活动、小组活动和个别活动；依据活动环境，分为户外活动和室内活动等。

早期教育活动的主体是婴幼儿，而婴幼儿的发展有其自身的特殊性，如早期教育活动呈现出整合性和游戏性等特点，其活动分类主要包括综合领域教育活动（主题活动）和游戏活动。综合领域教育活动是相对单一领域活动而言的，指在整个活动中一般包含两种及两种以上的领域，追求的是婴幼儿的全面发展，有利于婴幼儿系统地掌握知识、全面地认识生活。游戏活动是指以游戏的形式开展的教育活动，婴幼儿的活动主要以游戏的形式展开。

二、了解婴幼儿早期教育活动的特点

（一）整合性

所谓整合，是指把不同类型、不同性质的事物拼接成一个联系紧密的整体。婴幼儿本身就是一个完整的发展有机体，无论是生理发育的各器官机能还是心理发展的各领域，都是同步发展、相互联系和制约的。婴幼儿早期教育活动的整合性是指将各种教育资源、活动形式和活动内容整合在一起，发挥这些要素的积极作用，整合成完整的、联系紧密的教育活动系统，这是科学育儿、促进婴幼儿全面发展的关键。因此，早期教育活动为了顺应婴幼儿的发展规律，在活动目标、活动内容、活动资源和活动形式上都要具备整合性。

首先，活动目标要整合相关方面的要求。教师在撰写目标时，可根据具体的活动内容写出两到五个目标，这些目标应是整合了健康、动作、语言、认知、社会交往等领域的内容，认知、情感与态度、操作技能三个维度，以及不同月龄段婴幼儿的发展特点和规律，为整个早期教育活动的设计提供方向。

其次，活动内容的整合，表现为两个方面。一是同一领域间的内容整合，教师根据同一领域内知识之间的相关度有目的地将它们整合成一个教育活动，通过教育活动引导婴幼儿系统地学习和应用这些知识；二是不同领域间的整合，指打破各个领域的界限，将不同领域的内容整合在一起，组合成以某一知识点为中心的全面的教育活动内容。婴幼儿的早期教育活动主要以综合领域（主题）式的活动形式开展，活动内容中同时涵盖了多个领域的内容。

最后，活动资源和活动形式等方面的整合。活动资源包括社会、社区、家庭、教育场所等各种环境资源，应根据活动目标和内容的不同，充分利用资源，为婴幼儿提供全方位的良好的成长环境。在活动形式上，可将个别活动、小组活动、集体活动三种活动形式按照不同组合方式整合在一起，形成混合式活动形式，教师可根据婴幼儿发展特点灵活选择组合方式，满足婴幼儿的发展需求。

（二）生活化

生活化是指婴幼儿早期教育的活动内容、活动环境等要素都要紧密贴合婴幼儿的实际生活。我国著名教育家陶行知先生提出了"生活即教育"的理论，他认为，对于儿童来讲，身边的实际生活就是教育，儿童可从生活中学习、发展，生活对于儿童有着特殊的意义。尤其在0～3岁，婴幼儿正处于感知运动阶段，其认识的事物主要来源于周围的生活环境，尤其是家庭生活环境，所接受的教育主要是在日常生活的养育中进行的，即"教养结合"，而且是"以养为主"。因此，在婴幼儿的一日照护中渗透教育、在教育活动中体现生活化显得尤为重要。

首先，活动内容生活化。早期教育活动要立足婴幼儿实际生活，活动内容的选择要贴近实际，引导婴幼儿获得独立生活的知识和能力，将教育与婴幼儿的生活需要紧密联系在一起。例如，对婴幼儿精细动作的训练可以结合日常生活中使用勺子就餐、剥豆子来开展。其次，活动环境生活化。早期教育活动应遵循陈鹤琴先生的"活教育"理论，倡导"大自然、大社会都是活教材"，教师在为婴幼儿创设活动环境时要充分利用现实环境资源，突破室内空间的限制，引导婴幼儿热爱大自然，喜欢在"大自然"中认识、了解花草树木和山河湖泊，在"大社会"中了解人们生活，进行社会交往，不断体验和积累真实的生活经验。

（三）主体性

主体性是指早期教育活动中遵循"以婴幼儿为主体"的原则，在设计和组织教育活动时教师要尊重婴幼儿的主体地位，在活动内容的选择、指导方式的选用、活动环境的创设等方面坚持以婴幼儿为主体，尊重婴幼儿的个体差异，充分调动婴幼儿的积极主动性，引导婴幼儿获得适宜的发展。

由于婴幼儿是自身成长的主人，他们有强大的内在学习与发展动力，有自己的发展节奏、方式、速度，早期教育主要起支持、协助的作用，因此，活动设计要贴合婴幼儿的发展特点，顺应婴幼儿的身心发展规律，选择他们好奇的、感兴趣的活动内容，开展能够激发他们自主性、创造性的活动形式，创设相应的活动环境，潜移默化地引导他们积极主动地探索并获得解决问题的能力。在指导方式的选用上，由于早期教育活动情况特殊，0～3岁这一年龄阶段的婴幼儿具有主体意识不强的特点，因此，教师应使用隐性支持的指导方式，将指导隐藏在环境创设、内容选择和观察指导中，顺应其发展规律，促使婴幼儿在活动中真正成为内在学习和发展的主体。

任务二　婴幼儿早期教育活动设计与组织的原则

案例导入

众所周知，早期教育教师（也称"早教教师"）是一种专业性很强的职业。但是，早期教育教师的专业性并未得到家庭的充分认可：他们认为，早教教师与保姆的差异不大。近些年，随着婴幼儿早期教育相关师资资格认定的落实，早教教师的专业性开始逐步受到认可。

那么，如何提高婴幼儿教师早期教育活动的设计和组织能力？在设计和组织早期教育活动时，应该坚持哪些原则？

任务要求

1. 了解婴幼儿早期教育活动设计的重要性。
2. 掌握并灵活运用婴幼儿早期教育活动设计的原则。

遵循教育规律与原则，是达成良好教育效果的重要基础。因婴幼儿早期教育活动对象的特殊性，对于活动过程中的参与性、个体差异性、游戏性、适宜性等原则要求较高，只有在设计活动时遵循这些基本原则和要求，才能设计和组织适合婴幼儿全面发展的教育活动。

一、参与性原则

参与性原则是指在婴幼儿早期教育活动过程中，婴幼儿、家长、教师三方都需要身心一体地真正参与到活动中。遵循参与性原则的必要性主要有两点：一是婴幼儿作为教育主要对象，正处于感知运动阶段，如果不能确保婴幼儿的直接感知和主动探索，婴幼儿的大脑中就难以真正理解活动内容、提高认知能力；二是早期教育倡导教养结合，对家庭教育协同配合的要求更高，家长如果没有较好地参与其中，没有提高自身育儿知识和能力，最终将难以形成教育合力。

要在教育活动的设计和组织中遵守参与性原则，教师要做到以下四点：一是在活动内容上，根据婴幼儿的月龄段发展特点，认真选择顺应婴幼儿动作发展规律的身体动作和婴幼儿感兴趣的新奇事物作为活动内容，符合其发展兴趣，提高其参与度，为其自身发展提供支持；二是在活动过程中，由于婴幼儿注意力保持时间短，教师应通过较活泼夸张的动作、表情，保持婴幼儿注意力集中，维持婴幼儿的活动参与度，使其获得观察力、思维能力的发展；三是在活动正式开始前和结束后，设计告知家长和家长提问环节，帮助家长了解活动和相关专业知识，调动其积极性，使其更好地参与其中；四是在活动中，设计与家长互动的环节，明确对家长的引导和要求，帮助家长学习科学的育儿知识，提高自身育儿水平。

二、个体差异性原则

个体差异性原则是指尊重婴幼儿之间的不同，根据婴幼儿自身的特点，有针对性地设计和组织教育活动。婴幼儿之间的个体差异性主要源于遗传基因和发展速率的不同：一是从遗传基因的角度来看，由于婴幼儿从父母身上遗传的DNA排列顺序各不相同，即使是同卵双胞胎也存在一定的差异，所以婴幼儿之间必然存在差异性；二是婴幼儿时期的发展速度是人生中最快的时期，所以，这个年龄段的个体差异也最明显，不同的婴幼儿发展速度也具有一定的差异性，如有的婴幼儿开口说话早，有的则晚。正是由于这些原因，早期教育活动才更要尊重婴幼儿的个体差异性，为婴幼儿提供适合其自身特点的教育，才是最好的教育。

遵循个体差异性原则，教师可以从以下三个方面做好工作。首先，在同一班级、小组中，教师可通过观察婴幼儿之间的差别，结合婴幼儿在教学活动中表现出来的自身特质，进行个性化、针对性的指导，帮助婴幼儿发掘自己的兴趣点和优势。其次，在教育活动形式的选择上，可选择集体教学、小组教学和个别教学三种形式相结合的混合式活动形式，满足不同发展水平婴幼儿的发展需求，分级分层提高婴幼儿的发展水平。最后，教师应与婴幼儿的家长建立及时有效的沟通途径，了解婴幼儿在家发展情况，综合婴幼儿不同情境下的发展情况有针对性地设计和组织相应的教育活动，以促进婴幼儿的全面发展。

三、游戏性原则

游戏性原则是指教师将教育目标、教育内容蕴含在游戏中，采用游戏活动的形式实施教育，使婴幼儿在轻松、自由、欢乐的游戏氛围中，获得认知能力、规则意识等方面的发展。婴幼儿的教育要重点培养其对外界环境的探索兴趣，而游戏性活动是婴幼儿主要的探索形式，因此，教育活动要顺应婴幼儿发展特点以游戏的形式实施教育。虽然这里说的游戏属于教育活动，具有一定的教育目标和内容，但由于婴幼儿自身发展特点的特殊性，游戏十分强调婴幼儿的主动参与和真实的游戏体验，并应尊重婴幼儿在游戏中的自主自愿性，满足婴幼儿的兴趣需求。例如，"舀豆子"游戏主要针对24个月的幼儿，将锻炼婴幼儿的精细动作和手眼协调能力这两个教育目标蕴含在游戏中，通过教师生动夸张的动作示范和家长及时的表扬鼓励，使整个"舀"的动作变得趣味十足，幼儿在"舀"的过程中，既获得了开心快乐的游戏体验，又锻炼了精细动作和手眼协调能力。

四、适宜性原则

适宜性原则是指教育活动的设计与组织要适合婴幼儿的身心发展规律，尊重其生长发育的水平和阶段。早期教育活动的难度无论是过高还是过低，都会产生婴幼儿现阶段发展不良、错失发展敏感期等一系列消极影响。适宜性主要体现在活动内容的选择适宜和活动量适宜两个方面：在活动内容选择上，要适应婴幼儿的年龄特征和不同婴幼儿的最近发展区，符合婴幼儿当前发展水平和需求，当婴幼儿能轻易掌握某内容后，可适当增加内容难度和广度，循序渐进；在活动量上，要考虑婴幼儿运动负荷的适宜性和婴幼儿的自身情况，遵循婴幼儿运动规律，包括婴幼儿生理机能的变化规律和动作技能的形成规律。在运动时，人体的生理机能呈现"上升—维持平稳—下降"的曲线，教师在设计活动时要注意动静结合、劳逸结合，在活动正式开始前进行热身，活动结束后进行休息放松，避免运动负荷量过强过大导致婴幼儿疲劳、注意力不集中，甚至是身体损伤。

任务三　婴幼儿早期教育活动设计与组织的价值

案例导入

星期六的下午，某早教机构海洋班（13～18个月）的门口一些奶奶（或外婆）在聊天，她们都是陪着儿媳或女儿带着孩子来上早教课的，其中一位奶奶说："现在的小娃子，才豆丁点大，就要花这么多钱上课，我儿子从小在野地里跑，也很聪明呀。"另一位奶奶回应道："是啊，那时候小孩子还结实健康呢，现在这孩子吃东西讲究，还得上课、陪着玩，说要建立亲子关系，没想到带个孩子这么累。"

对于奶奶们的谈话内容，你有何看法？你觉得早期教育到底重不重要？为什么要进行早期教育呢？

任务要求

了解并认识婴幼儿早期教育活动的重要价值。

意大利幼儿教育家玛利亚·蒙台梭利（Maria Montessori）认为："儿童出生后3年的发展在其程度和重要性上超过儿童一生的任何阶段，甚至可以把这3年看作是人的一生。"[①] 由此可见，0～3岁这一年龄阶段在人的一生中是何等重要。国内外的大量研究表明，早期教育活动对婴幼儿个体、家庭、教师、社会都有着不可估量的价值，起着不可或缺的作用。

一、对婴幼儿个体的价值

（一）促进婴幼儿健康的发展

早期教育活动对促进婴幼儿健康的发展起着十分重要的作用，主要体现在促进婴幼儿身体生长发育上。婴幼儿阶段大脑的生长发育十分迅速，教学活动中引导婴幼儿进行捏、夹等精细动作，能够激发婴幼儿大脑中富有创造性的区域；教学内容的趣味性，为婴幼儿的中枢神经系统提供适宜的刺激，使大脑保持在最佳的唤醒状态下，大脑机能变得更加敏锐，有利于婴幼儿的学习和记忆；在教育活动中，婴幼儿跟随教师和家长的引导，不断地进行坐、站、走、跑、跳、攀爬等大肌肉动作，自身运动量加强，肺活量加大、心脏收缩能力提升，促进心肺功能发育。婴幼儿身体的各器官、各生理机能得到锻炼，促进了骨骼和肌肉的生长，进而能够促进其生长发育。

① ［意］玛丽亚·蒙台梭利.童年的秘密［M］.马根荣，译.北京：人民教育出版社，2005.

同时，教师通过观察婴幼儿在早期教育活动中的表现，也能及时发现存在智力发育缺陷等问题的婴幼儿，做到"早发现、早干预"，进而实施合适的教育干预。

（二）促进婴幼儿动作的发展

婴幼儿的动作发展有其自身的发展规律性，包括翻身、坐、爬、站、行走的大肌肉动作和抓握、手眼协调等小肌肉动作的发展。婴幼儿早期教育活动的设计会根据婴幼儿不同月龄段的动作发展特点，顺应婴幼儿自身的动作发展规律，针对婴幼儿动作发展不协调的地方，有目的、有计划地进行相关动作锻炼。锻炼形式包括被动锻炼（教师协助），如抚触操和器械运动等；主动锻炼（婴幼儿按照要求自主运动），如游戏和淘气堡等；三浴（阳光浴、空气浴、水浴）锻炼，如郊游、游泳等。在适宜、适量的锻炼中，婴幼儿大肌肉动作和小肌肉动作协同发展，增强体质，提高免疫力。

（三）促进婴幼儿语言的发展

0～3岁的婴幼儿正处于语言发展的敏感期，通过语言领域的婴幼儿早期教育活动，教师将语音、词汇、语法等语言要素渗透到活动内容中，引导婴幼儿在轻松愉悦的氛围下，完成语言要素的积累和应用。其他领域的教育活动也为婴幼儿提供了丰富的语言交往机会，教师应引导婴幼儿在不同的语言情境下不断地实践，在与家长、教师的沟通过程中积累语词应用经验，提高语言技巧，养成良好的倾听习惯，增强语言表达能力，进而促进语言的发展。例如，在教育活动中，婴幼儿会回应成人的问题"宝宝知道""宝宝会"，向成人寻求帮助"打开""我要这个"，教师则积极向婴幼儿提问"这是什么""我们要怎么做呢"，以此引导其主动表达。

（四）促进婴幼儿认知的发展

认知，是指人认识事物的过程及其品质的整体概念，包括感知觉、记忆、思维和想象等方面。婴幼儿的认知发展是指其认知结构的形成和认知能力的提升及其随年龄增长而发生的规律性变化。在教育活动的作用下，婴幼儿的感知觉、记忆、思维和想象力都将获得发展。

1. 丰富婴幼儿感知觉体验，提高其适应环境的能力

早期教育活动能够为婴幼儿提供多种多样的环境刺激，包括声音、颜色、气味、味道、质地、大小、距离、形状等，丰富婴幼儿的感知觉体验，进而促进其对外界环境各种变化的适应能力，为其构建一个丰富多彩的教育环境。而且，早期教育活动具有的趣味性也使得这些感知觉刺激变得生动、自然，使婴幼儿更易接受所学知识并获得相应能力的提高。

2. 推动婴幼儿记忆力的提高和智力的发展

早期教育活动使婴幼儿的大脑处于兴奋状态，可加快脑神经细胞之间的信息传递，在活动过程中快速捕捉和记忆接收到的感觉刺激，使得"接收—加工—存储—提取"的大脑信息加工过程得以迅速运转，进而促进婴幼儿记忆力的提高。

在整个教育活动过程中，婴幼儿不断接受外界所带来的新知识、新刺激，通过理解和认同，尝试将它们与自己原有的知识结构进行结合，提高自身的认知水平，促进智力的发展。有研究数据表明，进行过早期教育活动训练的婴幼儿，认知水平和智力测验都呈现更高的分数，并且这种提高具有持久性。

3. 有助于婴幼儿思维的发展

婴幼儿的思维是在出生后的环境和教育共同作用下发生发展的，随着婴幼儿月龄的增加其思维能力逐渐增强，表现为从关注事物表面发展到关注事物内部，从直觉行动思维发展到具体形象思维并具有一定的抽象性。

婴幼儿思维的发展，一是主要依靠感知和动作手段，在感知运动游戏中探索世界，积累事物的颜色、形状、位置、用途等感性认识，经过大脑处理进入自己的认知系统中，形成概念。例如，通

过拿东西获得空间知觉，通过用勺子吃饭获得功能性概念等。二是在早期教育活动中，逐渐通过与他人交往中的倾听和交流，理解语词的含义，并学习使用词汇，能够将词与具体事物对应起来，不断增长词汇量和脑海中丰富的事物表象，促进概念的学习、思维的发展。

4.激发婴幼儿的想象力和创造性

婴幼儿的创造性是在自身发展过程中所体现出的乐于探索、勇于创造和想象的态度与意识。早期教育活动为婴幼儿创造性思维的发展、想象力的提高提供了安全、舒适、愉悦、自由的环境氛围，有助于婴幼儿萌发创造的兴趣，愿意自己动手操作，使大脑经常处于兴奋活跃的状态下，最大限度地激发婴幼儿的积极主动性，获得想象力和创造力的提高。

（五）促进婴幼儿社会交往的发展

婴幼儿的个性和社会性发展离不开社会交往，只有在与不同的社会对象进行交往时，婴幼儿相应的社会需求才能获得满足。婴幼儿社会交往的发展主要包括与成人交往（亲子关系、师幼关系）、与同伴交往、情绪情感和自我意识四方面的发展。

首先，婴幼儿早期教育活动中的互动，为婴幼儿与家长、教师交往提供了机会，丰富多样的活动内容和有趣的互动环节能够拉近亲子关系，建立亲密和谐的师幼关系。其次，集体教学或小组教学的活动形式增加了婴幼儿与同伴交往的频率，有利于婴幼儿亲社会行为的养成，学习如何在群体中生活，初步形成规则意识。再次，活动中的各个环节也为婴幼儿喜、怒、哀、乐、惧等情绪提供了适当表现表达的机会，避免消极情绪影响婴幼儿心理健康。最后，婴幼儿的自我意识发展、自主性的提高主要得益于与人的交往，尤其是同伴之间的交往。

二、对家庭的价值

家长是孩子的第一任教师，家庭是孩子的第一所学校，家庭教育对于孩子的成长和发展是至关重要的，但家长的文化水平、专业背景、工作精力等有可能制约家庭教育的质量，因此，要想提高家庭教育的质量需要给予家长相应的支持。早期教育活动不仅能帮助家长学习相关专业知识，掌握相应技能，还能够减轻家庭育儿的一部分压力，缓解家长因育儿产生的焦虑。早期教育活动的支持有助于家长更轻松、更专业地进行科学育儿，提高家庭教育质量。

同时，早期教育活动有利于科学育儿教育理念的普及，大多数家长都开始意识到除物质环境的富足之外，温馨和谐的家庭氛围对于婴幼儿的成长也十分重要。因此，为了更好地抚育婴幼儿，夫妻双方都需要维护家庭的和谐稳定。而早期教育活动所具备的良好温馨氛围和教师专业的教养指导，恰好能够帮助家长和婴幼儿形成亲密和谐的亲子关系，有利于家庭的和谐稳定。

三、对教师自身的价值

学习和研讨婴幼儿早期教育活动设计与组织对于教师的专业发展有着重要影响。首先，婴幼儿早期教育活动中知识的积累和观念的熏陶有利于教师形成"坚持以婴幼儿为主体""以养为主、教养融合"的科学教养观念，以更好地指导自己的实践工作。其次，婴幼儿早期教育活动中教育对象的复杂性、发展性，要求教师必须学习更多的实践指导策略，更好地顺应婴幼儿的发展规律，进而完成教学任务，这一过程有利于教师提高专业能力。最后，婴幼儿早期教育活动对婴幼儿发展的重要影响，要求教师必须不断学习充实自己，这有利于教师完成自我实现，成为一名优秀的早期教育工作者。

四、对社会的价值

（一）提高人口素质，推动社会发展

中国实行改革开放政策以来，一直把"提高全民族素质，从儿童抓起"作为社会主义现代化建设的根本大计，倡导"爱护儿童、教育儿童、为儿童做表率、为儿童办实事"的社会观念，并尽可能地为儿童事业的发展提供和创造良好的社会条件。

只有重视婴幼儿的发展，提高早期教育活动的质量，从小抓起，从根本抓起才能提高全民族人口素质，为社会建设输送高素质人才，实现国家的长治久安和民族的伟大复兴。

（二）提高托育质量，维护社会稳定

现阶段，我国托育服务质量较低，3岁以下婴幼儿的入托率仅为5.5%。[①]较低的入托率，呈现的是家庭养育负担重、女性职业发展难等社会问题，不利于国家的稳定和发展。因此，增加托育服务托位数，提高入托率，提升托育服务质量是我国婴幼儿照护服务工作的重要目标。早期教育活动规范、科学，坚持以达标的质量完成所有的教育活动，才能整体提高托育质量，减轻家庭养育负担，维护社会稳定。

总体来说，早期教育活动能够促进婴幼儿健康、动作、语言、认知、社会交往等领域的全面发展；有助于家长与婴幼儿之间建立良好的亲子关系，增进家庭关系，维护家庭和谐，提高家庭教育的质量，形成科学的育儿观念；提高教师自身的专业水平、专业能力，使其形成科学、专业的教育理念；提高社会的托育质量，进而提高人口素质，促进社会公平，推动社会发展。

任务四　婴幼儿早期教育活动设计与组织的流程

案例导入

在早期教育教师的研讨会上，一位新教师提出以下疑问："设计活动方案时为什么要先写活动目标呢？虽然在学校里，老师是这样教授的，但是在实践中，往往会遇到难点，我对于活动只是有个灵感，还不完整，我也不知道最后能达成什么样的活动效果。是不是可以先设计完教案，回头再来写活动目标呢？"其他新老师也有类似的疑问：婴幼儿早期教育活动的设计与组织有固定的流程吗？能不能弹性安排流程呢？

任务要求

1. 认识科学合理地设计与组织婴幼儿早期教育活动的重要性。
2. 梳理婴幼儿早期教育活动设计与组织的流程。
3. 掌握婴幼儿早期教育活动设计与组织各个流程的实施要点。

婴幼儿早期教育活动设计的整个过程涵盖较广，涉及方方面面的环节，从最初的分析活动对象、

---

① 数据来源于2016年原国家卫计委城市调查报告。

拟订活动目标、选择活动内容、设计活动步骤到整个过程中的创造性活动，都是为了确保教育活动顺利、有效地进行。整个流程主要包括制订活动目标——组织活动内容——创设活动区域——实施教育活动——调整教育活动——家庭教育指导六个环节。

一、制订活动目标

根据活动对象的月龄段特点和身心发展规律，活动目标需具有一定的层次性和递进性。为了能够更好地掌握和制订活动目标，先要对不同层次的教育目标进行分析。

（一）婴幼儿早期教育目标

各地区具有代表性的教养指南提出，婴幼儿早期教育目标与3～6岁年龄段儿童的教育目标各有侧重，婴幼儿早期教育目标主要以养为主，教养结合。

英国政府2003年颁布了适用于全英所有儿童的《每个孩子都重要：为孩子而改变》绿皮书，提出了儿童发展的五项目标：身心健康的生活、没有危险和疏忽的安全环境、享受学习并学有所得、积极贡献社会、享有稳定的经济保障。在此基础上，2012年又新颁布了早期基础阶段（Early Years Foundation Stage）《儿童学习与发展标准》，进一步提出了四个具体目标：保证质量和一致性、为未来学习打下良好的基础、构建教育伙伴关系、提供平等的机会。

美国内布拉斯加州2003年制定了《0～3岁早期学习与发展指南》，其基本理念如下：依恋关系是婴幼儿能够健康成长和发展的基础；每个婴幼儿都是独一无二的；婴幼儿的发展和学习具有连续性；婴幼儿的发展和学习以本土文化为基石，且家庭的支持也不可缺少；婴幼儿各领域的学习具有整体性。

上海市教委2008年发布的《上海市0～3岁婴幼儿教养方案（试行）》中指出，托幼园所和家庭对3岁前孩子的教养理念包括关爱儿童，满足需求；以养为主，教养融合；关注发育，顺应发展；因人而异，开启潜能。该方案为上海地区乃至全国的婴幼儿早期教育活动提供了参考与指导。

（二）各领域月龄段目标

《上海市0～3岁婴幼儿教养方案（试行）》中，将0～3岁需要观察和教养的领域分为发育与健康、感知与运动、认知与语言、情感与社会性。《托育机构保育指导大纲（试行）》中指出，保育重点应当包括营养与喂养、睡眠、生活与卫生习惯、动作、语言、认知、情感与社会性等。

根据以上政策性文件，并结合实际情况，在本书中将婴幼儿早期教育分为健康、动作、语言、认知、社会交往五个领域。由于婴幼儿的发展十分迅速，各月龄段婴幼儿的身心发展特点不同，所以对于不同月龄段的目标要求也不一样。本书将健康、动作、语言、认知、社会交往五个领域与8个月龄段（0～3个月、4～6个月、7～9个月、10～12个月、13～18个月、19～24个月、25～30个月、31～36个月）进行交叉，以呈现不同月龄段婴幼儿在不同领域的发展目标。

1. 健康

目标1：营养与喂养

具有安静、独立进食、控制饮食的能力，能独立使用餐具，并掌握正确的餐桌礼仪。

0～3个月：爱喝母乳，按时喝奶。

4～6个月：对食物感兴趣。

7～9个月：主动尝试更多的食物，适度控制自己的饮食。

10～12个月：开始逐渐独立使用餐具，从用手抓到使用勺子、叉子。

13～18个月：能独立、安静进食。

19～24个月：逐渐掌握进餐顺序和餐桌礼仪。

25～30个月：能帮忙整理餐具，有控制地不吃不健康的食物。

31～36个月：能学习使用筷子，自我控制进食。

目标2：睡眠

能逐渐养成良好的作息习惯，保证充足的睡眠，睡眠规律，逐渐养成自主、独立入睡的习惯。

0～3个月：养成正常的睡眠习惯，保证充足睡眠。

4～6个月：睡眠规律，逐渐自主入睡。

7～9个月：自主独立入睡。

10～12个月：养成良好的作息习惯。

13～18个月：能形成规律的睡眠模式，能独自入睡。

19～24个月：能习惯独自入睡，睡眠安稳。

目标3：生活与卫生习惯

能适应外部环境，养成清洁习惯并尝试自主清洁，能有意识地控制大小便，学习自主如厕。

0～3个月：适应外部环境，注意脐周和臀部的清洁卫生。

4～6个月：定期洗澡，规律排便，保持乳牙清洁。

7～9个月：适应家人清洁习惯。

10～12个月：配合家人卫生清洁，主动使用坐便器。

13～18个月：能有意识地控制大小便，能初步尝试自主清洁。

19～24个月：能控制大小便，会自己洗手、洗脸、脱去帽子和鞋袜等小件衣物。

25～30个月：能自己穿鞋子、解扣子、拉拉链，在成人提醒下自主如厕、洗手。

31～36个月：晚上能控制大小便，不尿床，能做一些力所能及的家务。

2. 动作

婴幼儿动作的发展主要包括粗大动作和精细动作，遵循首尾规律、整分规律、大小规律、意向规律等。

目标1：粗大动作

能进行坐、爬、站、走、跑、跳等基本动作，并在此基础上完成相关的运动。

0～3个月：颈部从能抬头、维持7～15秒挺立到左右转头；能从仰卧姿势变为侧卧。

4～6个月：能自如翻身、独坐，能用手臂撑起上身；扶腋下时能用腿部支撑全身；腿部有意识地自主踢腿。

7～9个月：能独自坐稳；能手膝爬行；能双手扶物站起；扶腋下时能有力地站直。

10～12个月：能较快速地手膝爬行（腹部离地）；能灵活地转换坐、站、爬、蹲等姿势；能独站，能扶走。

13～18个月：能平稳地独立行走，并在行走中拖物、转换姿势；手臂能越过头抛掷球类，能较牢固地抓住把手向上攀爬。

19～24个月：能倒退走、走直线或曲线、跨越障碍物；能跑步、原地跳、并步上下台阶、攀爬一定的高度。

25～30个月：能侧身走、跑得又快又稳、跨越低矮障碍物、单足站立、双脚交替上下楼梯；能投掷；能手脚配合使用。

31～36个月：能连续跳跃，能平稳地走平衡木；能目标定向投掷；能协调地做模仿操。

目标2：精细动作

主要指婴幼儿两只手的动作发展目标，两只手能逐渐分化、灵活，有意动作增强、手部肌肉力量增强，能双手配合、手眼协调。

0～3个月：两手能碰在一起，无意识抚摸。

4～6个月：手部拇指和四指分化开，能伸手抓物、左右手交换、拍、敲、扯。

7～9个月：能五指配合抓物；能用食指和拇指捏取小物品；能有意识地摇晃玩具；双手能对敲物品、配合撕纸。

10～12个月：手指灵活，能捏取小物品、用食指抠取物品；双手配合协调。

13～18个月：能用单手更灵活地操作物品，如涂鸦、用勺子等。

19～24个月：能双手协调完成较复杂的动作，如开合衣服拉链等。

25～30个月：能画水平线、较流畅的曲线；能团、捏、揉橡皮泥；能用积木搭建常见物体，会使用简单的工具。

31～36个月：手眼协调增强，手部肌肉力量增强，能插接积塑类玩具。

3. 语言

目标1：听

能逐渐感知、辨别语音中声调的高低、情绪的不同；能逐渐理解日常生活中不同情境下交流沟通的词语和沟通符号的含义；能有意识地倾听，养成良好的倾听习惯，发展倾听能力。

0～3个月：对人声敏感，能区分不同人的说话声，能辨别语言的构成要素，并出现声音偏好。

4～6个月：能感知与辨别声调高低，以及语句中的情绪（如愤怒）。

7～9个月：能听懂情境中的话语，会进行物品指认。

10～12个月：能较专注地听；能听懂日常生活中成人讲的话（如指认自己的身体部位，听指令拿东西）；喜欢听音乐，会随音乐舞动小手和摆动身体。

13～18个月：能倾听他人讲话，理解更多的语言和沟通信号，如表情符号。

19～24个月：能有意识倾听，能将他人的处境、表情符号、语调等沟通信号综合起来理解对话内容。

25～30个月：能认真倾听他人讲话，不随意打断。

31～36个月：能在沟通中逐渐增强有意倾听和选择性倾听能力。

目标2：说

能逐渐发出较准确的音节，有意义的词汇量增加，主动、完整地表达自己的想法和需求；能自觉遵守基本的沟通规则，使用礼貌用语，养成良好的沟通习惯。

0～3个月：能发出a、o、e等单韵母，能认真看父母说话时的动作和表情。

4～6个月：能发声母，如d、m等，能发出咿呀声或做出动作进行主动沟通。

7～9个月：能发出组合音节，如ma-ma、ba-ba；能用声音和语调表达自己的想法；能用手势语沟通；能模仿成人语调；能说出第一个有意义的词。

10～12个月：能说出少量常用词，如"姐姐要"；能发出特定的声音来表达自己的意思。

13～18个月：能较准确地发音，能用单词句大胆表达自己的想法、需求；掌握一些最基本的人际语言沟通规则，如交替对话规则；词汇量增加。

19～24个月：能模仿更多的词汇发音；能用双词句主动表达自己的想法和愿望；能自觉遵守基本的讲话规则。

25～30个月：会使用形容词、副词、代词、连词，词汇量激增；会使用完整句准确表达自己的想法、需求。

31～36个月：喜欢问"是什么""为什么"；能说出五词句、六词句等较为复杂的句子；会使用礼貌用语。

目标3：早期阅读

逐渐对卡片、绘本感兴趣，能逐渐理解绘本故事的主要情节；能用自己的语言简单描述绘本的内容；能从专注地听绘本故事发展到自主、主动地阅读绘本故事，养成爱护图书的好习惯。

0～3个月：对卡片、绘本感兴趣，想要探索；能注视图片。

4～6个月：能注视不同的画面，能跟随家人的指引观看图片、绘本内容。

7～9个月：能指认图画；尝试翻书，喜欢听熟悉的故事。

10～12个月：能较专注地听成人讲解绘本；能较安静地注视绘本；能主动翻书。

13～18个月：能安静地与成人一起阅读自己感兴趣的绘本；尝试逐页翻书。

19～24个月：能自行阅读喜欢的绘本故事，逐页翻书，知道爱护图书。

25～30个月：能对绘本感兴趣，对自己感兴趣的内容反复阅读和倾听，能用自己的语言简单描述绘本的内容。

31～36个月：能理解绘本故事的主要情节；会自己看绘本；

目标4：早期书写

19～36个月，婴幼儿开始尝试涂鸦书写，尝试用涂鸦表达自己熟悉的生活事件，表现自己的想法和认识；喜欢模仿书写数字。

4. 认知

目标1：感知能力

0～3个月：视觉上能看到20厘米左右的较大客体，能视觉追物，发展红、绿、蓝三色视觉能力。听觉上能短暂注意听，能分辨家人的不同语音和语调，能寻找感兴趣的声源。触觉上能感受到不同的温度和材质，会有差别反映。知觉上发展最初的距离知觉。

4～6个月：能识别家人的情绪；能感知不同物品的材质，出现偏好，如喜欢毛绒物品；发展深度知觉。

7～9个月：具有形状知觉的恒常性。

10～12个月：具备跨通道知觉能力，如视听、视触跨通道知觉能力。

13～18个月：能借助多感官了解事物的外在属性和特征。

19～24个月：视敏度提高，认识基本颜色；能分辨不同的音乐风格；能识别基本形状。

25～30个月：能通过造型游戏表现空间知觉。

31～36个月：发展最初的时间概念，如结合具体事件理解时间的概念。

目标2：注意力

能对感兴趣的事物保持注意，增加注意力集中的时间，从无意注意向有意注意过渡。

0～6个月：能在引导下短时间地有意注意。

7～9个月：能较长时间关注感兴趣的事物。

10～12个月：能长时间探究自己感兴趣的事物、现象。

13～36个月：能随着认知水平的提高，从无意注意向有意注意过渡，能有意注意5～7分钟。

目标3：记忆能力

能从无意识记发展到有意识记，能使用简单的记忆策略帮助记忆。

0～3个月：能记住母亲的气味、声音以及主要照料人的抚摸等动作。

4～6个月：能记住近期的事情，如玩过的游戏；对熟悉的事物能记忆48小时；记得自己的名字。

7～9个月：具备情绪记忆能力，发展出客体永久性。

10～12个月：有短暂的表象识记能力；开始发展动态记忆。

13～18个月：能记忆生活事件，并能回忆起一些细节。

19～24个月：能回忆起较完整的内容和细节。

25～30个月：有意识记萌芽；能背诵儿歌、简短的故事等。

31～36个月：能记忆很久以前发生的事（如1个月前），能尝试简单的记忆策略。

目标4：模仿能力

模仿能力不断增强，模仿行为逐渐复杂化，能延迟模仿，并逐渐内化模仿行为。

4～6个月：出现最简单的模仿行为，如模仿成人用纸巾擦嘴巴。

7～9个月：喜欢模仿他人动作，能模仿连串动作。

19～24个月：能延迟模仿。

目标5：因果关系理解能力

从理解事物浅层简单的关系发展到理解深层复杂的关系，能采取探索行为去探究因果关系。

7～9个月：对常见事物及其关系有理解，如按了开关后灯不亮，会感到很惊讶。

10～12个月：对因果关系的认识加深，能主动施发行为引起想要的结果。

13～18个月：对自己及熟悉他人的行为与事件的因果关系有一些了解。

19～36个月：能对事物深层的因果关系有所理解。

目标6：问题解决能力

能尝试独立地解决问题，能尝试使用工具或寻求帮助解决问题，能创造性地解决问题。

7～9个月：能尝试解决问题。

10～12个月：能尝试使用工具解决问题，如站在凳子上拿取桌子上的饼干。

13～18个月：能尝试利用已有经验和能力解决自己遇到的问题。

19～36个月：能运用已有经验表征与解决问题，能尝试创造性解决问题。

5. 社会

目标1：与成人交往

愿意与成人交往，能与成人建立良好的人际关系，能友好地接受陌生人。

0～3个月：会对熟悉的照料者笑；在被引逗时会笑、摆动肢体等。

4～6个月：产生亲子依恋，会主动伸手要依恋对象抱；出现认生现象。

7～9个月：喜欢主动和成人玩简单的互动游戏，如躲猫猫；对陌生人表现出明显的回避、排斥行为。

10～12个月：能主动和熟悉的成人一起玩。

13～18个月：与家人建立安全的亲子依恋关系，在托育机构与教师建立安全、信任的关系。

19～24个月：能接受成人离开，亲子关系牢固，能对陌生人表现出友好举动。

25～30个月：能接纳离开熟悉的照养人进入托育机构生活，能逐渐适应与教师的交往。

31～36个月：能与教师建立新的依恋关系。

目标2：与同伴交往

能注意到同伴的存在，能与同伴友好互动、沟通交流，能学会共同参与活动。

0～3个月：能注意到同伴的出现，能与同伴之间短暂注视。

4～6个月：会触摸同伴，对同伴微笑，发出咿呀声。

7～9个月：能模仿同伴行为，能通过咿呀声和抓、拉、扯等行为引起同伴注意。

10～12个月：喜欢小伙伴，能主动模仿小伙伴的动作和表情。

13～18个月：能友善地与同伴共同游戏，并在平行游戏中根据游戏需要开展简单的沟通、互动。

19～24个月：能与同伴开展友好的平行游戏，游戏中有亲社会行为，能遵守简单的游戏规则。

25～30个月：渴望与同伴交往，交往中表现出有意识模仿行为，开始对同伴交往规则有意识，并努力去遵守。

31～36个月：能与同伴互助，交换、分享玩具。

目标3：情绪情感

情绪能逐渐分化；能逐渐理解他人的情绪；能学习控制自身情绪。

0～3个月：哭逐步减少；哭声开始分化，表达不同的需求；产生社会性微笑。

4～6个月：能识别家人常见情绪，如生气、高兴等；开始产生恐惧、焦虑、害羞情绪，能初步调节自身情绪。

7～9个月：能识别他人多种情绪表情，情绪继续分化。

10～12个月：能准确表达情绪，情绪体验更加丰富；能识别他人情绪，理解他人的情绪和要求。

13～18个月：能认识到自己的基本情绪状态，如开心、生气、难过；发展新的情绪体验，如内疚；能通过观察认识他人的情绪。

19～24个月：能表达更复杂的情绪，如嫉妒；能在成人的帮助下比较快地平复情绪。

25～30个月：开始出现自豪、骄傲、羞愧等更复杂的情绪；能用语言表达和控制自己的情绪情感。

31～36个月：能有意识地控制自己的情绪；会整体移情、同情；能解释他人情绪的原因；情绪控制力明显增强。

目标4：自我意识

能区分自己与他人，萌发自我意识；自我意识逐渐清晰，学习支配自我，能知道自己的性别，开始具有竞争意识。

4～6个月：能区分他人、物品与自己不同；对镜像自我感兴趣。

7～9个月：萌发出自我意识，能认识自己的身体部位。

10～12个月：开始出现自我意识。

13～18个月：能辨认出镜子里的自己；能说出自己的一些特征、爱好。

19～24个月：能认识到"我"的需求、能力，自我意识发展。

25～30个月：对"我"的物品、权利有清晰的认知，会维护。

31～36个月：知道自己的性别；开始与他人比较、竞赛。

（三）早期教育活动目标

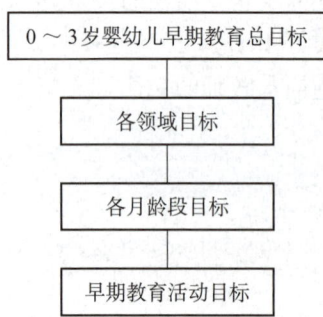

图1-4-1 教育目标层级图

活动目标有其自身的层级体系，第一级是根据国家和各级政府的政策性文件制定的总目标；第二级是根据知识内容将总目标细化成五大领域目标；第三级按照婴幼儿月龄将五大领域目标细分成各月龄段目标；第四级是将活动目标分解至每一个具体的早期教育活动之中，形成早期教育活动目标（图1-4-1）。

例如，31～36个月的婴幼儿，语言领域的目标是："对声音和语言感兴趣，学会正确发音；正确地运用词语说出简单的句子。"根据这一目标，教师可以设计"我爱吃水果"这一教育活动，活动目标为：① 会说"我爱吃苹果，苹果红红的、甜甜的"；② 养成爱吃水果的好习惯。

根据早期教育活动目标的不同取向，可以将目标分为行为目标、生成性目标、表现性目标；根据目标表述的不同方式，可以将目标分为认知目标、情感与态度目标、操作技能目标。

教师在撰写活动方案时，应根据各层级的目标要求和婴幼儿本身的实际情况设计活动目标，同时注意活动目标的对象应包括教师、婴幼儿和家长三方，尤其避免在亲子活动中忽视家长。

二、组织活动内容

教育活动内容是指一整套以教学计划的具体形式（活动安排表和活动）存在的知识、技能、价值观念和行为。教育活动目标是依赖教育活动内容的展开实现的，两者是密不可分的，所以必须基于教育活动目标组织教育活动内容。

根据婴幼儿发展特点，综合参考世界主要发达国家儿童早期学习与发展指南和我国《托育机构保育指导大纲（试行）》《上海市0～3岁婴幼儿教养方案（试行）》，可以看出，婴幼儿早期教育的内容主要包含健康、动作、语言、认知、社会交往五个领域。本书教育活动内容的选择主要以这五个领域为主线。

1. 健康

（1）培养良好的生活卫生习惯，包括良好的进食、睡眠、清洗、如厕等个人生活卫生习惯。

（2）培养初步的生活自理能力和自我保护能力，有一定的安全常识，养成自我服务意识。

（3）培养良好的情绪情感，包括体验生活中的愉快，初步感受身边人的情绪，形成良好的亲密关系。

2. 动作

（1）发展基本的粗大动作，包括俯卧、抬头、翻身、坐、爬、站、走、跑、跳、投掷等。

（2）发展基本的精细动作，包括单手抓握、撕、捏、扣、剥、剪、脱、夹、拿笔等及双手配合的动作。

3. 语言

（1）练习韵母、声母，并学会正确发音，学习说普通话。

（2）理解并正确使用日常生活中常见的词汇和语句，学习使用简单的礼貌用语。

（3）学习认真倾听他人说话，完整地表达自己，尝试在不同情境下与人沟通交流。

（4）学习文学作品，包括绘本、儿歌等，并初步养成自主阅读的良好习惯。

4. 认知

（1）发展感知觉，视觉上能精准视物、灵活追物，分辨颜色；听觉上能注意倾听，分辨声音，寻找声源；触觉上能分辨物体的差异，找出相同和不同；知觉上逐渐产生不同知觉特性，如距离知觉、形状知觉、时间知觉等。

（2）对周围世界感兴趣，学习使用多种感官认识世界，注意保持时间逐渐延长。

（3）认识自然环境、四季特征、天气变化等，初步了解环境变化与自身的关系；认识常见的动植物，知道要爱护动植物，热爱生命。

（4）学习观察周围的世界，能够对生活中常见的事物进行辨别和分类，逐渐发展记忆、想象、思维等。

（5）理解简单的规则，学习在不同情境下寻求成人帮助，逐渐学习独立解决问题。

（6）理解生活中事情的因果关系并进行结果预测。

5. 社会交往

（1）识别他人的基本情绪，控制自己的情绪，能够与主要抚养人形成依恋关系。

（2）能够友好礼貌地与成人、同伴交往。

（3）愿意积极主动地探索周围的世界，遵守一定的社会规则，有足够的耐心，勇于尝试。

（4）形成自我意识，愿意独立完成一些事情，自己照顾自己，并逐渐学会帮助他人。

（5）学习正确地自我评价和分辨是非。

三、创设活动区域

创设活动区域要结合上述活动目标和具体活动内容，有针对性地创设符合婴幼儿身心发展特点的活动区域，并遵循安全舒适、多元丰富、规划科学合理的原则。

（一）活动区域划分

活动区域按照场地环境不同，分为室内活动区域和室外活动区域。室内活动区域包括：感统运动区，用于发展婴幼儿的感觉统合能力和粗大动作；角色游戏区，用于发展婴幼儿的角色模仿能力和表征能力；操作建构区，主要通过建构材料锻炼婴幼儿的手眼协调和精细动作发展；科学探究区，通过展示、操作培养婴幼儿观察、分类、自然认知、因果关系探究、问题解决等能力；艺术游戏区，用于增加婴幼儿音乐、美术、舞蹈方面的艺术感知与体验；早期阅读区，用于训练婴幼儿的听音、词汇、语言表达。因婴幼儿还处于娇弱稚嫩的身体状态下，早期教育活动较少设立和使用室外活动区域。

（二）材料投放

做好活动区域的划分后，应注意活动材料的科学投放，保证区域活动的顺利使用。材料投放主要注意以下四个方面：第一，选择并采购符合活动区域内容的材料，并确保这些材料安全、无毒无害；第二，根据该活动区域内活动对象的月龄段，选择适合活动对象现阶段发展特点的材料，并根据活动对象的发展水平灵活替换。第三，对活动材料的使用情况进行观察分析，及时对现有材料进行增加或删减，以满足婴幼儿的发展需求。第四，在材料使用过程中，每日对活动材料进行检查维护，发现损坏及时修补更换，避免对婴幼儿造成伤害。

（三）区域使用

在活动区域准备投入使用时，教师需要为区域的使用设立一个正式的章程，用以维护活动区域的正常使用。章程中应包括使用时间、使用责任人、消毒制度、安全制度、课堂制度、教具正确使用指引、注意事项等。例如，禁止带食物进入活动区域，活动中要轻拿轻放，按照教师引导正确使用活动材料等。具体章程可根据活动区域的实际情况设立、调整。

在按照章程进行活动的过程中还要特别注意两点：一是，在使用过程中要以婴幼儿的安全为首要，时刻警惕婴幼儿可能发生的危险事件，及早预防、及时处置；二是，不能死板遵守章程，要以婴幼儿的发展为主，灵活变通地使用活动区域及活动材料，发挥区域的最大教育价值。

四、实施教育活动

（一）实施形式

婴幼儿早期教育活动中常采用且合适的教育实施形式为以小组和个别教育活动为主，集体教育活动为辅，既能保留教育活动中的同伴交往，也能保证每一个婴幼儿得到提高和发展，满足其身心发展的共性和个性特点。

集体教育活动主要以亲子形式进行，教师进行示范和引导，家长在旁学习、参与，增加亲子交往机会，增进亲子关系。随着婴幼儿月龄的发展，可以适当鼓励婴幼儿独立参与集体活动，体验集体活动的乐趣并遵守集体活动的规则，注意在集体活动中尊重婴幼儿的自主性和个体差异。小组活动的形式在0～3岁年龄段有两种，一种是亲子小组活动，一种是婴幼儿小组活动，小组活动的形式主要是为了更好地照顾婴幼儿的个体差异。个别活动主要包括0～3个月婴幼儿教育中的入户指导，以及婴幼儿3个月以后教师对其在活动中的个别表现情况进行指导。相比集体活动和小组活动，个别活动更符合婴幼儿的发展特点，便于为婴幼儿实施适宜的教育。

（二）实施流程

婴幼儿早期教育活动实施流程大致为：问好（自我介绍）——热身——教育活动——游戏——亲子时光——再见。问好环节在婴幼儿未能开口说话前家长代为表达，婴幼儿在家长引导下挥手或与其他小伙伴——握手，婴幼儿能够说话后独立进行自我介绍。0～6个月婴幼儿的热身为抚触操，由教师示范、家长操作，6个月以后的热身一般为锻炼婴幼儿大肌肉运动的音乐律动，以唤起婴幼儿的兴奋状态。教育活动根据婴幼儿的发展特点由教师选定设计，游戏一般为亲子游戏并伴有同伴互动的环节，游戏结束后进入温馨的亲子时光，放松婴幼儿身心，增进亲子关系，然后结束活动，与教师和同伴——再见。

整个实施流程以婴幼儿的全面发展为主，涉及婴幼儿的多方面发展，健康、动作、语言、认知、社会交往五大领域内容均蕴含其中。

（三）实施注意事项

虽然面对不同月龄段的婴幼儿，实施过程有所差别，仍有一些共性的问题需要教师提前注意。首先，在实施过程中，教师一定要坚持并践行"以婴幼儿为主"的教育观。例如，遇到婴幼儿不听从教师引导、不能独立完成任务等情况，教师不能一味地要求婴幼儿听从安排，也不能为了图省事直接帮助婴幼儿完成任务，要以婴幼儿的发展为主，认真观察分析婴幼儿情况，灵活实施教育活动。其次，保证婴幼儿的安全是教师的首要责任，要求教师在实施过程中"心细如发、慧眼如炬"，及时发现危险，立即处置。最后，在每个活动环节中要注意教师与婴幼儿、教师与家长、家长与婴幼儿的互动，在三方的参与下达成活动目标。

五、调整教育活动

设计完成的早期教育活动在实施过程中仍然会出现一些问题，教师要具备观察和反思能力，对实施过程中的具体情况进行观察，及时调整。活动结束后做好观察记录并反思分析，为后续能够设计更适合婴幼儿的教育活动积累经验。

（一）实施观察分析

在活动准备中，要设计好观察记录表（表1-4-1），表格内容可根据具体的活动进行调整。在活动实施过程中，教师也要时刻观察婴幼儿的情况，如出现注意力不集中、兴趣不高、抗拒配合等情况，及时发现问题、思考问题背后的原因并做出调整。

（二）调整教育活动

婴幼儿是处于发展中的，个体差异性较大，设计的活动不能保证适合不同情况下的每一个婴幼儿，所以在实施活动的过程中要以观察分析为基础，在活动结束后进行反思、分析、交流，根据观察的分析结果提出解决办法，对活动的目标、活动的准备、活动的内容、活动的形式、活动的过程等做出调整，有针对性地为婴幼儿提供适宜的教育。

表1-4-1　观察记录表

观察目的		
观察日期	参与对象	参与情况

六、家庭教育指导

　　家庭的环境和家长的陪伴指导是帮助婴幼儿养成良好行为习惯的关键，婴幼儿在接受早期教育的同时，也在接受家庭教育，两种教育是密不可分的。

　　家庭教育指导是指对婴幼儿的家长进行早期教育相关知识和技能的指导，一般有两种形式。一种是教师在实施早期教育亲子活动的同时进行家庭教育指导。在亲子活动中，教师指导婴幼儿和指导家长是同时进行的，主要过程为教师示范和引导婴幼儿进行活动，同时引导家长观察教师如何进行活动；教师提醒婴幼儿注意某些事项，同时提醒家长记住这些注意事项。另一种是教师围绕婴幼儿发展的阶段特点，有针对性地指导家长在家庭中对婴幼儿进行相应的指导和陪伴。指导家长在家庭中进行的教育活动内容同样也是五大领域，只不过内容的选择上更偏向需要在家庭中长期养成的行为，实施策略上使用那些适合在家庭环境中使用的策略。总体来讲，这两种都是教师向家长传递相关早期教育知识，帮助家长养成科学育儿意识，提高家长家庭教育技能的家庭教育指导形式。

▶▶ 思考与练习

一、单项选择题

1.婴幼儿早期教育的年龄界定是0～3岁。其中，0～1岁称为婴儿，1～3岁称为（　　）。

　　A. 幼儿　　　　　　　　　　　　B. 婴幼儿

　　C. 儿童　　　　　　　　　　　　D. 孩子

2.教育活动的类别有不同的划分方式，依据活动组织形式分为集体活动、（　　）和个别活动。

　　A. 室内活动　　　　B. 户外活动　　　　C. 生活活动　　　　D. 小组活动

3.婴幼儿早期教育活动的特点有整合性、生活化和（　　）。

　　A. 主体性　　　　B. 主动性　　　　C. 游戏化　　　　D. 客观性

4.下列不属于婴幼儿早期教育活动设计与组织原则的是（　　）。

　　A. 参加性原则　　　　B. 个体差异性原则　　　　C. 游戏性原则　　　　D. 适宜性原则

5.以下不属于教育活动的是（　　）。

　　A. 集体教学　　　　B. 节日庆祝　　　　C. 参观、郊游　　　　D. 角色游戏

6.一般来说，年龄较小的婴儿比较适合（　　　）。

　　A.小组活动　　　　　　　B.个体活动　　　　　　　　C.集体活动　　　　　　　　D.室外活动

7.落实教育目标应该是（　　　）。

　　A.先有活动，后有目标　　　　　　　　　　　　B.目标在前，活动在后

　　C.必须有活动，可以无目标　　　　　　　　　　D.目标和活动关系不大

8."一个长方形能不能变成两个图形？要怎样做？"教师让幼儿试一试。此例运用了（　　　）。

　　A.示范法　　　　　　　　B.游戏法　　　　　　　　C.操作法　　　　　　　　D.观察法

9.婴儿能够进行坐、爬、站、走、跑、跳等基本动作，是（　　　）领域的目标。

　　A.社会交往　　　　　　　B.健康　　　　　　　　　C.认知　　　　　　　　　D.动作

10.活动材料投放中最首要的注意事项是（　　　）。

　　A.适应性　　　　　　　　B.对象性　　　　　　　　C.安全　　　　　　　　　D.价值

二、简答题

1.婴幼儿早期教育的价值对活动设计与组织有哪些启示？

2.婴幼儿早期教育活动设计的原则有哪些？应该如何遵守呢？

3.婴幼儿早期教育活动的特点和婴幼儿自身发展特点的关系是什么？

4.请梳理婴幼儿早期教育活动设计的流程，并以图表的形式呈现。

模块 二

理解婴幼儿早期教育活动设计与组织的理论基础

任务一 ➡ 教育活动设计与组织理论

任务二 ➡ 婴幼儿早期教育理论

任务三 ➡ 家庭教育理论

PPT教学课件

模块导读

    依托专业的理论体系设计与组织婴幼儿早期教育活动，是提升活动质量的重要保障。婴幼儿早期教育活动的设计与组织需依托教育活动设计与组织理论、婴幼儿早期教育理论，以及家庭教育理论。本模块从这三个理论出发，重点介绍教育活动设计与组织中的系统论、情境论，婴幼儿早期教育理论中的蒙氏教育理论、成熟势力理论、最近发展区理论、认知发展理论、心理社会发展理论、多元智能理论，以及家庭教育理论中陈鹤琴的理论、人类发展生态学理论、成人学习理论。通过本模块的学习，学习者可以更深入地了解和把握婴幼儿早期教育活动设计与组织的特征，为学习后面的模块打下基础。

学习目标

    1. 理解两个常用的教育活动设计与组织理论。

    2. 了解国内外婴幼儿早期教育的发生，理解蒙台梭利儿童早期教育理论、成熟势力理论、最近发展区理论、认知发展理论、心理社会发展理论、多元智能理论等有关婴幼儿心理发展及教育的观点，为婴幼儿早期教育活动设计与组织做好铺垫。

    3. 理解陈鹤琴家庭教育理论、人类发展生态学理论、成人学习理论中有关婴幼儿早期家庭教育及家长教育的理论知识，将其与婴幼儿早期教育和家长教育活动建立联系。

思维导图

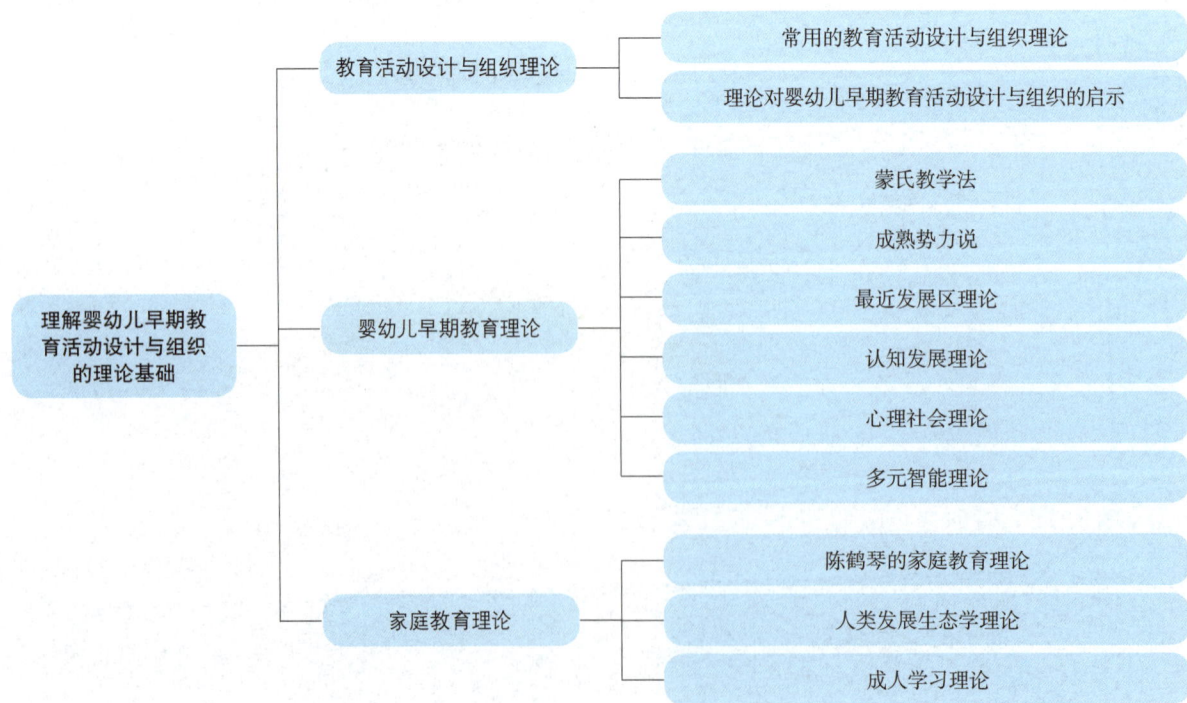

任务一　教育活动设计与组织理论

案例导入

王晴以前是一位幼儿园骨干教师，现在转到了托育机构工作，主要负责课程规划与教育活动设计。在工作中，她有一些疑问：婴幼儿早期教育活动与3～6岁幼儿教育活动有哪些区别？设计时需要遵循的理论与考虑的因素又有哪些区别？在设计教育活动时，是否需要更多照顾婴幼儿的身心发展特征？设计的教育活动是不是比3～6岁幼儿教育活动更加松散、自主？教师是否应该安排更多的生成活动，而非预设活动？等等。要解决这些问题，教师既要了解教育活动设计与组织的常用理论，又要掌握这些理论在婴幼儿早期教育中的灵活运用。

任务要求

1. 了解常用的教育活动设计与组织理论。
2. 理解并掌握这些教育设计理论对婴幼儿早期教育活动设计与组织的启示。

一、常用的教育活动设计与组织理论

教育活动设计与组织理论是指能够指导教育设计与组织安排的原理体系，是进行科学教育活动的重要基础。婴幼儿早期教育隶属于人类终身教育体系的初始阶段，这一阶段的教育活动设计与其他阶段的教育活动设计有相似之处，但也有独特之处。所以，在运用相关理论设计婴幼儿早期教育活动时应注意灵活性与适宜性。

教育活动设计与组织的常用理论主要有两个：系统论、情境论。

（一）系统论

系统论认为，教育活动设计是系统整合各类影响学习者学习要素的过程，它也是促进学习者达成预期教育目标的过程。教育活动设计是多层面的，大到整个国家层面的教育系统规划，小到具体一节教育活动的设计。但不管哪个层面的活动设计，都会经历分析、设计、开发、实施、评价五个环节在内的全过程。即，确定教育需求，分析明确教育目标；将教育目标分解转化为教学单元体系；开发教学内容，准备教学与学习材料；实施教学；评价教学。在这一过程中，综合利用各类影响学习者的因素非常关键，它们共同组成了学习者的学习环境。这些因素包括教师、学生、环境（教育环境、社会环境、学生的家庭环境）、教育动态过程，它们共同组成一个动态互动的生态圈，影响教育活动设计与组织的每个环节。例如，在设计婴幼儿早期教育课程体系时，首先要做需求分析，以确定婴幼儿教育目标。那么，有哪些需求需要分析呢？有时代发展对婴幼儿的需求，有特定文化背景对婴幼儿的需求，有婴幼儿自身的发展需求，还有现有学习条件（包括限制条件）能实现哪些需求，等等。在这些因素中，婴幼儿是一个核心因素，因为他们是教育目标实现的最终承载者，也是贯穿整个教育过程中的主角。所以，婴幼儿的需求会在很大程度上影响教育活动的设计与组织。

（二）情境论

情境论认为，教育活动应该重点关注受教育群体的差异化需求，为他们提供最适宜的教育活

动。所以，基于情境论的教育活动设计强调分析学习者的学习任务，细化教学内容，以及将评价贯穿在活动的各个环节，不断优化活动质量。这一理论更适合为特定群体开发教育活动，如专门为某一早教机构教师开发的教育培训活动。如果按照系统论的思路开发活动，设计的活动就无法充分照顾单个园所和教师的需求，而情境论就更适合。此外，基于情境论的教育活动设计比系统论更立体，即它是一个螺旋式优化教育质量的理论模型，它在活动设计的各个环节都安排了评价，这有利于提升教育活动的适宜性。

二、理论对婴幼儿早期教育活动设计与组织的启示

（一）尊重婴幼儿在教育活动设计与组织中的核心地位

系统论强调，"学习者"这个因素对教育活动设计至关重要，贯穿于设计的每个环节，表现在相关教育理念中，即"学生为本"。而这一理念在婴幼儿早期教育中，需要再加重强调的砝码。因为婴幼儿看起来是"被动"的，他们似乎更容易"接受"教育，而不是主动发展。然而，事实正好相反：婴幼儿是人一生中发展最快、主动性最强的时期，他们的主动性更多体现在基于生物成熟和节律的自然展开，这种主动性可能是无意识居多，但其动力性非常强大。所以，为婴幼儿设计早期教育活动一定要尊重其发展特点和需求。例如，婴幼儿发展的整合性非常强，教育活动应该是整合性的；婴幼儿的发展主要在游戏、生活中实现，教育活动应该主要借助游戏、生活的方式实施；婴幼儿发展的个体差异很大，教育活动应该以松散、自主的自由活动或教师的个别化教育活动为主；为了尊重婴幼儿发展的自主性，还应该重视环境的创设和材料的投放；等等。总之，只有尊重婴幼儿在活动设计中的核心地位，才能为他们提供适宜的教育支持。

（二）关注家庭因素对婴幼儿早期教育活动设计与组织的影响

家庭作为教育活动设计中一个不可忽视的影响因素，在婴幼儿早期教育活动中具有独特意义。虽然在其他教育阶段，"家园合作""重视家长教育""家校合力"等并不鲜见，但在婴幼儿早期教育中，家庭是主力。所以，需要特别关注家庭在活动设计中的影响力，协助家庭承担主力职责。例如，尊重并合理满足家长的育儿理念和需求；根据具体婴幼儿的家庭特点开展个性化的家庭教养支持；充分调动家庭参与婴幼儿早期教育活动的积极性和相关资源，真正把家庭纳入婴幼儿的早期教育活动。

（三）重视婴幼儿早期教育活动中的评估环节，不断优化活动设计

教育评估是教育活动设计一个至关重要的环节：它不仅是评估教育质量的手段，也是提升教育质量的保障。但它在婴幼儿早期教育活动中却是一个最容易被忽视的环节，因为针对婴幼儿的教育评估更加复杂，相关技术也不太成熟。所以，在许多婴幼儿早期教育实践中，教育评估环节或是缺失，或是形式主义，未能真正发挥它应有的作用。而在婴幼儿早期教育中评估更为重要，因为婴幼儿在教育活动中的表现更多是肢体动作，而解读动作隐含的评估信息要比解读语言更难。婴幼儿的语言信息较少，教师若只依靠婴幼儿的语言信息设计教育活动，就很难符合婴幼儿的发展需求。所以，在婴幼儿早期教育活动设计中，教师应该尤为重视评估。而且，应该把评估贯穿整个教育活动设计，综合各方面因素，并邀请家庭一起参与评估，这样才能获取更加科学、系统的评估信息，进而为教育活动设计提供强有力的支持。

任务二　婴幼儿早期教育理论

案例导入

小明已经满18个月了，小明妈妈看邻居家的孩子都已经开始上托育机构了，生怕小明"起跑"晚了，所以开始频繁去各种托育机构试课。可是，各种早教、托育机构的课程活动琳琅满目、各有特色：蒙台梭利、感统运动、多元智能……这让她觉得托育机构有些纷繁复杂，萌生了"托育机构靠谱吗？""有科学的理论研究基础吗？"等疑虑。如果你是托育机构教师，你会怎么解释？

任务要求

1. 了解婴幼儿早期教育的相关理论。
2. 掌握相关理论中对婴幼儿早期教育活动设计与组织的启发。

一、蒙台梭利的蒙氏教学法

玛利亚·蒙台梭利认为儿童的发展有其自身发展规律，具有其内在的生命力，能够在环境和教育中主动成长，从环境中积极获取知识，提高自己的能力。这为后续遵循儿童身心发展规律进行早期教育活动，提供了重要的借鉴。

（一）儿童具有"内在生命力"

儿童在自身发展的过程中，具有内在的生命力，能够按照其自身的发展顺序主动成长，这是早期教育活动要尊重婴幼儿自身发展特点的理论基础。蒙台梭利提出在胎儿出生到死亡的这一全过程中，生命是自然生长发展的，所有儿童都具有自我成长和发展的内在生命力，外界的影响是有限的。这种生长按照一定的顺序，从简单到复杂，充满着秩序和规律，被看作是一种自然法则。蒙台梭利从观察中发现，人在这一内在生命力的推动下，不断产生和完成活动，而这种自我活动是具有一定预设程序的。例如，人类受精卵开始成胎，此时就含有了"未来成为人"的这一预定计划；按着预定计划自然定下的步骤，产生了自我实现的活动；通过不断的自我活动，就完成了伟大的生命历程。这也反映了婴幼儿的发展是人整个生命历程中预设好的一步，有着其自身的顺序性和方向性，环境和教育并不能改变婴幼儿自身的发展，只能顺应发展提供有限的帮助和支持，期望能够促进婴幼儿获得更好的发展。

（二）儿童具有吸收性心智

吸收性心智是指儿童所具有的一种本能的感受力，积极地从外部世界获取各种印象和文化模式，并且有一定选择地进行吸收，成为其心理的一部分，蒙台梭利也把它称为有吸收力的心理。成人在面对一项新的事物时可以借助经验来学习，而婴幼儿来到这个世界上是没有任何先前经验可以借助的，只能靠内在的特殊力量来帮助其从复杂的环境中选择成长所需要的事物。吸收性心智就是这种内在力量。吸收性心智就如同照相机的感光底片一样将外界的印象全部摄入，然后内化成自己的东西，也就是从无到有不停探索、快速积累与储蓄。而这种潜意识地吸收到儿童3岁以后则发展为有意识地吸收，儿童在吸收性心智驱动下，学习速度十分惊人，为以后的智力发展奠定了基础。在此基础上，早期教育应尽可能地为婴幼儿的吸收性心智提供大量可供其吸收的新知识，这些知识在婴幼儿的头脑中不断被内化、积累储蓄，逐渐形成婴幼儿的认知结构，有利于婴幼儿更好地探索世界并获得生存发展的各种能力。

蒙台梭利的教育理念中强调以儿童为中心，儿童个性自由，认为儿童的各种潜能和需求都是先天的、固有的，这为婴幼儿教养理念中遵循婴幼儿自身的发展规律和需求奠定了理论基础。

二、格塞尔的成熟势力说

成熟势力理论简称"成熟论"，代表人物是美国著名儿童心理学家格塞尔，作为遗传决定论的代表人物，他通过双生子爬梯实验（图2-2-1），提出了"成熟势力说"。

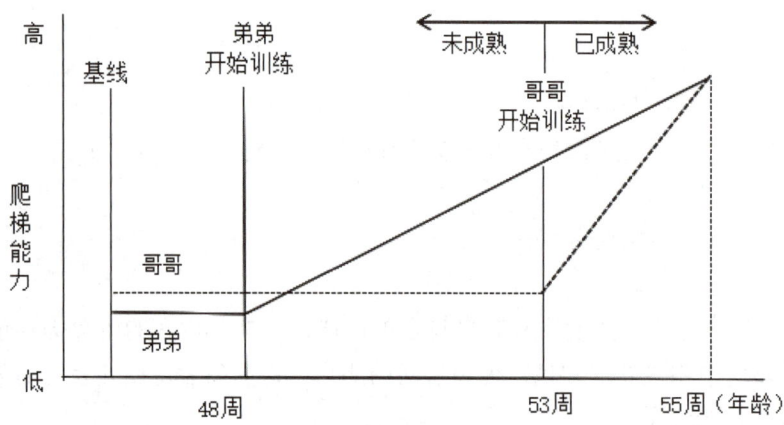

图2-2-1　格赛尔爬梯实验

此实验证明了格赛尔提出的儿童的发展、成熟和学习是按照其自身内部的既定顺序进行的。支持儿童心理发展的因素有两点，即成熟与学习，生理成熟是推动儿童发展的主动力，儿童出生后，如果没有达到成熟，就很难发生真正的变化，脱离了成熟的条件，便难以促进儿童的发展。

尤其是在婴幼儿的教养中，婴幼儿处在快速发展阶段，自身的发展具有阶段性和顺序性等特点，按照婴幼儿身体发育规律，要在7～8个月的时候才能学会独立坐和爬行，如果家长心急跳过"爬"这一阶段，或者爬行训练较少，会导致幼儿骨骼变形、走路不稳、空间感差等不良后果。因此，教育一定要尊重婴幼儿的实际发展水平，尊重成熟的规律，在婴幼儿尚未成熟之前，要耐心地等待，不要违背婴幼儿发展的自然规律。

三、维果茨基的最近发展区理论

维果茨基提出了"文化-历史心理学"，他认为儿童发展的驱动因素是由"社会和生物成熟""社会期望""儿童自身积极参与的文化活动"这三方互动所形成的。他提出了核心概念"文化工具"，即各种符号和象征，通常也被称为心理工具。儿童并非天生就知道如何使用现有工具，而是需要向社会中的成人学习，因此教育的主要目标之一就是帮助儿童获得他们的文化工具，学习使用工具从而掌控自己的行为，获得独立并达到更高的发展水平。

基于上述文化-历史研究方法的理论发展，维果茨基提出了"最近发展区"理论，反映了学习与发展之间关系的复杂性。他将最近发展区定义为：实际的发展水平与潜在的发展水平之间的差距，前者由儿童独立解决问题的能力而定，后者则是指在成人的指导下或是与能力较强的同伴合作时儿童能够解决问题的能力。因此，最近发展区中的任务是儿童不能自行完成的，但可以在成人或能力较强的同伴的协助支持下完成。

最近发展区理论在婴幼儿早期教育活动设计与组织中的指导意义主要有三点：一是指导教师为婴幼儿提供适合最近发展区的启发性环境，支持婴幼儿的发现探索活动，促进婴幼儿成为积极的探索者和参与者；二是指导教师设计符合婴幼儿最近发展区的活动目标，以免过高或过低的活动目标阻碍婴幼儿的发展；三是指导教师在活动内容的选择上，尊重婴幼儿的个体差异和兴趣，选择符合婴幼儿最近发展区的内容，并在活动实施中根据婴幼儿的动态发展水平，适时调整活动内容，在恰当的时机为婴幼儿提供和撤回适量的帮助，使婴幼儿逐渐适应独立自主的发展，获得自身的提高。

但是，在早期教育活动中要注意最近发展区的动态性，最近发展区的区间距离是随着儿童学习的情况和环境不断上下移动的，处于一个不断循环发展的动态过程中。根据这种发展的动态性，维果茨基提出了"动态评估法"，不仅能够评估儿童已有的技能和能力，还可以评估那些由于缺少教育而未显现出来的仍具有潜力的技能和能力，这对评估婴幼儿的潜力有重要作用。由于婴幼儿更多的是在家庭中接受家庭教育，不同的家庭教育会使婴幼儿呈现出不同的能力，在进行早期教育前对其进行动态的观察和评估，有利于了解婴幼儿的发展水平，进而为其设计适宜的活动方案。

四、让·皮亚杰的认知发展理论

让·皮亚杰提出了影响深远的儿童认知发展四阶段，包括感知运动阶段、前运算阶段、具体运算阶段和形式运算阶段。

1. 感知运动阶段

在皮亚杰提出的认知发展阶段中，0～2岁属于感知运动阶段。在这一发展阶段，婴幼儿主要通过动作感知周围的世界，并且这种动作随着年龄的逐渐增长而更加准确，但表现出来的智慧功能仍然具有完全实用性、感知操作性、被动作所束缚等特点，尚没有表现出对思维的信号操作能力。在整个阶段中，婴幼儿最开始是从0～1个月时的先天反射、完全无意识的动作行为，发展到1～4个月时的看-听、吸吮-抓握和看-抓握；到8～12个月，有意图的目标指向行为；到12～18个月，出现试误行为；再到18～24个月，以词代物，出现符号表征能力。这一系列的发展主要是婴幼儿所拥有的认识和影响世界的手段的变化。

在感知运动阶段，婴幼儿的感知觉和大小肌肉的发展更为重要，因此无论在早教机构还是在家庭中，环境的设计上都应增加相应的教具，活动的选择上都应增加感官、动作训练的内容，给予婴幼儿足够的支持，使其在感知运动阶段获得良好发展。

2. 前运算阶段

按照皮亚杰的理论，大约在18个月到2岁期间，婴幼儿的感知运动阶段结束，前运算阶段（2～7岁）开始。主要表现为儿童获得了比较突出的心理表征迹象，即初步获得了符号思维，如延迟模仿和符号游戏等。但他们在思考问题和言语表达中常常以自我为中心，也就是说考虑问题只从自身角度出发，并没有认识到其他人还会具有不同的视角或观点。

皮亚杰用著名的"三山实验"证明了这一观点。实验中，在桌子的中央放置一个三座山的三维模型，玩偶和儿童分别坐在桌子两侧，请儿童选出哪一张是从玩偶的角度拍摄的三座山的形状，即询问儿童，玩偶看到的三座山是什么形状的。实验结果显示，7岁以下的儿童都会选择从自己角度拍摄的照片，难以描述站在玩偶的角度观察的三座山形状。根据实验结果可知，他们似乎没有认识到，对于处于不同位置的人而言所看到的情境应该是不同的。婴幼儿从2岁开始，就已经出现自我中心性的特点了，在早期教育中，教师要有所注意并提示家长，一方面在设计活动时可以增加培养婴幼儿共情和换位思考能力的内容；另一方面在婴幼儿出现以自我为中心的言语和行为时，不要粗暴地责骂埋怨，要耐心地引导。

其他的两个阶段已经超出婴幼儿的年龄范围，这里不再论述。从以上两个阶段可知，皮亚杰的认知发展阶段理论对于了解婴幼儿学习的方式、特征、能力，并根据这些发展特点有针对性地进行早期教育有重要的指导意义。只有了解婴幼儿，才能更好地教育婴幼儿。

五、埃里克森的心理社会理论

埃里克森把儿童人格的发展看作固定顺序的八个阶段依次形成的过程。每个阶段都有一个普遍的中心问题，这些问题都是由成熟和社会文化环境、社会期望间不断产生的冲突或矛盾所规定的（表2-2-1）。

表2-2-1　埃里克森心理社会理论八阶段

阶　　　段	年　龄　范　围	中　心　问　题
1. 信任对不信任	出生至1岁	我能相信别人吗？
2. 自主对羞耻怀疑	1～3岁	我能独立行走吗？
3. 主动对内疚	3～6岁	我能成功地执行自己的计划吗？
4. 勤奋对自卑	6～12岁	与别人相比我是有能力的吗？
5. 同一性对角色混乱	12～20岁	我到底是谁？
6. 亲密对孤独	20～40岁	我为某种关系做好准备了吗？
7. 繁衍对停滞	40～65岁	我留下我的痕迹了吗？
8. 完整对绝望	65岁以后	我的生命最终是有意义的吗？

1. 基本的信任感对基本的不信任感

该阶段的发展任务是培养婴幼儿的信任感，为婴幼儿对周围世界和社会环境形成友好的态度打下基础。婴幼儿出生后，经历的是环境的巨大改变、生存的不确定性和对世界的未知。因此，在这个阶段，他们需要满足生存的基本需求，也需要心理上得到成人的积极回应和悉心照顾。当婴幼儿的这些需求都得到满足后，就会对照料者产生一种信任感，感觉周围世界是安全的，人是可以依赖的。这种对人和环境的基本信任感是形成健康个性品质的基础，是以后各阶段发展的基础，更是青年期形成同一性的基础。反之，就会对周围的世界和人产生不信任感、不安全感，甚至会延续到后面的阶段中。

2. 基本的自主感对基本的羞耻感与怀疑感

该阶段的基本任务是发展自主性。婴幼儿成长到1岁时，已经开始尝试独立行走和开口说话了，这也就具备了独立探索世界的条件，并开始向外拓展自己可以探索的范围。尤其是到了2岁，人生中的第一个"叛逆期"，因为初步具备独立的能力，他们喜欢处处彰显自己的力量，常常通过"我""我不"之类的话来强调自己的独立性，拒绝成人的帮助。在这个过程中，如果发展顺利，幼儿将获得自主感，能够一定程度上独立自主、自己做决定、自己负责等，所以要给予幼儿足够的自由，让他们去尝试。如果父母对幼儿的行为限制过多、批评过多、惩罚过多，就往往会使其产生羞耻感及自认为无能的怀疑感。

可以看出，在婴幼儿早期教育中，首要的是让婴幼儿获得足够的安全感，照料者要积极敏感地回应婴幼儿的需求，在亲子活动中或家庭中建立良好的互动关系。同时也要注意，这里的互动并不是过多地束缚和限制，而是既要在婴幼儿需要时给予足够的陪伴和保护，又要在其想要自主探索时给予足够的支持和自由，这样才能使婴幼儿学会独立地生活，又不会缺失信任感，以便将来能更好地适应社会，遵守社会的秩序和法制。

六、加德纳的多元智能理论

1983年，霍华德·加德纳提出了多元智能理论，这是20世纪60年代哈佛大学"零点项目"的重要成果。加德纳认为每个人都拥有不同的智能优势组合，并且不同的人有不同的智能强项。多元智能理论中的智能指的是存在于每个个体身上、相对独立的、与特定的认知领域和知识领域相联系的八种智能，分别是：言语-语言智能、音乐-节奏智能、逻辑-数理智能、视觉-空间智能、身体-动觉智能、自知-自省智能、交往-交流智能和自然观察智能（表2-2-2）。每一种智能都代表着区别于其他智能的独特思考模式，但这八个智能之间并不是完全孤立的，而是相互依存、相互补充的。

表2-2-2　加德纳多元智能理论

智　能	思　考　模　式
1.言语-语言智能	指听、说、读和写的能力，表现为个人能够顺利而高效地利用语言描述事件、表达思想并与人交流的能力
2.音乐-节奏智能	指感受、辨别、记忆、改变和表达音乐的能力，表现为个人对音乐包括节奏、音调、音色和旋律的敏感以及通过作曲、演奏和歌唱等表达音乐的能力
3.逻辑-数理智能	指运算和推理的能力，表现为对事物间各种关系如类比、对比、因果和逻辑等关系的敏感以及通过数理运算和逻辑推理等进行思维的能力
4.视觉-空间智能	指感受、辨别、记忆和改变物体的空间关系并借此表达思想和感情的能力，表现为对线条、形状、结构、色彩和空间关系的敏感以及通过平面图形和立体造型将它们表现出来的能力
5.身体-动觉智能	指运用四肢和躯干的能力，表现为能够较好地控制自己的身体、能够对事件做出恰当的身体反应以及善于利用身体语言来表达自己的思想和情感的能力
6.自知-自省智能	指认识、洞察和反省自身的能力，表现为能够正确地意识和评价自身的情绪、动机、欲望、个性、意志，并在正确的自我意识和自我评价的基础上形成自尊、自律和自制的能力
7.交往-交流智能	指与人相处和交往的能力，表现为觉察、体验他人情绪、情感和意图并据此做出适宜反应的能力
8.自然观察智能	指个体辨别环境（不仅是自然环境，还包括人造环境）的特征并加以分类和利用的能力

受个体遗传和环境因素的影响，智能在不同个体身上的体现是各不相同的，0～3岁婴幼儿作为个体，主要能发展的是偏生理性、认知性和心理社会性的智能。多元智能理论丰富了早期教育的教育内涵和教育观，打破了传统的单一智能理论，也为更加科学、全面地评价婴幼儿提供了理论基础。

任务三　家庭教育理论

案例导入

张老师为一所托育中心的老师，教育对象主要为婴幼儿。许多婴幼儿家长作为新手父母，在婴幼儿养护和教育方面的知识以及经验略显不足，因此常常带着许多困惑去向张老师请教。例如：什么是正确的婴幼儿教育理念？我的养育方式是否正确？作为父母，在家庭教育中可以教给孩子哪些方面的知识和技能？老师有没有好的教育方法推荐……这给了张老师很大的启发：要想成为一名优秀的托育教师，不仅要掌握婴幼儿教育相关知识，还应该深入学习家庭教育方面的知识，为家长提供更好的家庭教育指导服务。那么，与婴幼儿家庭教育相关的理论有哪些呢？

任务要求

1. 理解并掌握陈鹤琴的家庭教育理论、人类发展生态学理论、成人学习理论的主要观点及其对婴幼儿家庭教育的启示。

2. 根据家庭教育理论的学习，能够灵活地将理论知识应用于婴幼儿的家庭教育指导工作。

古今中外许多教育家曾阐述过有关家庭教育的观点，本书结合婴幼儿家庭教育指导工作的特点，主要选取了三个理论进行学习：陈鹤琴的家庭教育理论可以为当下婴幼儿家庭教育在内容、原则和方法上提供借鉴；人类发展生态学理论从联系与发展的角度阐述托育机构教育与家庭教育合作的必要性和重要性；成人学习理论帮助教师了解成人学习者"家长"的学习特点，以便更加有效地对家长进行家庭教育指导。

一、陈鹤琴的家庭教育理论

陈鹤琴先生是我国著名的儿童教育家，我国近代幼儿教育事业的奠基人，被誉为"中国幼教之父"。早年留学美国，于1918年获得哥伦比亚大学教育硕士学位后归国任教。陈鹤琴立足当时中国积贫积弱、教育落后的现状，力图发展适合中国本土的幼儿教育事业。于1923年创办南京鼓楼幼稚园，对幼稚园的课程、管理以及幼儿习惯和技能的培养展开了全面系统的实践。先后创办了南京晓庄试验乡村师范学校、江西省立实验幼稚师范学校、上海市立幼稚师范学校，建设了当时的幼稚师范教育体系。陈鹤琴创立了"活教育"理论体系，他以长子陈一鸣为研究对象，结合观察、实验研究的方法，于1925年出版了《儿童心理之研究》和《家庭教育》两本著作。

陈鹤琴十分重视儿童的家庭教育，他认为家庭教育不仅对儿童的一生发展有重要影响，而且影响国家的命运。他指出，儿童"知识之丰富与否，思想之发展与否，良好习惯之养成与否，家庭教育是应负完全的责任"。他认为，"家长是子女的第一个老师，父母应尽到教育好孩子的责任""幼儿在父母那里学说话，认识周围事物，模仿父母言行，在父母影响下形成性格""天下父母能教育好自己的小孩，中国美好的前景'即在其中了'"。陈鹤琴先生在《家庭教育》一书中从家庭教育的内容范畴、家庭教育原则、家庭教育方法等多个方面进行了详细的阐释。

（一）家庭教育的内容

陈鹤琴关于家庭教育内容的论述主要包括儿童体育、德育、智育、美育和劳动教育。家庭教育是全面施教，家庭之中处处包含着教育的因素。因此在婴幼儿家庭教育指导工作中，教师应该帮助父母建立德、智、体、美、劳全面覆盖的家庭教育体系。

1. 儿童身心保健

关于儿童的身心保健，陈鹤琴强调儿童的心理必须从小得到健康的养护，吸收一切有益的影响，摒除一切不好的影响，避免在幼年期形成无谓的阴影和恐惧。另外，他从儿童的衣食住行等方面提出了身体保健的原则，对儿童的饮食、服装、鞋、游戏设备等提出了详细的规范。在家庭教育中，父母应该关注婴幼儿身心健康生长和发育，为婴幼儿提供充足的营养，培养婴幼儿良好的饮食和卫生习惯，通过户外活动、亲子运动、玩玩具、玩游戏等方式促进婴幼儿粗大动作和精细动作的发展。他还强调要给予婴幼儿更多的关爱，提供有安全感的环境，不要让其生活在恐惧和焦虑中。

2. 家庭道德教育

陈鹤琴十分看重家庭对儿童的道德熏陶和良好行为习惯的训练。比如，教育儿童养成关爱父母、有同情心、待人有礼貌、尊老爱幼等品质。父母在家庭中应注意培养儿童的文明习惯，养成基本的礼仪规范，例如：学会向家人、邻居问好，临走时记得说"再见"，会说"谢谢"。在家中学会关爱父母、尊重长辈、与兄弟姐妹和谐相处，不浪费食物，爱惜玩具，对小动物有爱心和同情心。

3. 家庭智育

陈鹤琴认为在家庭中培养儿童的智育，首先应发展儿童各种感官的能力，让儿童自己去尝试探索。还要努力发展儿童的思考力，发挥他们的好问心、好奇心。父母在养育的过程中，应该多与婴幼儿交流和互动，还可以通过亲子阅读促进他们语言能力的发展。父母要保护婴幼儿的好奇心，陪伴他们探索，丰富他们的生活经验，增加他们的感官体验，促进他们智力的发育。

4. 家庭美育

陈鹤琴十分重视从小培养儿童的审美情操。他指出，父母要培养儿童感受美、欣赏美、表达美、创造美的能力。在家中，可以用穿着美、语言美、举止行为美、生活环境美等陶冶儿童的美感，也可以教他们画画、唱歌、跳舞、看儿童书画，带他们参观美术展览、看文艺演出、外出旅游等。教师应该给予家长艺术活动的指导，向家长提供亲子音乐活动和美术活动的方案并进行专门的培训，在家庭中利用亲子陪伴的时光，进行一些简单的音乐游戏或者绘画手工等活动，还可以建议家长利用周末和节假日等带儿童观看儿童剧、音乐会、画展，出门旅游欣赏优美的风光和人文景观，培养儿童的艺术审美能力。

5. 家庭劳动教育

陈鹤琴强调家庭劳动教育并不是要求儿童从事繁重的劳动，而是培养儿童基本的动手能力，从小自己的事情自己做，以及帮助父母和周围人做一些力所能及的事情，防止养成"骄慢怠惰不知世事艰难"的恶习。教师要帮助父母树立正确的观念，不要认为儿童年龄尚小，能力偏低，就应该避免参加劳动。相反，父母应该有意识地让儿童在家庭中从事自己力所能及的事情，学会自己穿脱衣物、独立吃饭、洗脸、喝水、刷牙等，还可以帮助父母从事一定的家务劳动，如照顾宠物、浇花、擦桌子、收拾整理玩具等。

（二）家庭教育的原则

陈鹤琴还提出了家庭教育的原则：以身作则、养成教育、教育一致性、宽严适度和责罚慎重的原则。通过学习陈鹤琴的家庭教育原则，教师可以帮助父母树立正确的家庭教育理念，尽快适应角色变化，肩负起作为父母的责任。

1. 以身作则

父母在进行家庭教育时，要坚持以身作则的原则。父母要严格要求自己，规范自己的言行举止，在家庭中成为儿童的表率。禁止儿童做的事情，父母首先应该做到克己慎行。例如，在家中形成早睡早起的良好作息，养成洗脸、洗手、刷牙、漱口的良好卫生习惯，对待长辈孝敬有礼，为儿童树立良好的榜样。

2. 养成教育

父母在家庭教育中，可以通过建立一定的家庭生活制度，对儿童提出适当要求，并且长期训练，使其养成良好的行为和道德习惯。在儿童的幼年期，尤其是从出生到3岁以前的阶段，要着重培养其养成良好的生活卫生习惯，学会为人处世的礼貌礼仪，培养基本的道德情操。例如，帮助儿童逐渐养成规律的作息，不熬夜、不赖床；培养儿童独立吃饭、喝水，养成饭前便后、手脏时勤洗手的卫生习惯；不怕生，能主动和他人打招呼，对于他人的帮助要真诚地说"谢谢"；关爱父母、长辈、兄弟姐妹。

3. 教育一致性

陈鹤琴认为，父母在对子女一时、一事的教育上要有统一的态度，即教育的一致性。另外，一致性原则还体现在家庭教育和幼稚园教育要具有一致性，"幼稚教育是一件很复杂的事情，不是家庭一方面可以单独胜任的，也不是幼稚园一方面可以单独胜任的，必定要两方面共同协作才能得到充分的功效"。家庭成员之间，对儿童的要求要建立统一的标准，并且严格执行，让儿童知道什么能做、什么不能做，这样有利于其在家中良好行为习惯的养成。此外，还应该加强托育机构和家庭之间的互动，教师可以把托育机构中教授的内容和对儿童的要求与家长沟通，引导家长在家中给儿童建立统一的要求和规范，从而形成教育的合力。

4. 宽严适度和责罚慎重

陈鹤琴认为，家长应该对子女严格要求，不可以溺爱，但也不应该过于严苛，导致儿童紧张畏惧。批评与惩罚是一种教育手段，当儿童有了错误、缺点与过失，父母要克制自己的情绪，保持清醒的头脑，弄清儿童犯错误的主客观原因，帮助儿童分析错误的产生与危害，让儿童从中吸取教训。在不得已进行惩罚时，要考虑儿童的具体情况，采取的方式与惩罚的程度应该在其心理承受范围之内，不能意气用事，任意惩罚。

（三）家庭教育的方法

根据所提出的家庭教育内容和原则，陈鹤琴又有针对性地提出了游戏教育法、正面奖励法、环境熏陶法、实地施教法等家庭教育的方法，以保障教育内容和原则的有效落实。

1. 游戏教育法

陈鹤琴认为，游戏是儿童的生命，游戏应该成为家庭教育的主要方式。游戏对儿童的身心发展、美德培养、智力发育都具有十分重要的作用。教师可以向家长教授适合在家庭中和儿童一起做的小游戏，如语言游戏、感官训练游戏、音乐游戏等，帮助其在游戏中发展动作、体能、认知和艺术能力。

2. 正面奖励法

儿童是喜欢被称赞和被奖励的，所以教育应该积极地鼓励儿童，发展儿童的才能，提高儿童的学习兴趣。但是大多数父母认为严格要求即是爱，当儿童有地方做得不好时，总是给予严厉的批评。因儿童身心发展尚不成熟，家长应多用正面教育的方式，多鼓励，多表扬。

3. 环境熏陶法

家长应有意识地创造和谐、美好的家庭生活环境，使子女在其中受到潜移默化的影响，以培养子女优良的思想品德、高尚的道德情操和良好的行为习惯。例如，家长要想培养儿童爱整洁、讲卫生的习惯，就要及时地把个人物品归位，保持家中洁净；家长下班后，要经常陪孩子读绘本、讲故事，在这种氛围的熏陶下，孩子则比较容易养成爱读书的习惯。

4.实地施教法

家长应根据儿童的学习特点，让其运用感官直接感知事物，并有意识地让其参加力所能及的实践活动。例如，为了向儿童普及一定的科学知识，提高儿童的审美能力，家长可以利用周末和假期带着儿童去海洋馆、动物园、植物园、博物馆参观，实地讲解有关知识，丰富其生活经验，为进一步学习打好基础；还可以带儿童亲身领略祖国的名山大川、人文风情，提高其欣赏美、感受美和创造美的能力。

二、人类发展生态学理论

人类发展生态学理论由美国心理学家布朗芬·布伦纳提出的，是一门综合了生态学、人类学、社会心理学等多种学科的跨领域研究，通过绘制人类发展生态学模型，生动地阐释了环境对个体行为和心理发展的重要作用。人类发展生态学指出，人类的发展是"有机体与其所处环境相互适应的过程。个体的发展受到其周围的环境、各种环境之间的相互关系以及这些环境赖以生存的更大环境的影响"。与儿童发展息息相关的主要是学校环境、社会环境、家庭环境，可将这些环境划分为四大社会系统——微观系统、中间系统、外层系统和宏观系统。前者逐个被包含在后者之中，形成了一种同心圆样式的结构。休伊特根据布朗芬·布伦纳生态学理论模型，以儿童为同心圆中心建立了生态系统模型图（图2-3-1）。

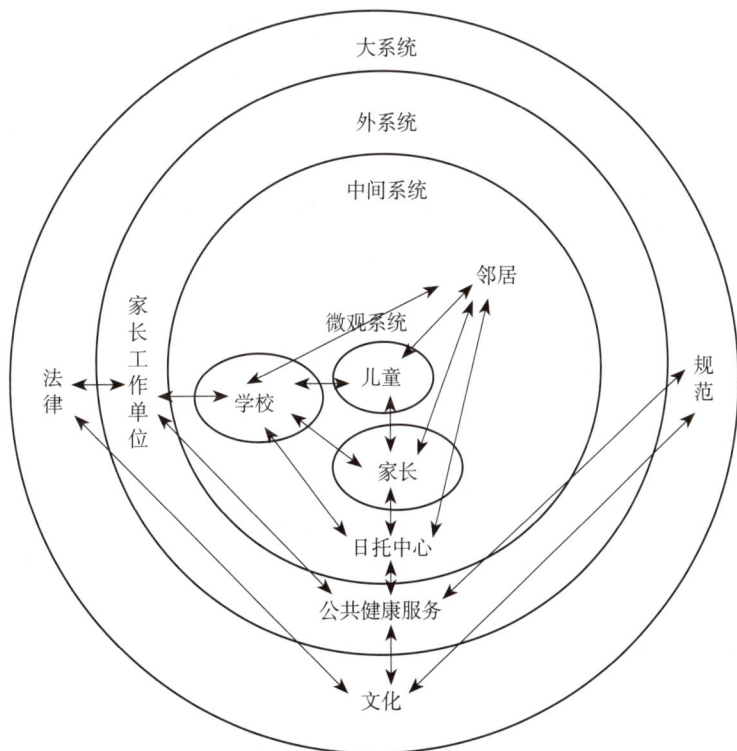

图2-3-1　人类发展生态学模型

微观系统是指儿童亲身参与、直接体验着的环境，也是与儿童联系最为密切的环境系统。与儿童相关联的微观系统大致可以为三类：一是由父母等亲缘关系组成的家庭，家庭是儿童活动的第一场所，父母是儿童的第一任老师，家庭教养方式、人员组成结构、家庭氛围对儿童的发展起直接作用。二是由教师和同伴组成的早教机构、托育机构及幼儿园等，是儿童生活和接受教育的场所，教育机构里的人、事、物对其发展具有十分重要的影响。三是指儿童所生活的社区。其他系统都是通过微观系统作用于儿童的。

中间系统是由微观系统之间的联结关系组成的，包括家庭、学校、邻居和日托中心等抚育儿童成长的微观系统之间的相互关系。例如，家庭教育的质量可能会影响儿童在托育机构里的表现，也会对师幼关系和同伴关系有一定影响。

外层系统是指儿童没有直接参与，但却间接影响儿童发展的社会环境，如父母的职业、社会地位、家庭收入状况、社区公共医疗服务等。父母所处的工作环境会影响儿童在家中的行为，并因此影响到抚养儿童的质量。因此，尽管儿童不直接接触父母的工作环境，但却间接受其影响。

宏观系统是儿童所处生态系统中最大的一个系统，包括儿童所处的社会大环境中的经济政策、政治体制、文化习俗、价值观念、社会行为规范与道德准则等。这些事物以各种方式渗透于个人的日常生活之中。

在人类发展生态学模型中，儿童处于圆心的位置，其成长发展受到多种因素的影响。家庭作为儿童生长发育的第一个微观系统是与儿童发展联系最为密切的系统，在儿童早期生长发育中起着至关重要的作用。因此必须重视家庭教育，构建良好的家庭教育微生态。家长应该掌握科学正确的育儿理念，了解儿童不同年龄阶段的发展特点与需求，并且在家庭当中给予关注。除此之外，家长还应该掌握基本的教育技能和方法，以便在家庭中开展相关游戏，在欢乐的亲子陪伴中促进儿童动作技能、认知、情感和社会性等方面的发展。

在人类发展生态学模型中，家庭、托育机构之间是相辅相成的关系。作为影响儿童发展的中间系统，托育机构要重视同家庭之间的交流、互动与合作。一方面，家长是托育机构最有力的合作伙伴。托育机构要想真正提高教育教学质量，必须加强与家长的联结，充分利用家长资源，寻求家长的支持和帮助。例如，0～3岁婴幼儿往往采用家长陪同上课的方式，托育机构不仅要把重点放在婴幼儿的教育和保育上，还要做好家长工作，做好对家长的指导，使家长能够在教学活动的组织中起到较好的协同配合作用。另一方面，还必须看到，家庭教育质量的提高也会有益于托育机构教育质量的提升。托育机构有责任、有义务向家长提供帮助和支持，帮助家长提升家庭教育质量。例如，通过入户指导、讲座、培训的形式向家长传播科学正确的托育理念，讲授婴幼儿生理、心理发展知识及家庭教育方法和技能等。

三、成人学习理论

成人学习理论是由美国教育家马尔科姆·诺尔斯提出的。20世纪科技革命兴起，社会越来越需要与时俱进的人才，成人教育应运而生。成人学习理论从发展到成熟先后经历了三个阶段，分别是：非正规成人教育阶段、全面的成人学习阶段、人类终身学习阶段。诺尔斯把"成人"的特点概括为：成人是能够承担自己社会角色的义务，并把自己看作是可以进行自我指导的人。成人学习的实质是自我导向学习，成人教育的一项重要使命是帮助成人学习者从依赖者向自我指导者转变。

诺尔斯进一步从自我概念、学习经验、学习准备和时间观念四个方面将成人学习者与青少年和儿童学习者展开对比，进一步明确了成人学习者的特征：关于自我概念，成人在学习的过程中具有较强的自我概念、自我指导和独立的人格，教育者应该让成人学习者参与学习计划的制订和实施，以及学习内容的选择与学习成效的评估。关于学习经验，成年人对于教师和教科书的依赖程度低于青少年学习者，他们具有更多的学习积累和更广泛的经验，这些经验基础可以帮助他们建立新的学习，在学习中也更容易将新知识与过去的经验联系起来。关于学习准备，成人学习者具有更明确和更直接的学习目的。青少年、儿童倾向于将学习视作为未来的生活做准备，而成年人倾向于将学习视为寻求解决当下特定生活问题的办法。因此，在向成人实施教育的过程中，满足学习者的学习需求非常重要，学习内容的选择应该为满足成人学习者的需求服务，而不仅仅是根据知识的逻辑或出于培训机构的需要。在时间观念方面，由于成人学习的重点是解决自身的需求，具有即学即用、目标性强、见效快、学习动力足的特点，因此成人学习者可以更加有效地利用学习时间。

诺尔斯成人学习理论为开展婴幼儿家庭教育指导工作提供了许多启示。教师在指导和培训新手父母学习婴幼儿照顾与教育的过程中，要遵循成人学习的特点。首先，帮助家长建立较强的、独立的自我概念，给予家长充分的鼓励和信心，使家长真正成为学习的自我指导者。其次，新一代的父母多为"80后""90后"，多接受过高等教育，具备良好的受教育经验，这为他们在学习新的知识和技能方面打下了良好的基础。再次，教师要善于抓住初为人父人母的家长迫切想要成为合格父母的心态。父母对子女怀有深沉而有责任的爱，养育和教育知识的匮乏会极大地激发他们的学习欲望。最后，由于学习的动机强，父母迫切想要尽快掌握相关的教育知识和能力以应用于对儿童的养育和教育，并且许多父母是从本职工作中抽取时间学习，所以能充分利用有限的时间进行学习。

托育机构应该利用自身的教育优势和资源，给予家长一定的培训和指导。例如，可以成立早期教育指导站，向社区内的家长提供家庭育儿方面的指导；构建网络平台向家长推送育儿知识和讲座信息，解答家长的疑惑；成立家长委员会，方便与家长沟通；定期举办家长沙龙、家长开放日活动和亲子活动；召开家长会和专家讲座；面对年龄较小的婴幼儿，还可以进行入户早教指导等。

思考与练习

一、单项选择题

1. 教育活动设计与组织最常用的理论有（　　　　）。
   A. 最近发展区理论　　　　　　　　　　　B. 系统论
   C. 认知结构理论　　　　　　　　　　　　D. 情境教学论

2. 以下哪个选项不是教育活动设计的环节？（　　　）
   A. 评估教学　　　　　B. 分析学情　　　　　C. 调研情况　　　　　D. 设计教学过程

3. 以下哪个概念属于蒙台梭利教育理论的内容？（　　　）
   A. 信任与不信任　　　B. 成熟说　　　　　　C. 多元智能　　　　　D. 吸收性心智

4. 我国最早的教育专著是（　　　　）。
   A.《周易·序卦》　　　B.《三字经》　　　　C.《学记》　　　　　D.《大学》

5. 美国著名的儿童心理学家格塞尔作为遗传决定论的代表人物，他通过双生子爬梯实验，提出了（　　　）。
   A. 敏感期　　　　　　B. 成熟势力说　　　　C. 最近发展期　　　　D. 自我中心

6. "产婆术"是（　　　）倡导的教学方法。
   A. 柏拉图　　　　　　B. 亚里士多德　　　　C. 苏格拉底　　　　　D. 昆体良

7. 强调儿童的心理必须从小得到健康的养护，吸收一切有益的印象，摒除一切不好的印象，避免在幼年期形成无谓的阴影和恐惧。这说明陈鹤琴重视儿童的（　　　　）。
   A. 卫生保健　　　　　B. 身体保健　　　　　C. 心理保健　　　　　D. 营养养护

8. 教育儿童在家庭中养成关爱父母、有同情心、待人有礼貌、尊老爱幼等品质，体现了陈鹤琴重视（　　　　）。
   A. 家庭德育　　　　　B. 家庭智育　　　　　C. 家庭美育　　　　　D. 家庭体育

9. 在家中，父母可以用穿着美、语言美、举止行为美及生活环境美等陶冶儿童的美感。教儿童画画、唱歌、跳舞、看儿童书画，带儿童参观美术展览、看文艺演出、外出旅游等，这体现了陈鹤

琴家庭教育理论内容中哪一方面的内容? (   )

 A. 家庭德育   B. 家庭智育   C. 家庭美育   D. 家庭体育

10. 以下不属于陈鹤琴家庭教育原则的是 (   )。

 A. 以身作则   B. 教育一致性   C. 养成教育   D. 要求严苛

11. "家长有意识地创造一个和谐、美好的家庭生活环境,使子女在其中受到潜移默化的影响,以培养子女优良的思想品德、高尚的道德情操和良好的行为习惯。"体现了陈鹤琴家庭教育的哪一种方法? (   )

 A. 游戏教育法   B. 正面奖励法   C. 环境熏陶法   D. 实地施教法

12. 人类发展生态学理论将与婴幼儿生活息息相关的社会环境划分为四大系统,分别是:微观系统、(   )、外层系统和宏观系统。

 A. 中间系统   B. 社会系统   C. 中观系统   D. 量观系统

13. 家庭及父母等家庭成员、托育中心及老师和同伴、临近社区和社区中的人属于影响婴幼儿发展的(   )。

 A. 微观系统   B. 中间系统   C. 外层系统   D. 宏观系统

14. 儿童没有直接参与,但却间接影响儿童发展的社会环境,如父母的职业、社会地位、家庭收入状况、社区公共医疗服务等,属于(   )。

 A. 微观系统   B. 中间系统   C. 外层系统   D. 宏观系统

15. 以下哪一项不属于成人学习者的特征? (   )

 A. 具有较强的自我概念和自我指导能力   B. 具有更多的学习积累和更广泛的经验

 C. 具有更明确和更直接的学习目的   D. 具有更充裕的学习时间

16. 初为人父人母,对子女怀有深沉而有责任的爱,加之养育和教育知识的匮乏,迫切想要通过学习成为合格的父母。这体现了父母作为成人学习者的什么特点? (   )

 A. 自我概念和自我指导能力强   B. 学习目的明确,学习动力十足

 C. 学习经验和积累广泛   D. 即学即用,有效利用学习时间

二、简答题

1. 谈谈系统论和情境论在婴幼儿早期教育活动设计与组织中的运用。

2. 在任务二中任选一种婴幼儿早期教育理论,谈谈对婴幼儿早期教育活动设计与组织的启示。

3. 简述陈鹤琴家庭教育理论中关于家庭教育的内容、原则和方法,并谈谈对教师开展婴幼儿家庭教育指导工作的启示。

4. 假如你是一位托育中心的教师,谈谈如何利用成人学习的特点对家长开展家庭教育指导。

模块 三

创设婴幼儿早期教育活动环境

PPT教学课件

模块导读

　　早期教育活动是婴幼儿学习的重要途径，早期教育活动环境对实现早期教育活动目标、促进婴幼儿早期发展具有重要作用。本模块对早期教育活动环境的概念、价值、类别及创设原则等进行梳理，具体包含两个任务：任务一为了解婴幼儿早期教育活动环境，掌握婴幼儿早期教育活动环境创设的相关理论知识，重视婴幼儿早期教育活动环境创设；任务二为创设婴幼儿早期教育活动环境，具体阐释了创设的原则及各类活动区的创设与使用。

学习目标

　　1. 认识婴幼儿早期教育活动环境创设的价值与作用，重视环境创设。
　　2. 掌握婴幼儿早期教育活动环境创设的原则与方法。
　　3. 能科学设计婴幼儿早期教育活动环境。

思维导图

创设婴幼儿早期教育活动环境
- 了解婴幼儿早期教育活动环境
  - 婴幼儿早期教育活动环境的概念
  - 婴幼儿早期教育活动环境的基本理论
  - 婴幼儿早期教育活动环境的分类
  - 早期教育活动环境对婴幼儿的重要性
- 创设婴幼儿早期教育活动环境
  - 婴幼儿早期教育活动环境创设的原则
  - 婴幼儿早期教育活动环境的创设

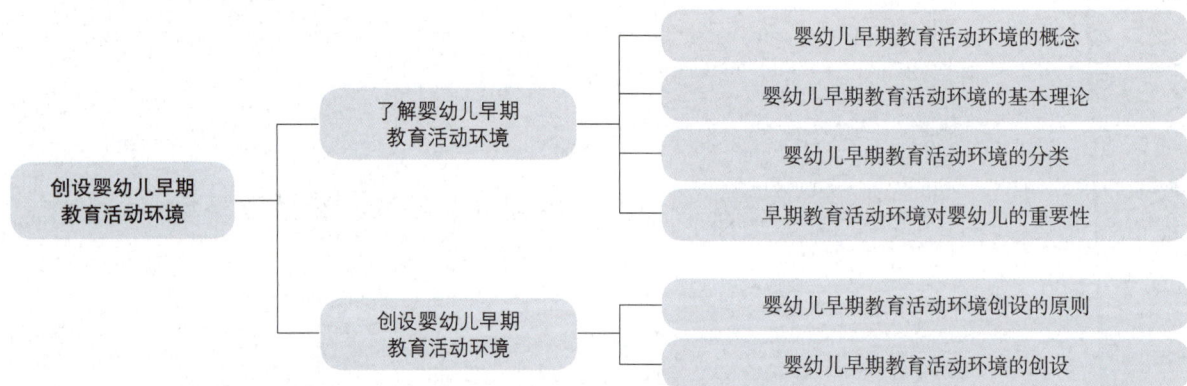

任务一　了解婴幼儿早期教育活动环境

案例导入

　　什么是婴幼儿早期教育活动环境？许多早教机构、托育机构在室内外投放了各式各样的玩教具，似乎认为玩教具以及由此引发的婴幼儿游戏就是早期教育活动环境。许多家长也注意为儿童添置玩具，把玩具筐塞得满满的，并期待他们能在"玩中学"。但是婴幼儿早期教育环境仅仅是"玩具+游戏"吗？本任务就是了解婴幼儿早期教育活动环境的概念、价值及分类，认识早期教育活动环境的重要性。

任务要求

　　1. 理解婴幼儿早期教育活动环境的概念。

2.掌握婴幼儿早期教育活动环境的相关理论及分类。

3.认识到适宜的教育环境对婴幼儿的价值。

一、婴幼儿早期教育活动环境的概念

环境是指人生活于其中，并能影响人的一切外部条件的总和，包括人们赖以生存的自然条件和社会条件，以及社会关系。皮亚杰说过："儿童的认知发展要在其不断地与环境的交互作用中获得。"环境会影响人的情绪以及工作和生活的质量，甚至健康。

婴幼儿早期教育活动环境是指与婴幼儿密切相关的空间、设施设备和游戏活动的总和，也是直接或间接影响婴幼儿生活发展的各种自然因素和社会因素、物质环境和人文环境的总和。活动区、教师、保育员、玩教具、活动区等都是早期教育活动环境的一部分。可见，婴幼儿早期教育活动环境的内涵十分广泛，可以说，凡是婴幼儿身体接触到的、心理感知到的，都可以称为婴幼儿早期教育活动环境。

二、婴幼儿早期教育活动环境的基本理论

（一）蒙台梭利关于环境的论述与实践

蒙台梭利高度重视环境的作用，甚至把环境比喻为人的头部。她认为：儿童是精神胚体，有赖环境的保护与滋润；儿童是探索者，需吸收环境中的各种印象来建构其心智；儿童真正内在的潜能唯有透过开放的环境才能发展出来；环境是教育的工具，所以教育者要预备一个适合儿童发展其禀赋的环境。

同时，蒙台梭利也强调儿童成长的环境必须由具备相当知识而且敏锐的成人来策划。成人必须参与创设儿童生活与成长的环境，并提供适合儿童发展的"有准备的环境"。而"有准备的环境"应具备以下要素：适合儿童的发展水平、节奏和步调；自由而有序；真实而自然；充满理解与爱；能够保护儿童并让儿童有安全感；对儿童具有吸引力。

蒙台梭利还认为，创设的环境不仅要具备儿童成长所需的一切事物的积极意义，同时也要排除掉所有不利于儿童成长的事物。为此，蒙台梭利教育教室（图3-1-1）遵循"净化感官"的理念，把环境作为隐性课程，潜移默化地影响儿童，减少干扰，养成儿童安静的意识、能力和习惯。

蒙台梭利教具是环境的重要组成部分。蒙台梭利教育机构一般会利用各类教具创设感官区（图3-1-2）、科学文化区、语言区（图3-1-3）、数学区（图3-1-4）和日常生活区等区域。

图3-1-1　整洁雅致的蒙台梭利教室

图3-1-2　蒙台梭利感官区教具

图3-1-3 蒙台梭利语言区教具

图3-1-4 蒙台梭利数学区教具

（二）瑞吉欧关于环境的论述与实践

瑞吉欧教育思想中，将环境视为"一个可支持社会互动、探索与学习的容器"和"第三位教师"，并赋予了环境丰富而深刻的教育内涵。瑞吉欧教育思想指出，优质的教育需要理想的学习空间，所以努力营造一种家庭般舒适、温暖、愉悦的环境，使得整个学校环境非常具有亲和力和吸引力。

在瑞吉欧学校中，环境是课程设计与实施的要素之一，表现为：其一，由环境生成课程，课程主题源于儿童与环境的互动；其二，为课程创设环境，为活动提供环境支持。环境是儿童生活最佳的记录方式之一。瑞吉欧教育理念的代表人物马拉古奇提出："我们学校的墙壁会说话，也有记录的作用，利用壁面的空间暂时或永久地展示幼儿及成人的生活。"其三，环境是儿童与儿童、儿童与成人、儿童与物之间互动的关键因素。在瑞吉欧早期教育机构（图3-1-5和图3-1-6）中，大到学校的地理位置，小到教室内每一个小物件的摆放，都在为儿童的互动经验提供便利，以确保环境成为互动的保障而不是障碍。为此，瑞吉欧早期教育机构的空间布局和环境创设非常注重自由性和开放性，以便儿童使用不同的工具材料，进行各种信息交流和沟通合作。

图3-1-5 瑞吉欧早期教育机构环境1

图3-1-6 瑞吉欧早期教育机构环境2

（三）陈鹤琴关于环境的论述与实践

陈鹤琴是我国近代著名的儿童教育家，他认为"怎样的环境，就得到怎样的刺激，得到怎样的印象"，并很早就提出了"大自然、大社会都是活教材"的教育理念。陈鹤琴强调，应给儿童创设良好的环境。这个良好的环境应该是一个游戏的环境、劳动的环境、阅读的环境、艺术的环境和科学的环境。室外尽量开辟花园、草地、菜圃，栽培美丽的花卉和蔬菜；室内应布置丰富而有教育价值的挂图、图片等，让儿童在美丽的环境里身心舒畅，陶冶情感。教师可以带领儿童栽培植物、饲养动物、布置庭院，从事浇水、锄草、收获等工作，指导儿童对自然界的事物和现象进行观察与研究，认识自然界并懂得自然现象之间的关系。而且，他强调要将早期教育机构的教育与家庭、社区整合起来，充分利用周围生活中丰富而有利的教育资源。

陈鹤琴还认为，"环境中布置的东西如果长时间一成不变，就会失去教育意义"。因此，提倡要适时更换环境布置，给予新鲜刺激。

三、婴幼儿早期教育活动环境的分类

国内外学者根据不同的分类标准把早期教育活动环境分成了不同的类型。

陈鹤琴把早期教育活动环境划分为游戏的环境、劳动的环境、科学的环境、艺术的环境和阅读的环境等。游戏的环境给儿童带来快乐、经验、知识、思想和健康；劳动的环境让儿童有劳动的机会来发展劳动能力；科学的环境能引起儿童探究科学的兴趣，使其有初步的探究能力；艺术的环境锻炼儿童的听觉，塑造其绘画和审美能力；阅读的环境则提倡要让儿童喜欢阅读。

塞尔玛等人将早期教育活动环境分为家庭托育环境和早期教育机构环境。家庭托育环境包括空间与设备、课程结构、活动、个人的日常照顾、聆听与说话、互动、家长与托育人员七个部分。早期教育机构环境包括空间与设备、日常例行照顾工作、学习活动、课程活动、倾听与交谈、互动、家长与教职员七个维度。国内研究者李克建在此基础上，根据我国早期教育活动的特色，将国内托幼机构的环境划分为空间与设施（图3-1-7、图3-1-8、图3-1-9、图3-1-10）、婴幼儿保育、集体教育活动、游戏材料和活动（图3-1-11、图3-1-12、图3-1-13）、互动、一日活动、对家长和教师的

图3-1-7　托育机构室内布置

图3-1-8　室外活动设备

图3-1-9　攀爬运动室

图3-1-10　阅读室

图3-1-11　学习活动　　　图3-1-12　游戏活动　　　图3-1-13　亲子活动

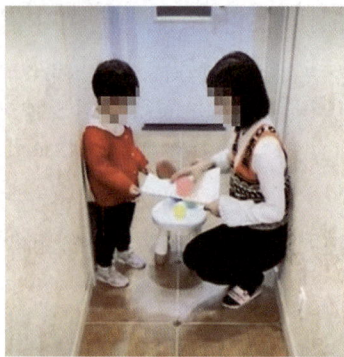

支持、特殊需求儿童的支持八个维度。本书中的早期教育活动环境主要指早期教育机构环境。

四、早期教育活动环境对婴幼儿的重要性

　　婴幼儿期是儿童大脑快速发育的时期，在这一时期，儿童大脑会生成大量的神经元突触或联结，未被儿童使用的神经元突触会被剪除，而经常被使用的神经元和突触会形成强大的联结，为其将来的学习和生存做好充分准备。成人为儿童提供的环境对他们大脑的发展有至关重要的影响，而且早期教育活动环境反映了教师的儿童教育理念、价值观以及有关儿童学习的信念，对儿童的学习和发展起着特别重要的作用。

（一）引发婴幼儿的主动学习

　　婴幼儿的发展具有可塑性，他们具有"吸收性心智"，能轻松地从周围环境中汲取知识，并尝试通过社会互动、身体控制来表现他们的思维过程。教师能通过设计良好的环境，为儿童提供多种多样的机会来感知体验、建构知识，进而主动学习。

（二）促进婴幼儿认知的发展

图3-1-14　垒粉红塔

　　儿童的认知是在与周围环境相互作用的过程中不断发展的。婴幼儿早期教育活动环境能为婴幼儿提供丰富的刺激条件，如让婴幼儿通过视觉、听觉、触觉、味觉、嗅觉及痛觉等感知物体的形、色、声、软、硬、冷和热等。

　　创设具有明确指向性的环境还可以影响或促进婴幼儿记忆、思维等认知发展。例如，配合早期教育活动，教师在墙壁上留下大量空间让婴幼儿自己发挥想象力进行装饰：有的在上面展示自己的作品，有的在上面涂鸦，还有的在上面贴上装饰品。这既让他们兴致盎然，又促进了其空间知觉、记忆力和想象力的发展。又如，教师投放粉红塔教具（图3-1-14），让婴幼儿分析比较方块的大小并进行有序的嵌套，以促进其思维的发展。

（三）促进婴幼儿社会性的发展

　　环境的支持与介入能促进婴幼儿之间、婴幼儿与成

人、婴幼儿与物体之间的交流互动。婴幼儿早期教育活动环境中的环境布置内容及其营造的氛围，活动空间安排及活动材料投放等，都会通过影响婴幼儿在交往过程中的情绪状态、交往对象的数量等来影响其社会性的发展。例如，在楼梯下、走廊尽头或教室的一角设置悄悄屋（图3-1-15）、心情屋等私密空间，让婴幼儿到这个小空间里安静地休息，或与同伴谈心，使其有调整情绪情感的空间。

另外，婴幼儿在与教师、同伴和家长共同创设环境的过程中，与同伴进行交流、合作，表达自己在创设环境时的疑惑及完成任务后的喜悦等，有助于其在这一过程中逐渐了解人际交往的规范和技巧，进而逐步适应社会生活。教师在环境布置中不妨放手，根据婴幼儿的能力设置一部分环境创设任务，让婴幼儿在自主参与的过程中体验平等意识，培养主人翁精神。

图3-1-15　悄悄屋

（四）传递丰富的文化内涵和艺术美感

托育园经常利用外墙、通道、门厅等场所宣传教育理念、办园特色，一方面能展示托育园的文化内涵，另一方面也能使家长清楚地了解托育园的教育内容、教育方法和管理体系，有助于达到"家园共育"的目的。丰富多彩的玩具、生动形象的墙饰、布局合理的环境（图3-1-16）等也会给婴幼儿带来美的享受，使托育园真正成为婴幼儿活动的天地，从视觉上、心灵上自然地得到美的熏陶及审美情趣的培养。比如，传统节日的环创设计（图3-1-17）可以营造良好的节日氛围，传递丰富的文化内涵。

图3-1-16　具有美感的环境

图3-1-17　春节环创

同时，良好的早期教育活动环境也为婴幼儿提供了游戏、运动的机会，对婴幼儿的生长发育、情绪管理以及秩序感的建立都有积极作用，这里不再一一呈现。

知识拓展

《童年之秘》节选——对环境的喜爱

小孩对暗示的敏锐情感，可以视之为一种内在感受力的夸张表现。这种可以称之为"对环境的爱"的内在感受力，乃是儿童心理成长的一种助力。小孩天生就是一个热心的观察员，且特别对成人的一举一动感兴趣，并希望模仿成人的行为。就这一点而言，成人应该肩负一种任务。他可以成为小孩行动的诱因；或成为一本摊开来的书，供孩子学习如何做他自己的工作。如果成人肯肩负提供适当指导的任务，就应该在专心注意他的小孩面前，安静、缓慢地行动，好让小孩看清楚每一个细节。

如果成人不这样做，却照着自己天然的倾向做出快节奏的动作，则不仅未达到鼓励及教导小孩的目的，反而不自觉地透过暗示的力量，将快节奏灌输给小孩的心灵，而让自己取代了小孩。

甚至能够用感官感觉到的物体，如果它们有吸引力的话，也会对儿童产生强大的暗示性，像磁铁一样地吸引儿童表现出许多不同的行为。

任务二　创设婴幼儿早期教育活动环境

案例导入

凡是儿童身体接触到的、心理感知到的，都可以称为早期教育活动环境。不少早期教育机构的教师对环境创设感到不知所措，他们常常会困惑：早期教育活动环境的内涵如此广泛，到底以哪些为主呢？那么多地方都要注意环境创设，不是要费很多时间和精力吗？什么样的早期教育活动环境是好的呢？部分学前教育教师也会提出疑问："婴幼儿早期教育环境创设和幼儿园的环境创设有什么不一样呢？"本任务将对这些疑惑进行解答。

任务要求

1. 理解并掌握婴幼儿早期教育活动环境创设的原则。
2. 能科学创设婴幼儿早期教育活动环境。

一、婴幼儿早期教育活动环境创设的原则

早期教育活动环境是针对0～3岁婴幼儿创设的，与幼儿园环境相比有其特殊性，要求也更高。2019年国家卫生健康委专门印发了《托育机构设置标准（试行）》（以下简称《标准》），详细列出了托育机构场地设施的要求。为了充分发挥环境的教育功能，更好地促进婴幼儿早期教育活动的实施，教育者在创设婴幼儿早期教育活动环境时应当遵循以下五个基本原则。

（一）安全性原则

婴幼儿的年龄小，身体柔弱，生活能力和自我保护能力差，容易受伤，因此安全性原则应是婴

幼儿早期教育环境创设的首要原则。遵循安全性原则应当考虑两方面因素：

1. 保障婴幼儿的身体安全与健康

《标准》中重点强调了托育机构环境的安全性问题，如"托育机构的场地应当选择自然条件良好、交通便利、符合卫生和环保要求的建设用地，远离对婴幼儿成长有危害的建筑、设施及污染源，满足抗震、防火、疏散等要求""托育机构的房屋装修、设施设备、装饰材料等，应当符合国家相关安全质量标准和环保标准，并定期进行检查维护""托育机构应当设置符合标准要求的安全防护设施设备"。另外，在具体细节上，要注意环境的防撞防摔设计（图3-2-1），如墙裙、地台等处的软包设计（图3-2-2），瓷砖类地面的防滑设计，门防夹手设计，柜门暗拉手设计等；物品陈列架的高度不可超过婴幼儿的身高，以便于婴幼儿拿取和放置；运动场地内婴幼儿的大运动多，更需注意安全防护（图3-2-3）。在材料的选择上，由于婴幼儿经常会把玩具放在嘴里啃咬，因此应选择绿色环保、安全无毒的材料，并定期清洗和消毒；有尖锐棱角的物品也要避免使用，以防止婴幼儿不小心碰撞或玩耍中受伤。

图3-2-1 台阶防撞防摔设计　　图3-2-2 墙面软包防撞设计　　图3-2-3 铺设软垫的运动场

2. 保障婴幼儿的心理安全与健康

婴幼儿是处于发展中的个体，需要精心养育和细心照料。教师要注意确保婴幼儿在托育园内有心理安全感。教师对婴幼儿的态度、婴幼儿之间的关系等，都是影响婴幼儿心理安全感的重要因素。婴幼儿早期教育活动环境要让婴幼儿感到自己是受欢迎、受尊重的，能够得到爱和温暖，这样才能促进婴幼儿身心健康发展。

（二）生活化原则

生活化原则是指应紧密联系婴幼儿的生活，营造家一样的早期教育活动环境。与3～6岁幼儿相比，婴幼儿的情感更加脆弱，离开时刻关心呵护他们的父母，走出熟悉亲切的家进入陌生的托育机构，会面临更严重的分离焦虑。因此，创设一种家庭式的生活化的环境氛围就显得尤为重要。早期教育活动环境应亲切、自然、温馨、柔和，采光良好，有和家里一样的舒适家具（如沙发、桌椅、书架等），有家庭式的盥洗设施，有真实有用的物品（如盘子、勺子、水杯、花瓶等），有地毯、抱枕、桌布、窗帘等软装饰，有婴幼儿个人物品（如家庭成员照片、布偶、玩具等），有绿色植物和金鱼、小兔子等可爱的小动物，等等。

婴幼儿更喜欢独自玩耍，不喜欢或没有与人分享合作的意识。为此，在创设环境时，可以根据不同功能将活动室分割成几个区域，让婴幼儿自由选择，尽情玩耍。如创设艺术游戏区，让婴幼儿涂鸦、撕纸、敲鼓、听歌；创设建构区，让婴幼儿摆弄各种积木，拼搭马路、高楼；创设角色游戏区，让婴幼儿玩"娃娃家"游戏、"小厨房"游戏等。

（三）适宜性原则

适宜性原则是指婴幼儿早期教育环境创设要符合婴幼儿年龄特征及身心健康发展的需要，促进每个婴幼儿全面、和谐地发展。

相较于3～6岁幼儿，0～3岁婴幼儿在年龄特点上的差异更为明显，不同年龄甚至不同月龄的婴幼儿都有较为明显的差异，其身心发展所需要的环境也不尽相同。因此，创设环境时必须以婴幼儿的身心和谐发展为根本目标，根据不同月龄婴幼儿身心发展的特点与需求提供多层次、多角度的教育内容和教育条件。

1. 要体现全面发展的教育要求

图3-2-4　游戏设施

这是由婴幼儿保教目标及婴幼儿的身心特点决定的。婴幼儿的教育内容具有一定的广泛性，所以在创设环境时要体现全面发展教育的要求，有目的、有计划地将婴幼儿的全面发展寓于环境创设之中。

2. 要体现一般需求和特殊需求

教师首先应创设最基本的环境，满足婴幼儿身心发展的一般需求，如提供生活、学习、游戏（图3-2-4）、运动、休息等必要设施，保证婴幼儿正常的生活与活动。同时，由于婴幼儿之间存在性别、个性及发展水平等方面的差异，教师要根据需求创设专门的环境，满足不同婴幼儿对环境的特殊需求。

（四）参与性原则

参与性原则是指早期教育活动环境应是婴幼儿与教师共同合作创设的。尽管婴幼儿年龄小，但随着自主感的萌发和活动能力的提高，他们也有参与环境创设的意愿和能力。教师可以提供机会让婴幼儿适当参与环境创设，比如，让婴幼儿就每个活动区投放什么材料、材料怎么摆、墙角如何布置、墙面上贴什么等问题，共同商量、制作、摆放。这会使婴幼儿对环境中的事物更加熟悉，也更加爱护，还可以发展婴幼儿的主体意识，培养婴幼儿的责任感与合作精神。

（五）开放性原则

开放性原则是指创设环境时应把活动室各区域的环境贯通起来，把托育机构的小环境和社会大环境有机结合起来，形成开放的早期教育活动环境。这一原则要求：一是环境要有利于婴幼儿积极、主动地开展活动。托育机构在布置环境时，可以按照功能或材料类型的不同，利用低矮的陈列柜，围合设置不同的活动区域。但各区域间应该注意开放性，允许婴幼儿在区域间活动，在有需要时利用不同区域的材料进行游戏。二是要与家庭、社区环境相结合。随着社会科技与文化的日益发展，社会环境对教育的影响越来越大，并以其特有的方式潜移默化地作用于婴幼儿。因此，教师在创设环境的时候，要主动与外界结合，选择和利用社区环境中有价值的教育资源。通过大、小环境的配合，尤其是与家庭、社区的合作，互相取长补短、同心协力，在一个开放的系统中培养适应新时代要求的婴幼儿。

当然，在创设环境时，最根本的还在于教师的创造性、创新性，只有充分发挥了教师的创造性，托育机构才会真正成为婴幼儿生活和学习的乐园。

二、婴幼儿早期教育活动环境的创设

早期教育活动环境创设是个全面系统的工程，包括园内走廊、楼梯、阳台、运动场等公共区域和活动室内的墙面、活动区等，涉及方方面面，不是仅凭一两名教师的力量可以独立完成的。本书只针对教师能够独立操作、独立完成的早期教育活动环境创设，并重点就活动区的环境创设进行具体阐述。

活动区是以婴幼儿自由游戏为特征的活动区域，是婴幼儿在园一日生活的主要活动场所。活动区能满足婴幼儿学习和交往的需求，丰富其生活经验，培养其积极的活动态度，促进其创造性和个性的发展。活动区一般没有固定的模式，根据功能，室内可利用矮柜围合出以下活动区：感统运动区、角色游戏区、操作建构区、科学探究区、艺术游戏区、早期阅读区（图3-2-5），户外则主要是运动区。

教师要事先根据一定的教育目标和婴幼儿发展特点，设计好活动区的创设目标、材料选择与投放，以及区域安排与使用等。

图3-2-5　室内活动区

（一）感统运动区

1. 创设目标

（1）促进婴幼儿动作发展

通过感统运动器材训练爬、站、走、跳、抛、推、拍等大动作，促进平衡能力的发展。

（2）提升婴幼儿的感觉统合能力

通过运动和感知的形式提升前庭觉、触觉、本体觉三大感觉系统，提升感觉统合能力。

2. 材料选择与投放

包括羊角球、平衡木、彩虹滚筒、弧形跳箱、大陀螺、平衡步道、攀爬架（图3-2-6）等感统训练器材（图3-2-7）。

图3-2-6　攀爬架

图3-2-7　感统运动器材

3.区域安排与使用

（1）占地面积大，所需空间大

感统运动区要用到很多训练器材，占地面积大，因此，感统运动区一般设在单独的功能室内（图3-2-8）或园内较大的公共区域。

（2）注意安全防护

感统运动区主要发展婴幼儿的粗大动作，活动量大。婴幼儿的自我保护意识弱，应投放软垫等进行防护，教师也要注意在活动区内观察和辅助，做好安全防护。

图3-2-8　感统运动室

（二）角色游戏区

1.创设目标

（1）促进婴幼儿模仿表征能力的发展

通过角色游戏模仿、表征生活中的各种角色和社会关系，促进模仿、表征能力的发展。

（2）促进婴幼儿社会性发展

通过角色表演游戏练习沟通交流等人际交往技能，舒缓情绪情感，促进社会性发展。

2.材料选择与投放

角色游戏是婴幼儿对社会生活的模仿与表征，因此应提供婴幼儿感兴趣的生活场景材料，常见的如娃娃家玩具材料（娃娃、桌椅、沙发、小床等）（图3-2-9）、小厨房玩具材料（灶台、锅、菜刀、盘子、碗、勺子、蔬菜、水果等）（图3-2-10）、医院玩具材料（如白大褂、护士服、医药箱、听诊器等）。

图3-2-9　娃娃家

图3-2-10　小厨房

3.区域安排与使用

（1）区域材料充足

由于婴幼儿还处于独自游戏、旁观游戏阶段，很难与人共享材料，因此应准备数量充足的玩具材料。同一种类的材料也要提供两个以上，以减少争抢行为。

（2）区域材料应逼真、生活化

婴幼儿年龄小，需要运用真实、贴近生活的道具来开展游戏。因此，使用的材料要逼真，便于婴幼儿联想生活场景进行模仿表演。

（三）操作建构区

1. 创设目标

（1）促进婴幼儿精细动作的发展

通过操作各类材料促进手指、手和手臂的协调性、灵活性与稳定性，促进精细动作发展。

（2）促进婴幼儿手眼协调能力的发展

通过操作各类材料锻炼眼动与视觉信息接收、控制和指导手部完成动作的协调性，促进手眼协调能力的发展。

（3）促进婴幼儿数学能力的发展

在建构积木的过程中感知积木的数量、形状，感知空间、方位等，促进数学能力的发展。

2. 材料选择与投放

（1）操作类

包括各类促进婴幼儿精细动作和手眼协调能力的游戏材料，如用于配对的瓶子和盖子、锁和钥匙，以及串珠（图3-2-11）、摘苹果（图3-2-12）、舀豆子（图3-2-13）、小鸟喂食玩具等（图3-2-14）。

（2）建构类

图3-2-11　串珠

图3-2-12　摘苹果

图3-2-13　舀豆子

图3-2-14　操作建构区材料

包括数量充足的、种类丰富的积木（如木质积木、纸盒、塑料管、雪花片、拼插积木等）和配件（如动物玩具、汽车玩具、自然景观等）（图3-2-15、图3-2-16）。部分托育机构还设置了沙水区，投放了沙子、水、石头及各种沙水玩具（如塑料铲子、水桶、水车、漏斗等）。

图3-2-15　建构区1

图3-2-16　建构区2

3. 区域安排与使用

（1）安静，不易受干扰

操作建构区应安排在安静的区域，而且要远离走道，减少干扰，避免其他婴幼儿不小心破坏建构作品或干扰活动。

（2）足够大的空间

操作活动，特别是建构活动需要足够大的空间，才能容纳一定数量的婴幼儿同时舒畅地在同一区域自如地操作建构，完成满意的作品。

（3）便于收纳

无论是操作活动还是建构活动，都需要用到大量的操作材料。这些材料种类多样、大小不一，非常考验教师和婴幼儿的收纳整理能力。因此，教师应使用托盘或篮子来分类盛放各个独立活动所需的材料，并有序地摆放在开放式矮柜或架子上，还要提供分类标签来提示和鼓励婴幼儿自主收纳。

（四）科学探究区

1. 创设目标

（1）激发婴幼儿的科学兴趣

婴幼儿是天生的科学家，他们从一出生就开始好奇地探索这个世界。科学探究区要能满足婴幼儿的探究欲望，激发科学兴趣。

（2）促进婴幼儿的科学认知

帮助婴幼儿了解科学区各类材料的特征和属性，丰富婴幼儿的科学常识和数学认知（图3-2-17）。

（3）促进婴幼儿科学探究能力的发展

图3-2-17　科学探究区

让婴幼儿在观察、比较科学区材料和实践操作的过程中发展初步的科学探究能力。

2. 材料选择与投放

（1）科学探究类

包括自然生活类材料（如树叶、石头、羽毛、水、泥土、动植物、放大镜、盒子、瓶子、吸管等）（图3-2-18）、各类玩具（如电动玩具、磁铁玩具、齿轮转动玩具、光影玩具、观赏类动植物标本玩具、拼图玩具等）（图3-2-19、图3-2-20）和其他科学材料。

图3-2-18 自然角

图3-2-19 动物嵌版

图3-2-20 斜坡车道

（2）数学认知类

包括数字卡片、几何图形板（图3-2-21）、立体图形（如球体、圆柱体、正方体）、数学玩具（如数字钓鱼、分类玩具、嵌套玩具）等（图3-2-22、图3-2-23）。

图3-2-21 几何嵌板

图3-2-22 数字积木

图3-2-23 数学启蒙箱

3. 区域安排与使用

（1）安静

为有效地满足婴幼儿的科学探究需求，帮助他们获得科学知识与技能，科学探究区应该设置在活动室里相对封闭的安静区域，减少干扰。

（2）靠近水源

因为很多科学活动都需要用到水，或需用水清洗材料，所以科学探究区要设置在靠近水源的地方。

（3）采光良好

科学探究区还应在窗户附近，有良好的采光条件，便于开展光影活动或满足动植物的日照需求。

（4）足够的操作空间

科学探究区要提供足够的操作空间，便于婴幼儿使用各种材料。

（五）艺术游戏区

1. 创设目标

（1）促进婴幼儿艺术素养的发展

感知和体验美术、音乐、舞蹈的魅力，激发对艺术的兴趣，培养审美能力，促进艺术素养发展。

（2）促进婴幼儿创造力的发展

在艺术游戏中自由表达表现，激发创造性，促进创造力的发展。

2. 材料选择与投放

（1）美术探究类

包括各种笔（如水彩笔、马克笔、蜡笔、油画棒等）、各类纸张（皱纹纸、报纸、水彩纸、打印纸、玻璃纸、卡纸等）（图3-2-24）、各类颜料（如水彩颜料、丙烯画颜料等）、超轻黏土、扭扭棒、画板、画架等基本的美术材料（图3-2-25）。

图3-2-24　各种纸张

图3-2-25　收纳整齐的美术工具与材料

（2）乐器声响类

包括各类儿童乐器（如八音盒、铃鼓、小鼓、节奏棒、响板、三角铁等）（图3-2-26）、各类音乐（钢琴曲、世界名曲、奥尔夫音乐、儿童歌曲等）、音乐播放器及耳机等。

（3）舞蹈类配件

包括各类舞蹈服、纱巾、头饰、镜子、音乐播放器等（图3-2-27）。

3. 区域安排与使用

（1）动静分区

美术活动一般需要安静，而音乐活动、舞蹈活动一般又会制造出较大的声响，因此艺术游戏区也要根据活动内容进行分区。美术活动区一般安排在活动室内安静的区域。音乐活动和舞蹈活动联系紧密，可以安排在一个区域，并与其他区域隔开一定距离，避免干扰。

（2）材料丰富

丰富的游戏材料既能满足婴幼儿的游戏需求，也能启发其创造更多游戏玩法，拓展其艺术体验。

（3）空间够大

美术活动需要借助桌椅进行绘画和制作，还需要空间来展示作品，音乐活动、舞蹈活动更需要

图3-2-26 各类乐器

图3-2-27 小剧场

较大的"舞台"空间进行表演，所以艺术游戏的空间要足够大。

（4）美术区应便于清洁整理

美术活动经常要用到各种颜料，婴幼儿也容易弄洒颜料，弄脏桌子、衣服。因此，美术区一般要提供便于清洁整理的桌垫、围裙等。

（六）早期阅读区

1. 创设目标

（1）培养婴幼儿的阅读兴趣

萌发对图书、符号、标志和文字的兴趣，能有意识、主动地翻阅图书，养成积极的阅读态度。

（2）促进婴幼儿倾听能力的发展

积极倾听各种故事、儿歌、音乐等语音材料，促进倾听能力的发展。

（3）促进婴幼儿语言表达能力的发展

丰富词汇量和会话信息，积极表达，促进语言表达能力的发展。

2. 材料选择与投放

（1）图书

早期阅读区应为婴幼儿提供符合其身心发展需求的、丰富而高质量的图书。婴幼儿年龄小，缺乏图书保护意识和能力。因此，投放不易损坏的布书、厚纸板书或塑料书更合适。同时，图书要以图片为主，没有或只有少量文字；图书的大小也要便于婴幼儿独立翻阅，不宜太大。

（2）图片（卡片）

除了图书，还可以投放承载了符号、标志和文字的图片或卡片，供婴幼儿操作学习，如动植物图片、字母卡片、图片拼图等。

（3）语音材料

为促进婴幼儿倾听能力的发展，可以投放一些语音挂画、点读书让婴幼儿自主倾听，还可以投放播放机用于播放儿歌、故事等。

3. 区域安排与使用

（1）安静

针对早期阅读活动的特点，早期阅读区要安排在活动室里比较安静的地方，避开艺术游戏区、角色表演区等相对嘈杂的区域，以保障婴幼儿安静地阅读（图3-2-28）。

图3-2-28 早期阅读区

（2）采光良好

阅读区应靠近窗户，自然光线充足，还要投放电灯，保证良好的采光。

（3）舒适美观，有趣味

早期阅读区还要注意环境的舒适性、美观性和趣味性，提供沙发、软垫、抱枕等让婴幼儿能舒服地就座，投放手偶、布偶及毛绒玩具增加趣味性。

（七）户外运动区

1. 创设目标

（1）提高婴幼儿的身体素质

在户外运动中呼吸新鲜空气，提高活动水平和身体技能，培养运动习惯，提高身体素质。

（2）促进婴幼儿动作发展

通过户外运动促进钻爬、行走、跑步、跳跃、踢打、跨跃及平衡性等基本动作的发展。

2. 材料选择与投放

包括户外大型运动器材，如攀爬架、秋千、滑梯等（图3-2-29、图3-2-30）；小型运动器械，如平衡木（图3-2-31）、羊角球（图3-2-32）、平衡车、三轮车、沙包、钻爬滚筒、不同大小的圈等；以及草地、小山坡等自然材料。

图3-2-29 户外秋千

图3-2-30 户外大型运动器械

图3-2-31 走平衡木

图3-2-32 骑羊角球

3. 区域安排与使用

（1）空间足够大

户外运动区的空间必须够大才能便于婴幼儿开展体育锻炼。空间太小会限制运动的类型，也更容易造成碰撞和冲突。

（2）确保安全

《标准》指出："托育机构应当设有室外活动场地，配备适宜的游戏设施，且有相应的安全防护设施。"安全应是户外运动区的重中之重，一方面要注意确保设施设备的安全，如滑梯、秋千、攀爬架等器材长期在户外，容易受损松动，教师要注意安排人员定期检查维护，排查安全隐患。另一方面要注意运动安全防护，对部分存在安全风险的运动要提供软垫等防护材料，教师要全程在活动区内观察巡视，确保婴幼儿的运动安全。

当然，在创设环境时，各活动区除了要关注这些要点外还应该注意一些共同的守则。比如和幼儿园相比，托育园的空间小但区域多，必须关注区域材料的收纳，在为区域活动提供便利的同时也要做到整齐有序。又如，要注意根据园内的活动、节日、婴幼儿生活、时序及对婴幼儿的观察反馈，来调整和更新活动区材料，最大限度地促进婴幼儿的发展。

知识拓展

活动区环境评估要点

1. 区域目标是否清晰？

2. 区域是否有美感？

3. 是否有足够的材料——足够到婴幼儿无需等待，且不妨碍他们创造？

4. 材料是否符合婴幼儿的发展需求，有一定的挑战性但又不至于让婴幼儿受挫？

5. 材料是否具有广泛的发展层次？

6. 是否有丰富的开放式材料？

7. 如果材料是封闭式的，是否可以自动更正？

8. 材料是否反映了文化的多样性？

9. 是否准备了适合残疾婴幼儿操作的材料？

10. 材料是否会使人产生偏见？

11. 材料是否放置在使用区？

12. 材料是否备好可用，能让婴幼儿触手可及？

13. 材料是否整齐地分类摆放？

14. 材料架上是否贴了标签，以便婴幼儿能轻易地找寻，并在用完后将它们放回原处？

15. 婴幼儿是否知道如何使用材料？

——摘自《0—8岁儿童学习环境创设》（朱莉·布拉德著，陈妃燕、彭楚芸译），有修改。

思考与练习

一、单项选择题

1. 陈鹤琴把早期教育环境划分为（　　）、劳动环境、科学环境、艺术环境和阅读环境。

   A. 游戏环境　　　　　B. 精神环境　　　　　C. 保育环境　　　　　D. 教育环境

2. "托育机构的场地应当选择自然条件良好、交通便利、符合卫生和环保要求的建设用地，远离对婴幼儿成长有危害的建筑、设施及污染源等"，该说法主要体现婴幼儿早期教育活动环境创设的（　　）。

   A. 环境与教育目标相一致性原则　　　　　B. 安全性原则

   C. 适宜性原则　　　　　　　　　　　　　D. 开放性原则

3. （　　）高度重视环境，把环境比喻为人的头部，强调儿童成长的环境必须由具备相当知识而且敏锐的成人来策划。

   A. 瑞吉欧　　　　　B. 福禄贝尔　　　　　C. 陈鹤琴　　　　　D. 蒙台梭利

4. 教师进行早期教育活动环境创设时让婴幼儿就每个活动区投放什么材料、材料怎么摆放、墙角如何布置等问题共同商量、共同制作、共同摆放，该做法体现了（　　）原则。

   A. 开放性　　　　　B. 参与性　　　　　C. 适宜性　　　　　D. 生活化

5. 以下哪种材料不属于婴幼儿感觉统合材料？（　　）

   A. 攀爬架　　　　　B. 平衡木　　　　　C. 大陀螺　　　　　D. 串珠

二、多项选择题

1. 早期教育环境对婴幼儿的重要性主要体现在（　　）。

   A. 引发婴幼儿的主动学习

   B. 促进婴幼儿认知的发展

   C. 促进婴幼儿社会性的发展

   D. 传递丰富的文化内涵和艺术美感

2. 婴幼儿早期教育活动环境创设的原则包括（　　）。

   A. 安全性原则　　　　B. 生活化原则　　　　C. 适宜性原则　　　　D. 参与性原则

3. 蒙台梭利认为，适合儿童发展的"有准备的环境"应具备（　　）要素。

   A. 适合儿童的发展水平、节奏和步调

   B. 自由而有序，真实而自然

   C. 充满理解与爱，对儿童具有吸引力

   D. 能够保护儿童并让儿童有安全感

4. 为促进婴幼儿模仿表征能力及社会性的发展，教师可提供（　　）。

   A. 娃娃家材料　　　　B. 小厨房材料　　　　C. 医院材料　　　　D. 感统运动器械

5. 为促进婴幼儿精细动作及手眼协调能力的发展，教师可投放（　　）。

   A. 配对的瓶子和盖子　　B. 锁和钥匙　　　　C. 串珠　　　　　D. 羊角球

三、简答题

1. 说一说对早期教育活动环境的理解。

2. 简述早期教育活动环境的价值。

3. 简述早期教育活动环境的创设原则。

模块 四

0～1岁婴儿早期教育活动设计与组织

0～1岁是婴儿人生中第一个快速生长发育的时期,科学的早期教育活动对婴儿的健康成长意义重大。本模块将0～1岁分为0～3个月、4～6个月、7～9个月和10～12个月四个月龄段,主要内容包括婴儿的身心发展规律与特点、活动目标制订、活动内容组织、活动区域创设、早期教育活动的实施与调整和家庭教育指导。该模块的特点是教育活动的开展对象以家长为主,家长是婴儿的第一任教师,家庭是婴儿受教育的第一个场所,家长教养指导能力的提升关乎0～1岁婴儿的全面发展水平。通过本模块的学习,有助于学习者根据婴儿身心发展的规律和特点,拟订各月龄段婴儿早期教育活动的目标,选择适宜的活动内容,布置合理的活动区域,并组织开展相应的早期教育活动。

■ 学习目标

1. 理解0～1岁婴儿身心发展的规律与特点。
2. 掌握0～1岁婴儿早期教育活动的目标与内容。
3. 具备开展0～1岁婴儿早期教育活动和指导家庭教育活动的能力。
4. 萌发对0～1岁婴儿的爱护之情。

■ 思维导图

```
                                    ┌─ 0～3个月婴儿早期教育活动设计与组织 ─┐      ┌─ 制订活动目标
                                    │                                      │      │
                                    ├─ 4～6个月婴儿早期教育活动设计与组织 ─┤      ├─ 组织活动内容
0～1岁婴儿早期教育活动设计与组织 ──┤                                      ├──────┼─ 创设活动区域
                                    ├─ 7～9个月婴儿早期教育活动设计与组织 ─┤      ├─ 实施教育活动
                                    │                                      │      │
                                    └─ 10～12个月婴儿早期教育活动设计与组织┘      ├─ 调整教育活动
                                                                                  │
                                                                                  └─ 家庭教育指导
```

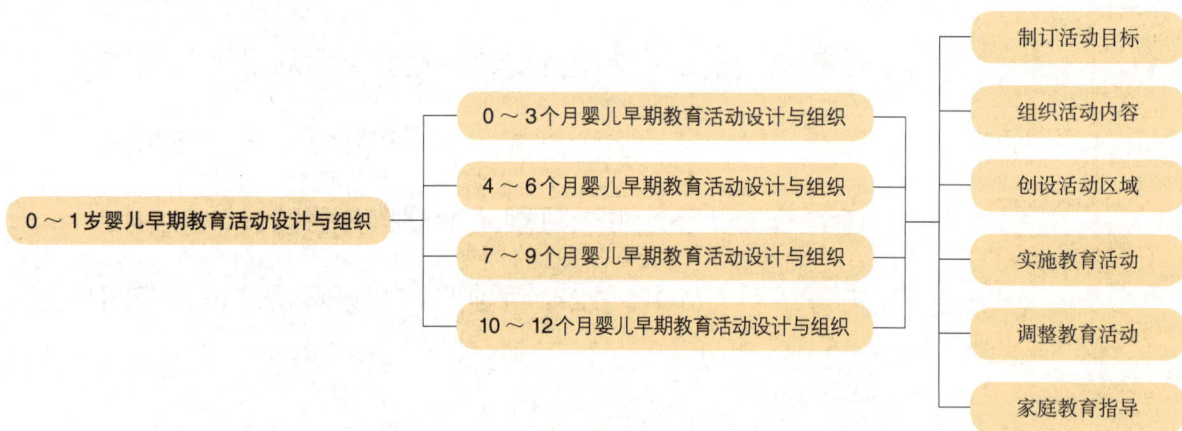

任务一　0～3个月婴儿早期教育活动设计与组织

■ 案例导入

刘女士听说小区旁边新开了一家早教中心,便带着两个多月大的女儿过去了解情况。刘女士特别关心两个多月的女儿能否报名参加早期教育活动,早教具体会做哪些活动,一周要来上几次课。如果你是该早教中心的老师,你将如何解答刘女士的疑惑?

任务要求

1. 理解0～3个月婴儿的身体和心理发展特点。
2. 理解并掌握0～3个月婴儿早期教育活动的设计思路与组织流程。
3. 具备指导家长开展早期教育活动的能力。

一、制订0～3个月婴儿早期教育活动目标

（一）0～3个月婴儿的身心发展

0～3个月婴儿身心发展的显著特点表现为长得快，即该月龄段是出生后生长发育速度最快的时期。

首先，表现为动作发展迅速。新生儿刚出生时，柔软、娇嫩、爱睡觉，除了不舒服时会蹬腿、挥手，大部分时间都是安静地躺着。满月之后，婴儿睡眠时间相对减少，挥舞手脚的时间变长了。2个月时，婴儿抬头能坚持2～4秒，抬离地面35°～45°，能左右扭动头部。3个月时，有些婴儿已掌握翻身的方法。对于放到手里的玩具，会抚摸并出现表情上的变化。玩具掉了能尝试抓，抓不到时会着急地哭。

其次，表现为语言上开始发声。孕期25周左右开始，胎儿开始有意识地听各种声音。婴儿出生之后，面对外界各种各样的声音，能有意识地倾听和观察。2个月的婴儿，出现发韵母的现象，如能发出ɑ、o等韵母。婴儿对说话的声音很敏感，3个月的时候能分辨不同家人的说话语调，特别喜欢妈妈的声音。

再次，表现为感知觉发展迅速。视觉上，刚出生时调节能力非常弱，2个月时能较协调地注视和追随一定范围内的物品，3个月时能辨别红色、蓝色和绿色；听觉上，新生儿听敏度较低，3个月时对声音反应积极，会跟随声音转头和扭动身体；触觉上，发育较早，1个月的婴儿能通过口腔分辨奶嘴和乳头，借助手的原始抓握反射促进触觉的发展；味觉与嗅觉上，新生儿出生时味觉与嗅觉神经已基本发育成熟，能够区分母乳和配方奶，满月之后，对于刺鼻的、不喜欢的气味会出现不愉快的表情。

最后，表现为情绪开始分化。婴儿情绪发展迅速，1个月的婴儿会出现厌恶的表情、痛苦的情绪，感到不舒服时会哭，此时的哭属于尚未分化的哭，满月之后哭声开始分化，不同的哭声代表不同的需求。新生儿出生不久就会不自觉地露出笑容，但1个月以内婴儿的笑是生理原因引起的笑，2个月之后会出现由外界诱因引起的笑。

（二）0～3个月婴儿的早期教育活动目标

1. 健康

营养与喂养：喜欢吃母乳或配方奶，掌握正确的吸乳方法。身长、体重、头围和胸围等在参考范围值之内。

睡眠：改变黑白颠倒的睡眠习惯，保证充足的睡眠时长。

生活与卫生习惯：适应母体外环境，作息逐渐规律。保持脐部干燥和臀部清洁。

2. 动作

粗大动作：能学会抬头，前臂支撑头部抬离床面约45°（图4-1-1）；被竖抱时，头部能维持7～15秒的竖直状；能左右转头。

精细动作：能抓住手里的物品，并握住物品5～8秒。

3. 语言

听：对人声敏感，能区分不同人的说话声，并出现偏好。

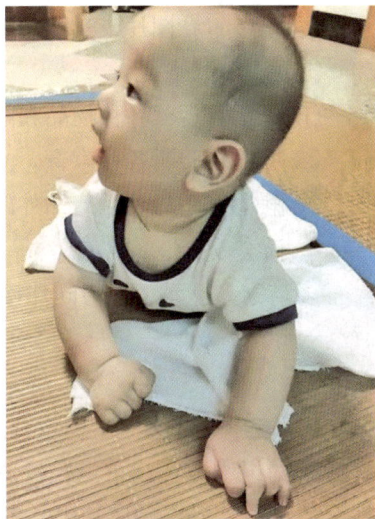

图4-1-1　婴儿俯卧抬头

说：能发出 a、o 等，能认真看父母说话时的动作和表情。

4. 认知

视觉：能看 20 厘米左右远，能主动观察红色物体。

听觉：能短暂注意听，能分辨家人的语音和语调。

触觉：能感受不同的温度和材质，能用口和手触摸外界物体。

5. 社会交往

能注意到同伴的出现，能与同伴之间短暂注视。

二、组织 0～3 个月婴儿早期教育活动内容

(一) 0～3 个月婴儿早期教育活动内容

1. 健康

（1）喂养

适时适量吸乳。

（2）睡眠

睡眠较有规律。

（3）生活与卫生习惯

定期清洗，保持清洁卫生。

2. 动作技能类

（1）粗大动作

练习俯卧、抬头和左右转头，练习仰卧翻身。

（2）精细动作

练习抓握。

3. 认知类

（1）言语知识类

练习韵母发音。

（2）智力技能类

① 观察：注视人脸，观察红色物体。

② 辨别：辨别家人的声调和情绪。

③ 记忆：看图片或实物认识物品。

（3）认知策略类

① 视觉：观察各种物品和图片。

② 听觉：聆听各种声音。

③ 触觉：用口、手感知外部世界，接受抚触和按摩。

4. 社会交往

多与家人互动，多与同伴接触。

(二) 0～3 个月婴儿早期教育活动内容的组织

0～3 个月的婴儿生长发育迅速，在视觉、触觉、大动作和语言等方面的发展尤为明显。早期教育活动的组织应突出重点，注意养育过程中融入教育。这个时期的婴儿比较娇弱，因此在开展早期教育活动时，既要顺应其生长发育规律，紧跟其生长发育进程，又要做好日常保育工作。组织 0～3 个月婴儿早期教育活动时，应根据婴儿的具体情况一对一地进行，不可照搬照抄、拿来即用。

1. 以感官刺激为主线组织活动内容

0～3个月的婴儿，可以围绕视觉、触觉和听觉的发展组织早期教育活动，如用红色球、黑白卡片等训练视觉；用发声玩具、成人的声音和自然界的声音进行听力训练；通过抚触（图4-1-2）及平时的触物发展触觉。新生儿睡眠时间长，清醒时间较短，选择完整的时间段开展早期教育活动比较困难，应及时捕捉婴儿状态好的时间开展需多感官结合的游戏活动。

2. 围绕动作和语言发展组织活动内容

0～3个月的婴儿，动作发展最初的表现是动时会全身一起动，但已呈现由泛化到集中的趋势，可

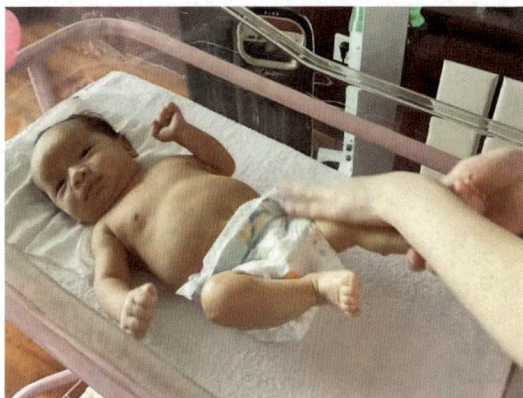

图4-1-2　抚触按摩

通过俯卧训练婴儿抬头、转头和肩颈的力量，借助抓握反射和婴儿玩抓握的游戏训练其抓握的力量。此时的语言发展表现为可以发出单音节，如a、e、i等单韵母，应结合日常生活场景积极和婴儿说话，鼓励其回应。语言的输入利于增进亲子关系，也利于促进婴儿的语言发展。

早期教育活动的开展，需要以婴儿的健康成长为前提，因此有必要提高新手父母的照护技能，有针对性地组织喂养、睡眠、盥洗和日常护理等育儿技能类活动，帮助其胜任新角色。例如，可开展专门的沙龙和专家讲座，也可将育儿方法融入亲子活动，玩中学，学中练。

三、创设0～3个月婴儿早期教育活动区域

0～3个月婴儿早期教育活动主要在家中开展，部分托育机构里也会组织该月龄段的教育活动。

（一）感统运动区

练习俯卧、抬头、翻身：爬行垫、防护垫、球类、发声玩具（图4-1-3）。

进行抚触、被动操、排气操：操作台、润肤油、湿纸巾、浴巾、玩具。

进行视觉训练、听觉训练和语言启蒙等亲子类活动：爬行垫、视觉卡（图4-1-4）、按摩球、防护垫、听觉玩具。

（二）护理区

洗护用品、婴儿车、护理台（图4-1-5）、护臀霜、润肤油、免洗洗手液等。

图4-1-3　拨浪鼓

图4-1-4　视觉卡

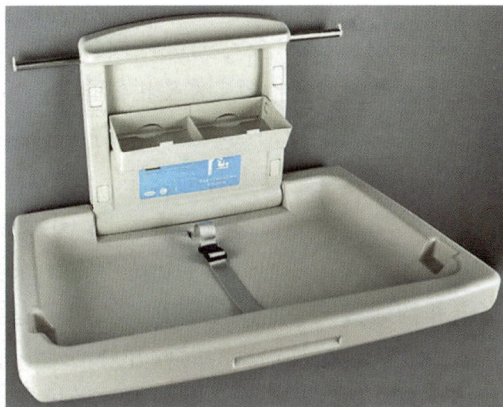

图4-1-5　护理台

四、实施0～3个月婴儿早期教育活动

（一）入户指导

0～3个月的婴儿已形成多种条件反射，能通过视、听、嗅、味、触觉感知世界，有针对性地一对一指导很有意义。这个月龄段的早期教育活动以养育为重，应在做好喂养、睡眠、排便和日常护理等养育活动的同时适时融入教育内容，如借助适宜的玩教具促进婴儿在感知觉、动作、语言等方面的发展。

入户指导之前，需提前了解婴儿生长发育情况，做好与家长的沟通交流工作，备齐所需物品。具体开展早期教育活动时，应注意内容的选择和技巧的实施。新生儿阶段，主要安排抚触、排气操、拍嗝和水浴等，具体视新生儿情况而定。以新生儿抚触为例。首先，要观察新生儿的状态。一般选择新生儿不饿不困、神情愉悦时进行。其次，要做好抚触前的准备工作，并准备好相关物品。如调好温度，一般室内温度以28℃～30℃为宜，环境安静、温馨、舒适。再次，注意抚触的方法。一般抚触头面部、胸部、腹部、四肢、手足和背部，注意力度和时长。最后，抚触时要与新生儿互动。一边按摩一边交流，促进其触觉、听觉和语言能力的发展。2～3个月的婴儿可以进行抬头练习、视听训练、空气浴、日光浴和被动操等，可依据个体发展情况有所侧重。

入户指导时，可能会遇到各种问题。例如，2个多月的安安经常哭闹，家人觉得是奶水不够、吃不饱的缘故，妈妈很自责，既想坚持纯母乳喂养，但又担心营养不够。教师可先了解安安的生长发育情况和妈妈的饮食情况，再了解母乳喂养情况，如单次吃奶时长、吃奶时的状态、喂养间隔时长等情况，最后从喂养方式、如何判断婴儿是否吃饱等方面指导家长。入户指导结束后，根据家长的需求保持联系，及时帮家长答疑解惑。

（二）集体活动

针对0～3个月婴儿开展的早期教育集体活动，主要以家长参与为主，内容围绕家长应具备的育儿知识、育儿技能和育儿理念，可通过直播、线下沙龙、家长课堂等形式进行。在组织集体教育活动之前，应调查清楚大多数家长感兴趣的问题，可提前发放问卷，或者围绕共性的、普遍存在的问题组织一次集体学习活动。集体活动过程中，要引导家长积极参与，主动提出问题，通过多种形式了解家长的困惑和疑虑，为家长排忧解难。集体教育活动之后，及时收集反馈信息，了解家长的体验和收获，为下次活动的顺利开展奠定基础。

五、调整0～3个月婴儿早期教育活动

（一）实施观察分析

观察是了解0～3个月婴儿发育情况、早期教育活动参与情况和家长养育方法的主要方式之一，可为开展早期教育指导工作提供依据。

在早期教育活动观察分析的对象中，首先是家长。事前做好充分准备，了解家长关注的问题。在实施早期教育活动中时刻关注家长的反馈，对家长的疑问解答要通俗易懂。针对教育观念不一致的家庭，除了要和主要教养人沟通，也要兼顾其他家庭成员。在示范方法时，应观察家长有没有掌握方法的要领，现场引导家长练习，在练习中纠偏纠错。同时，注意观察家长的情绪和状态，注意言语和沟通方式。其次是婴儿。活动实施前，观察婴儿的神情、精神状态和发育情况等，应选择婴儿愉快放松、精神饱满的时候开展活动；活动实施过程中，观察婴儿的状态是享受、哼唧还是想睡觉等，思考方法是否有效。比如，做排气操有没有排出气，轻按婴儿腹部是否还有腹胀感。如果排出了气，婴儿不适感有没有缓解；如没有，下一步如何进行等。再比如溢奶现象，可以尝试及时调

整婴儿喝完奶之后的体位并拍嗝。再次是婴儿整体发展情况与家长带养方式的关系。如有的婴儿喂奶过于频繁，一个小时吃一次奶，导致婴儿奶量吸入不足，睡眠时间短，妈妈也很辛苦。这时需要引导家长掌握喂奶和安抚婴儿的技巧，不能简单地借助喂奶制止婴儿哭闹。

0～3个月婴儿重点观察内容可参见表4-1-1。

表4-1-1 0～3个月婴儿重点观察内容

观察领域	重点观察内容举例
健 康	1. 生长指标，包括身长、体重、头围和胸围 2. 奶量、排便、睡眠
动 作	1. 俯卧、抬头、转头 2. 手指松开，抓握玩具
语 言	1. 发单韵母 2. 被家长的逗引吸引
认 知	1. 感觉的发展：视觉集中现象，追寻声音的方向，出现味觉偏好，对触摸敏感 2. 知觉的发展：形状知觉出现 3. 注意的发展：无意注意为主 4. 记忆的发展：出现信息的再认
社会交往	1. 会用表情表达态度，如喜欢或厌恶 2. 2个月时出现社会性微笑

对0～3个月婴儿实施观察，要注意把握时机，因为此时的婴儿睡眠时间长，玩耍时间短。观察过程中也需关注家庭中其他成员，婴儿的健康成长需要全家的共同参与和支持。若是在集体教学活动中进行观察，应注意观察每一个婴儿，有针对性地指导家长。

（二）调整教育活动

观察之后，应根据观察结果及时调整早期教育活动，有针对性地指导家长开展育儿活动。例如，调研发现，部分祖辈担心俯卧太累不舍得让婴儿俯卧，可能会使得婴儿翻身和爬等大动作的发展迟缓。还有一些家长担心婴儿不小心抓破自己的脸，会给婴儿戴手套，防止抓伤自己，这样会剥夺婴儿主动探索的机会，影响其触觉发展。针对家长普遍关心的问题，除了在教学活动中予以指导，也可以通过家长沙龙、专家讲座等形式进行。

活动中的观察，对于指导亲子活动的设计与实施也具有积极意义。通过观察，在设计0～3个月婴儿亲子活动时，首要的关注点是婴儿的发展水平和个体差异，因为月龄越小，差异越大，不同月龄段教育活动的主要内容也不同。其次是内容方面，要以训练婴儿的粗大动作、感知觉和语言发展为主，如练习俯卧、抬头、翻身，进行视觉、听觉和触觉的练习等。再次，活动内容易于居家实施，活动设计要结合家庭材料偏少、场地偏小、家长技能欠缺等现实情况，以便家长学习之后能较好地在家中实施。最后，注意活动时长。由于婴儿大脑皮质功能还在发展中，容易疲劳，因此设计活动时应注意控制时长，一般一个亲子活动的时长为2～4分钟即可。

六、0～3个月婴儿的家庭教育指导

（一）健康

0～3个月婴儿健康方面，需重点关注睡眠、喂养、排泄、生长指标和阶段性的常见问题，如新生儿痤疮、黄疸、湿疹、肠绞痛、肠胀气等。

首先，注意培养婴儿良好的睡眠习惯。胎儿在妈妈肚子里，多是妈妈白天工作时胎儿在睡觉，晚上妈妈休息了，胎儿开始活动，所以新生儿比较容易出现黑白颠倒的情况。针对黑白颠倒的情况，家长白天可以适当安排多样化的亲子活动内容，如练习大动作、开展一些视觉和听觉游戏等。白天保持室内敞亮，营造白天多玩少睡的氛围。如果婴儿睡着了，不用叫醒和拉窗帘，家人在做事时也不用刻意压低声音，可以正常发出声响，不用刻意营造安静的睡眠环境，逐渐改变婴儿睡眠颠倒的情况。还应注意培养婴儿自主入睡的习惯，避免奶睡、哄睡和抱睡等问题。

其次，注意规避母婴护理中的常见问题，如脐部感染、乳头皲裂、乳腺管堵塞和乳腺炎等。新生儿的脐部护理非常重要，具体做法见"知识拓展"。针对母乳喂养的常见问题，需要从多方面进行预防。一是需要加强母乳喂养知识的学习，如饮食要营养全面、种类多样、避免高脂肪食物；衣着应宽松舒适，避免挤压、碰撞乳房等。二是要注意母乳喂养方式方法的掌握和运用，方式方法不当也会引起喂养问题。如喂养时，要注意每次吸空一侧乳房，再换另一侧，吸不完的可以用吸奶器吸出；当乳房出现皲裂或是肿块等不良迹象时，要及时处理。对于皲裂可以涂一些安全药物，如红霉素软膏；发现肿块时，及时让婴儿吸乳，并适当按摩，出现加重现象时应及时就医。三是注意调节和放松心情。经历生产，妈妈们的情绪容易因激素分泌、家庭琐事等原因波动，严重的会导致产后抑郁。因此，调节好情绪对于乳汁分泌以及婴儿和妈妈的身体健康都非常重要。

知识拓展

新生儿脐部护理

新生儿断脐后，脐部护理非常重要，可以有效防止细菌侵入，避免发炎、红肿和流脓等现象。一般来说，断脐后 1～2 周脐带残端会变干、脱落。在这段时间脐部护理应注意以下事项：首先，保持脐部干燥和卫生。平时注意及时更换尿片，避免尿液过多浸湿脐带残端。洗澡时，注意避免碰到水，可以上半身和下半身分开洗，如果不小心沾了水，及时用消毒棉签吸干水分。每天检查脐部，注意观察有无渗水、流脓和异味的情况。其次，注意保持透气和清洁。脐带残端如无异常情况，一般不需要贴肚脐贴或层层裹住。穿戴尿片时，注意不要盖住脐部，对于过长的尿片可以翻折。如无特殊情况，不需要给脐部涂爽身粉、润肤油等，保持脐部清洁。再次，发现脐部有渗水现象，应检查有无感染和异味，如只是渗水，可用碘伏棉签消毒脐带残端，具体操作手法为：清洁双手，调整室温，将上衣下端反折向上，尿片向下折，用一只手撑开脐部，另一只手拿棉签以脐部中心为起点螺旋式向外旋转，消毒脐部周围，注意要由内向外，且不留空白。如情况无好转，应及时送去医院。

再次，注意甄别阶段性的常见问题。如新生儿痤疮，像痘痘一样出现在脸颊，顶端有白点，通常不用特别处理，一周左右就会自然消失。再如黄疸，要注意检测黄疸值，如果是生理性黄疸，通过调整饮食、多晒太阳黄疸值会恢复正常；如果是病理性黄疸，须及时就医。其他常见问题如肠胀气，可能和进食方法不当或吸入空气有关，也可能与疾病、肠道功能发育不全、吃了易胀气食物、受凉等有关，应找到胀气的原因，并通过科学方法，如排气操、拍嗝等方法将气体排出，同时在饮食、衣着等方面也要加强防护。

排 气 操

在开展排气操时，应注意时机恰当，选择在两餐之间或者用餐半小时后进行；注意温度适宜，室内温度以26℃左右为宜，空气清新，没有穿堂风；做好准备工作，婴儿穿单衣，家长需提前清洁双手，涂上润肤油并搓热，备好衣物和尿片等。

具体操作手法包含六节：第一节，让婴儿平躺，家长搓热双手，双手同时以肚脐为中心，用手掌顺时针轻揉八圈。第二节，家长双手交替从婴儿胸口开始，轻抚至大腿根部，左右交替各做八次，再用双手并排，从婴儿胸口向下轻抚至大腿根，做八次。第三节，家长握住婴儿脚踝、小腿，让婴儿像蹬自行车一样，两腿交替压向腹部，左右交替，各做八次。第四节，家长握住婴儿脚踝、小腿，让婴儿双腿膝盖弯曲，大腿压腹部，并保持这个姿势1～2秒，做八次。第五节，家长垂直抱起婴儿双腿，让婴儿双腿保持伸直，抬起压向腹部，做八次。第六节，家长一手抓婴儿左膝盖，另一只手抓婴儿右侧手臂，同时向上抬起尽量靠近，左右交替为一次，做八次。

做排气操时，应注意手法要轻重适宜，做好肚脐的保暖，具体看婴儿情况每天做2～3次。当出现排气时，说明做得比较成功。如果婴儿腹胀严重，做操无法缓解，应尽快就医。

最后，注意观察生长发育指标。可以通过日常生活中的很多细节观察到婴儿生长发育的情况。如大便性状，不同月龄大便是不一样的，新生儿的大便因有胎粪，可能会出现墨绿色；当胎粪排完后，食用不同的奶，大便也不同，如母乳喂养和配方奶喂养排泄的大便颜色不同。又如视觉发育情况，可以通过在家中给婴儿看一些对比强烈的黑白卡片，观察婴儿的视觉追踪能力、专注时间的长短和对于不同图片的偏好等。再如身长和体重数值，新生儿第一个月生长速度非常快，平均增重0.75～1.5千克，身长增加4.5～6厘米。这些指标都可以反映婴儿的生长发育情况。

（二）动作

0～3个月的婴儿，粗大动作和精细动作在不断发展中，在家庭生活中可以有意识地开展一些游戏活动，锻炼其动作。对于粗大动作的发展，可以通过做被动操、俯卧等来锻炼四肢力量、颈部力量、肩部力量和背部力量。以俯卧抬头练习为例，选择两餐之间或者婴儿睡醒后，在床上铺一块干净的浴巾，告诉婴儿"我们要练习抬头和俯卧啦"。让婴儿俯卧后注意调整头部和手臂位置，然后借助玩具逗引婴儿抬头，并尽可能抬得高、抬得久，在这期间和婴儿亲切交流，还可以结合欢快的音乐，逐步从练习抬高到练习从不同方向抬头、左右转头。3个月左右时，还可有意识地引导婴儿向身体的一侧转头和翻身，锻炼翻身能力。练习俯卧和翻身时，都要注意安全，避免出现意外伤害。

对于精细动作的发展，注意提供不同大小、形状和材质的抓握材料，供婴儿探索和把玩，如手摇铃、触觉球、圆柱体积木、成人手指（图4-1-6）和家中可供婴儿练习抓握的小玩具等。在

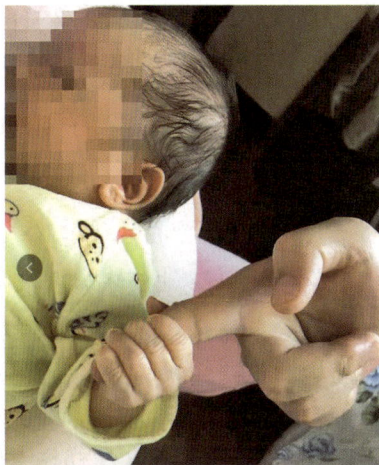

图4-1-6　抓握成人手指

引导婴儿抓握时，成人可以先示范如何玩，鼓励婴儿学着一起抓握，也可以用玩具轻触婴儿手心，刺激婴儿的抓握反射，顺势抓住玩具。除了用玩具逗引婴儿，鼓励其抓握，也可以经常按摩婴儿手心、手背和手指。在按摩时，注意动作轻柔，面带微笑，一边按摩一边聊天，具体按摩手法可参考抚触操中按摩手指的做法。

（三）语言

0～3个月的婴儿喜欢听成人的声音，在家庭教育中应注意激发婴儿关注成人讲话、想要与成人讲话的意识。家长利用一天生活中的各个环节和婴儿说话，比如起床时、洗脸时、晒太阳时等，利用声音和表情等的变化吸引婴儿的注意，激起婴儿模仿和互动的兴趣。多次重复的语言输出，如"妈妈要给宝宝换尿布了哟"，利于婴儿理解句意、积累词汇、练习发音，发展语言理解能力和听音辨音能力。除了日常生活中和婴儿积极聊天，家长还可以给婴儿唱儿歌和童谣，注意选择短小、押韵、意思简单、贴近婴儿生活的内容，比如睡前儿歌《宝贝睡吧》。在唱歌或者朗读童谣时，注意语音和语调的变化，配上夸张的动作和表情，互动效果会更好。

活动案例

打招呼（2～3个月）

【活动目的】

1. 乐意与人交流、互动。

2. 了解与人打招呼的方法。

3. 尝试与他人建立人际互动，发展自我意识。

【活动准备】

宝宝情绪愉快，小伙伴参与。

【活动过程】

1. 家长带宝宝外出游玩，引导宝宝观察户外的其他小伙伴，一边观察宝宝，一边对他/她说"小伙伴""晒太阳""打招呼""一起玩"等词语。

2. 家长抱着宝宝走向小伙伴，边走边说要去和他们打个招呼。比如："你看穿红衣服的是豆豆宝宝，我们对豆豆说'豆豆，早上好'。"同时做出挥手动作。

3. 来到小伙伴的身边，先给宝宝介绍小伙伴，然后引导宝宝和小伙伴挥手问好。

4. 根据宝宝情况，选择适时结束活动。

（四）认知

0～3个月婴儿大脑发育迅速，适宜的认知游戏对婴儿的生长发育非常必要。新生儿时期，注意训练听觉、触觉、视觉、抓握和抬头。以听觉游戏为例，家长可以使用手摇铃、小沙锤、拨浪鼓等，在新生儿情绪愉快的时候在其头部两侧轻摇发出声音，引导其听。在摇动时注意变换声音的大小、远近和节奏，观察其对于声音的反应和视听能力的发展水平。

2～3个月的婴儿活动能力更强，认知发展训练内容可以增加辨音训练、触觉训练、视觉追踪训练和寻找声源训练。如用发条小汽车和婴儿做游戏，可以先让婴儿看一看、摸一摸小汽车。待婴儿观察好小汽车之后，家长拧动小汽车发条，让小汽车在地板上跑起来，指引婴儿观察小汽车的行进方向。再通过改变小汽车行驶的方向、速度和位置的变化，训练婴儿的视觉追踪能力和专注能力。在玩游戏的过程中，注意刺激的适宜性，避免过度刺激，如大的声音和突然的变化等。当婴儿表现出某种情绪时要及时回应，让婴儿在自由探索中感知和认识周围的世界。

（五）社会交往

对于0～3个月的婴儿，社会交往中最主要的是亲子关系的建立。婴儿在这个阶段主要是学会对主要教养人有情绪回应，如看到教养人靠近自己、对自己笑，会表现出开心；如果和婴儿聊天，他们也会"啊""噢"地回应，表现出想要交流和互动的意愿。这些反应体现了该阶段婴儿社会交往发展的水平。因此如果与婴儿互动时，收到的回应较少，家长应多和婴儿互动，每日的问候、照护时的对话和清醒后的游戏，都利于培养良好的亲子关系，促进婴儿社会交往能力的发展。

活动案例

找妈妈（2～3个月）

【活动目的】
1. 增进亲子关系。
2. 锻炼颈部肌肉和视听能力。

【活动准备】
宝宝情绪愉快，放置婴儿床及座椅。

【活动过程】
1. 妈妈坐在座椅上，轻轻抱宝宝坐于腿上，轻声叫宝宝的名字，和宝宝聊天。
2. 告诉宝宝"我们来玩一个'找妈妈'的游戏"。轻柔地将宝宝放于婴儿床中，俯身在宝宝视线上方引导宝宝看自己，对宝宝说："妈妈在这里哟，现在妈妈要躲起来了。"
3. 起身向婴儿床的一侧移动，一边移动一边说："宝宝，妈妈在哪里呀？"引导宝宝跟随声音转动头颈部。移动到和婴儿床平行的位置即可，避免婴儿头部移动角度太大。
4. 慢慢移回婴儿视线正上方，并说："妈妈在这儿呢！"然后肯定婴儿刚刚尝试转头寻找妈妈，"宝宝知道跟着妈妈的声音寻找妈妈，很厉害哟！"
5. 反方向同理，每次视宝宝情况而定，一般可做2～3次。

任务二 4～6个月婴儿早期教育活动设计与组织

案例导入

多多5个月了，白天睡眠时间逐渐减少，清醒的时间越来越长。多多的妈妈想要陪多多玩，却不知道如何陪；想要读书给多多听，也不知道该选什么样的书。如果多多妈妈就这些困惑咨询你，你将如何回答？

任务要求

1. 理解4～6个月婴儿身心发展特点及其在早期教育活动设计中的作用。
2. 理解并掌握4～6个月婴儿早期教育活动的设计思路与组织流程。

一、制订4～6个月婴儿早期教育活动目标

（一）4～6个月婴儿的身心发展

这个阶段婴儿身心发展的显著特征是喜欢观察世界，开始发现自己。这个阶段的婴儿，睡眠时间基本稳定，清醒时间更长，较之前会更积极地尝试用手和口探索周围的世界，感知周围的物品。开始对吃东西感兴趣，乐于尝试辅食。情绪愉快时喜欢和家人玩游戏，爱笑，情绪变化快。

动作：粗大动作方面，能自由抬头、转头，能熟练翻身，可以靠坐一会儿，有的能匍匐前进；精细动作方面，随着大运动和手眼协调能力的发展，婴儿能通过移动身体拿到想要的物品，并能送到嘴巴里尝尝，可以双手同时抓握玩具摇晃，能左右手交换物品。

语言：4～6个月的婴儿能发出baba等连续的音节，有些婴儿可以发出一些声母，如g、b和m。情绪愉快的时候，婴儿能连续发音，嘴巴不停地"自言自语"。面对家人的逗引，能咿呀回应。

认知：有意注意出现，对于喜欢的人和物注视时长更长。有初步的记忆和推理能力，如看到家人拿奶粉罐，知道要吃奶了。视力发展到能看6米左右远的物体，会听声寻物。如听到家人在呼唤自己，会转头寻找。感知觉在发展，6个月左右的婴儿已出现深度知觉，著名的"视崖"实验表明婴儿已有深度知觉能力。

社会：看到熟悉的人，表现出很开心；看到陌生的人，会出现认生现象。社会交往的关注点主要在具体玩具上，还没有出现真正意义上的社交。

（二）4～6个月婴儿的早期教育活动目标

1. 健康

营养与喂养：对食物感兴趣，喜欢吃各种口味的辅食；营养均衡；萌出乳牙。

生活与卫生习惯：定期洗澡；规律排便；形成较规律的睡眠习惯，尝试自主入睡；保持乳牙清洁。

2. 动作

粗大动作：自如翻身；能坐起，独坐时间短；能匍匐前进或后退；能挥舞手臂"扔"玩具；扶站时做出跳跃动作。

精细动作：能伸手抓物，放入口中；左右手交换玩具；摇、拍、敲玩具。

3. 语言

听：积极地听，听到声音会转头。

说：发出连续音节，如baba、mama；会发声母，如d、m等；能发出咿呀声或借助动作进行沟通。

早期阅读：能注视不同的画面，能跟随家人的指引观看书籍。

4. 认知

感知能力：能识别家人的情绪；能感知不同物品的材质并出现偏好，如喜欢毛绒物品；能知觉深度。

记忆能力：能记住近期的事情，如玩过的游戏。

问题解决能力：主动抓想要的物品。

5. 社会交往

与成人交往：产生亲子依恋，出现认生现象，能和家人互动。

情绪情感：能识别家人常见情绪，如生气、高兴等。

二、组织4～6个月婴儿早期教育活动内容

（一）4～6个月婴儿早期教育活动内容

1. 动作技能类

（1）粗大动作

① 坐：靠坐，短暂独坐。

② 扔：随意扔。

③ 爬：用肚子蠕动。

（2）精细动作

① 单手：用手掌、手指抓物，打开、合拢手掌。

② 双手：双手配合抓物，左右手交换物品。

2. 认知类

（1）言语知识类

① 理解家人的称呼、常见身体部位、常用生活用品和常用的动词。

② 理解家庭生活中的简单常用句。

③ 有自己喜欢听的儿歌。

（2）智力技能类

① 观察：会动、颜色鲜艳、不断变化的物品。

② 辨别：常见情绪和常见声。

③ 记忆：记住近期发生的事。

④ 预测：简单预测。

（3）认知策略类

① 有意注意：在引导下短暂注意事物。

② 合作行为：理解简单要求并配合。

③ 问题解决：通过各种声音、表情寻求家人的关注，尝试抓到想要的物品。

3. 情感态度类

（1）情绪情感类

① 识别家人常见的情绪。

② 对教养人产生依恋情绪。

（2）态度类

① 好奇：对周围世界充满好奇。

② 友好：喜欢自己的家人，看到家人会微笑。

③ 尝试：勇于尝试。

④ 耐心：比较有限。

（二）4～6个月婴儿早期教育活动内容的组织

4～6个月婴儿的早期教育活动内容的组织应围绕健康照护、动作发展、语言启蒙、多感官体验

和社会交往等方面展开，密切结合婴儿身心发展的现状组织活动内容。由于婴儿大脑皮质功能还不成熟，易疲劳，加上注意时间短，活动以3～5分钟为宜。

1. 围绕婴儿各领域的发展组织活动内容

根据该月龄段婴儿身心发展特点和各领域发展情况，教师在组织活动时应注意选取内容科学、材料安全、易于家长操作及符合婴儿发展需求的内容。以"好玩的手摇铃"游戏为例，教师可以结合婴儿的动作发展、语言发展、感官发展、情感和社会性发展情况开展。组织时，首先要注意婴儿的俯卧姿势，同时兼顾安全、舒适和利于动作发展方面的要求。其次，要注意与婴儿的有效互动，如教养人可以一边摇手摇铃一边与婴儿互动，并鼓励婴儿摸一摸、摇一摇。也可以提问，如："宝宝，声音是从哪里发出来的呢？"鼓励婴儿听、看。再次，根据婴儿的发展水平和互动情况，调整活动内容。如婴儿对手摇铃很感兴趣，可介绍手摇铃的材质和组成部分，引导婴儿感知材质、认识组成部分。还可以一边摇手摇铃，一边哼唱儿歌。在组织该月龄段游戏活动时，应注意围绕各领域的发展来进行，根据婴儿的发展水平适当提高活动难度。

2. 以整合性主题的形式组织活动内容

婴儿的发展是一个整体，应在活动中融入动作、语言、认知和社会交往等内容，促进其身心和谐全面发展。随着婴儿一天天长大，开始发现自己的身体和外部的世界，教师可以为4～6个月的婴儿设计一个"我的身体"主题教育活动方案（表4-2-1），从"我的小手""我的嘴巴""我的小脚""我的眼睛"四个主题引导婴儿发现自己的身体部位，并通过主题下的子活动，进一步发现自己的身体部位。

表4-2-1 "我的身体"主题教育活动方案

活动主题	子 活 动			
	1. 我的小手	2. 我的嘴巴	3. 我的小脚	4. 我的眼睛
我的身体（4～6个月）	（1）我爱小小手 （2）手指操 （3）紧紧抓住我 （4）拍拍小手 （5）小鼓咚咚咚	（1）我的小嘴巴 （2）宝宝学说话 （3）我爱唱歌 （4）哇哇哇 （5）我的小舌头	（1）我的小脚丫 （2）小脚爱音乐 （3）小脚丫会跳舞 （4）踢球游戏 （5）手和脚好朋友	（1）爱笑的眼睛 （2）玩具不见了 （3）躲猫猫 （4）镜子里的宝宝 （5）明和暗的游戏

三、4～6个月婴儿早期教育活动区域创设

结合4～6个月婴儿的教育活动目标，可创设以下活动区域。

（一）感统运动区

本区域主要发展4～6个月婴儿的感官和粗大动作，投放材料如下。

感官刺激类材料：主要练习五感，如摇铃、八音琴（图4-2-1）、丝巾、触觉球、按摩球、毛绒球、磨牙玩具（图4-2-2）和触摸书等。

粗大动作练习类材料：主要练习大动作，如爬行垫、地毯、球类、会动的玩具、钢琴健身器（图4-2-3）和秋千等。

图4-2-1 八音琴

图4-2-2　磨牙玩具

图4-2-3　钢琴健身器

亲子互动类玩具：如发声玩具、有声书、手偶和玩偶等。

（二）护理区

本区域主要放置婴儿床、护理台、洗手池、湿纸巾等，满足婴儿睡觉、换尿片、吃母乳等需求。

四、实施4～6个月婴儿早期教育活动

（一）集体活动

随着社会的进步，人们越来越重视早期教育，婴儿满百天之后，很多家长会给婴儿报早教课。早教机构或社区早教中心组织的早期教育活动以集体活动的形式开展，一般一周一次，一次四组家庭，内容主要围绕婴儿的感知、运动和语言的发展，活动中会融入音乐启蒙、人际互动和情绪情感等方面的内容。

4～6个月婴儿的集体教育活动，主要是感受集体氛围，通过固定的时间和地点、相对固定的教师和同伴、相对固定的框架和流程去感受与同伴一起玩的氛围。实际的教学活动还是以个别化活动为主，教师的教学活动以集体展示和一对一指导相结合。如集体展示育儿技能、引导方法和专项练习等，再结合婴儿情况，一对一具体指导家长。

（二）个别活动

在早期教育活动中，教师应定期根据婴儿发育情况和家长交流，这种个别化的活动利于充分了解婴儿的生长发育情况，利于有针对性地指导家长。针对个性化的问题，也需要通过个别活动进行指导。如4个半月的壮壮还不会自己翻身，平时不喜欢练习趴，趴一会儿就开始哭闹，针对这种情况，需要教师通过个别活动指导壮壮的家长。

五、调整4～6个月婴儿早期教育活动

（一）实施观察分析

实施观察分析是调整早期教育活动的依据，只有实地观察分析，才能了解婴儿真实的发展情况，

以便根据具体情况来调整活动。4～6个月婴儿早期教育活动重点观察内容可参见表4-2-2。

表4-2-2　4～6个月婴儿重点观察内容

观察领域	重点观察内容举例
健　康	1. 身长、体重、头围和胸围 2. 乳牙萌出 3. 睡眠和辅食添加情况
动　作	1. 粗大动作：自如翻身、靠坐、扶站 2. 精细动作：手会张开、合拢，会抓物，会摆弄玩具
语　言	1. 会发声母，发出连续音节，如d、n、baba 2. 能听懂简单的词，喜欢发出咿呀声和成人聊天
认　知	1. 深度知觉出现 2. 会寻找物品 3. 能根据声音分辨家人，理解家人不同的语音、语调和语气
社会交往	1. 对教养人产生依恋 2. 会通过表情、声音和肢体动作理解家人的意思

在观察时，要注意保持适当距离，有些4～6个月的婴儿已出现害怕陌生人、害怕成年男性靠近的情况，距离太近容易引起婴儿焦虑和害怕。针对一些特殊情况，应及时记录并在第一时间和家长沟通。表4-2-3是感统运动区婴儿参与情况观察记录表，教师对四名婴儿五个领域的发展情况进行了观察记录。

表4-2-3　感统运动区婴儿参与情况观察记录表

观察时间	××月××日		观察地点		感统运动区	
姓名（月龄）	观察内容					
	健　康	动　作	语　言	认　知	社会性	其　他
果果（5个月）	无异常	头部力量稳，靠坐稳	能发出单韵母	注视玩具，探索玩具	无	无
朵朵（5个月）	低于参考值	不会翻身	能发单韵母	喜欢探索	喜欢看人脸	早产
涵涵（6个月）	无异常	会匍匐前进	能发重复音节	自主探索	喜欢与人互动	无
轩轩（5个月）	无异常	翻身不熟练	能发单韵母	喜欢探索	喜欢听人说话	无

实际教学活动中，如何记录、何时记录都需根据具体情况来看。记录的重点因婴儿而异，不同的婴儿和家人，引导的方法也是不一样的。观察时，不急于记录，有些婴儿需要多一些时间尝试和练习。如5个月的果果在家里很活泼，清醒的时候动个不停，可是来到开展早期教育活动的地方则很谨慎，会观察周围环境很久才慢慢展示真实的自己。再如，5个月的轩轩每次翻身时都需要多次尝试，并且不是每次都能成功，但他已掌握翻身的方法。

（二）调整教育活动

从设计教育活动的角度，活动设计应符合婴儿当下发展需求和未来发展需求，应根据婴儿个体发展的实际情况来开展。既要遵循大多数婴儿的普遍发展规律，也需兼顾个别婴儿的特殊需求。如5个月的朵朵身长和体重均低于参考值，不会独自翻身。和朵朵的家人交流后，了解到朵朵是早产儿，平时家人照顾得比较细致，较少训练朵朵的粗大动作。多数5个月婴儿已学会自主翻身，练习翻身不是5个月婴儿大运动训练的重点，但朵朵恰恰是需要的，教师需要个别指导朵朵的家长，以帮助朵朵发展大运动。设计时，还要注意教育活动利于家长在家中实施，方便婴儿在家中练习。

从实施教育活动的角度，应注意活动对象的差异性，一对一加以引导。实施教育活动，既要关注婴儿，更要关注家长，只有家长掌握教育和引导婴儿的方法，才有可能更高频率、更科学、更高效地在家中开展教育活动。对于婴儿来说，随着其活动能力的增强，早期教育活动中需要设计一些鼓励其主动参与的环节。比如，同样是观察红色的球，4～6个月的婴儿会"推"着球跑，而不会像4个月之前，只能用眼睛看。对于家长，在引导家长练习时，要注意家长的参与情况和掌握情况，多次练习、个性化指导，借助相关资料帮助家长熟练掌握。

早期教育活动的实施情况，也是调整早期教育活动的依据。如某次活动中设计了探索玩具和练习翻身的环节，在探索玩具结束后，有些婴儿还抓住玩具不放，注意力仍然在玩具上，或者个别婴儿钟爱某类玩具。面对这种情况，教师需要反思活动设计的流程能否调整，探索时间不够还是环节设计不合理。针对具体情况，设计出更加合理的活动方案。事实上，没有绝对完美的教育活动设计，不同地区、不同家庭的婴儿和家长存在一定差异，因此教育活动需要在实践过程中不断调整和完善。

六、4～6个月婴儿的家庭教育指导

（一）健康

4～6个月的婴儿身体生长发育迅速，合理饮食和生活习惯的培养至关重要。一方面，家长要注意培养婴儿良好的生活习惯，如睡眠习惯、进餐习惯和行为习惯等。在前3个月的基础之上，逐步培养按时入睡、自主入睡的习惯，避免奶睡、抱睡等情况，以免形成依赖。进餐时，家长要注意保持环境的相对安静，以免其他事物转移婴儿的注意力。建议有相对固定的位置和流程，能够预知接下来将要发生的事情，婴儿也更容易配合。在固定位置进餐，利于婴儿从小培养好习惯，避免长大之后需要成人"追着喂饭"。婴儿的玩具、生活用品等常用物，家长应注意分类、按序摆放。整齐有序的环境，利于婴儿在潜移默化中养成良好的物品归类习惯。

另一方面，家长要注意科学添加辅食。按照由少到多、由稀到稠、由一种到多种的原则，逐步添加。添加辅食时，可能会出现婴儿抵触的现象，可尝试喂其他辅食，不能强迫婴儿。一般首次添加辅食以谷类为主，如米糊。一次添加一种，观察一周之后，无异常情况再增加其他种类的辅食。辅食添加之后，要注意观察婴儿，如有无不适、排泄情况如何，发现异常要及时调整。

知识拓展

婴儿洗澡的安全事项

1. 做好准备工作。提前调好室温（26℃～28℃），准备洗澡所需的浴巾、尿片、换洗衣物、玩具和洗发液、沐浴露等，调好水温（38℃～41℃），水深7～8厘米。选择宝宝不困不饿、情绪愉快的时候进行。

2. 注意洗澡顺序。先洗脸，顺序是眼睛、嘴巴、鼻子，到额头、面颊、下巴，再到耳朵、耳后、颈部；然后洗头，取绿豆粒大小的洗发液，顺时针洗，注意耳朵不能进水，洗完立即擦干；最后洗身体，注意先让脚下水适应温度，洗澡时避免小肚子受凉，注意清洗皮肤褶皱处。

3. 注意安全问题。洗澡时的水温和室温要调节好，洗的过程中不能让婴儿单独在浴盆里，洗澡后及时擦干、保暖。洗澡时间不宜太久，一般5～8分钟为宜。

4. 做好特殊部位的护理，如脐部和臀部，保持脐部干燥和清洁，及时涂抹护臀霜和润肤油。

（二）动作

图 4-2-4　婴儿双手抓玩具

粗大动作的发展需家长的引导和协助。以翻身为例，有的婴儿不会从仰卧位翻到俯卧位，家长可以在婴儿翻身的一侧（如身体左侧）放玩具，然后将婴儿的右腿放到左腿上。引导婴儿看玩具，顺势将婴儿右手放到胸前，轻轻给婴儿一个力，加之婴儿想要去抓玩具的力，很容易就会翻过去。再如，引导婴儿从侧卧位翻向俯卧位，可以在婴儿后背处放一个靠枕，做一个支撑，再逗引婴儿翻身。在练习过程中既锻炼了婴儿的粗大动作发展，也训练了婴儿的平衡感。

精细动作的发展，需家长提供适宜玩具。可以给婴儿准备大小合适的抓握玩具，颜色鲜艳，材质环保，能发出声响，便于婴儿用手口探索。还可以准备一些球类，这个时候的婴儿很喜欢颜色鲜艳的球类，如红色的小球。在与婴儿互动的时候，鼓励婴儿去抓（图4-2-4），充分锻炼手的张开、合拢和抓握能力。也可以和婴儿玩拉坐游戏，锻炼抓握技能的同时，练习腹部和背部力量。

（三）语言

家长可从两个方面促进婴儿语言的发展。一方面要做好语言的输入，除了日常生活中多和婴儿交谈，也可以在游戏中进行语言的输入，还可以利用卡片、布书、手偶、故事和儿歌等进行语言输入。以日常生活中的交谈为例，可在添加辅食时自然渗透语言的输入："宝宝，我们要吃东西了，在吃东西之前要洗洗小手哟。""水温温的，洗起来真舒服，我们轻轻搓一搓手心、手背、手指头和手指缝，让水冲一冲小手，哇，洗手真舒服。小手洗干净了，我们把小手擦干净。"然后给婴儿戴上小围兜，保护婴儿的衣服不被弄脏，把婴儿抱到餐椅上，家长把准备好的辅食端过来，说："宝宝，你猜猜今天吃什么呀？"邀请婴儿闻一闻，再请婴儿品尝辅食，引导婴儿感知辅食的味道。在日常交谈中，自然地融入语言输入。

另一方面要鼓励婴儿语音的输出。家长要引导和鼓励4～6个月的婴儿讲话，激发婴儿与家人交流的愿望。当婴儿发出咿咿呀呀的声音时，应抓住机会和婴儿对话，让婴儿理解语言的作用，同时通过咿呀互动观察家人的表情、嘴部动作，模仿家人用嘴巴说话的样子。以"我的五官"为例，家长抱宝宝坐于镜子前面，引导宝宝看到镜子中的自己，用手指着镜子中的宝宝叫其乳名，观察宝宝的反应；指着镜子里的妈妈说："这是妈妈，宝宝的妈妈，妈妈在哪里？"观察宝宝的反应，如果宝宝发出咿呀声，家长要及时回应；指着镜中宝宝的五官说："这是宝宝的鼻子（耳朵、嘴巴……）。"指一指镜中的鼻子，再摸一摸宝宝的鼻子，观察宝宝的反应，以此类推进行。

（四）认知

4～6个月婴儿认知的发展，可以通过发展其观察能力、记忆能力、听觉能力和思维能力来实现。在日常生活中，家长可以通过各类游戏促进婴儿认知的发展。首先，家长应为婴儿提供探索机会。如购买材质安全的适龄玩具，鼓励婴儿用自己的方式感知玩具，不阻止婴儿用嘴巴探索世界，如图4-2-5婴儿在吃手。其次，家长要经常和婴儿互动。家长在日常生活中应

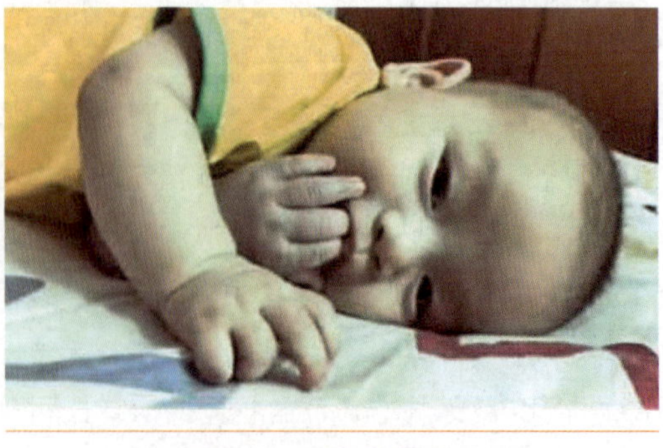

图 4-2-5　婴儿在吃手

积极与婴儿做游戏，成人的表情、动作、语言等都利于刺激婴儿认知发展，在互动的过程中，也利于培养良好的亲子关系。对于4～6个月的婴儿，推荐玩追视游戏、寻声游戏和发现游戏，如准备一个内置铃铛的红布球，先在婴儿看不到的地方摇一摇，让婴儿找一找是什么在发出声音，然后在婴儿面前拉动红布球，球在滚动过程中，婴儿会很认真地追着看。也可以帮助婴儿用脚踢球，球在滚动时，婴儿会启动自身视听功能。再次，家长和婴儿做游戏时要注意方式方法。应注意以婴儿为中心，要关注婴儿感兴趣的和想要探索的，给婴儿自由探索的空间，及时对婴儿的表现予以回应。

（五）社会交往

4～6个月婴儿的社会交往对象以家人为主，首先，家长要理解这个阶段婴儿在社会交往中的表现。例如，陌生人靠近时婴儿会紧张害怕，是因为婴儿已经能分清熟人和陌生人，对于陌生人靠近会感到紧张。其次，通过组织适龄的游戏，促进婴儿社会交往的发展。如通过"躲猫猫""举高高""风吹丝巾""荡秋千"等游戏，培养婴儿和家人之间的信任与依恋。家长应每天抽出一些时间和婴儿互动，日常的互动可以为婴儿未来的社会交往奠定良好基础。最后，捕捉婴儿主动社交的信号，及时回应。婴儿心情好的时候会主动社交，如通过声音、表情和动作寻求家人关注。在做游戏的过程中，成人的一些情绪表现，如开心、害怕、生气等，会帮助婴儿理解情绪，理解自己动作可能带来的结果，促进社会交往能力的提升。

任务三 7～9个月婴儿早期教育活动设计与组织

📋 案例导入

轩轩9个月了，既不愿意也不喜欢爬。家人想了很多办法逗引他，但每次尝试帮助他练习爬行时，都以轩轩的抗拒而结束。随着轩轩一天天长大，眼看就会走了，家人担心轩轩错过爬行期，于是来早教中心咨询。如果你是早教中心教师，你有什么办法帮助轩轩练习爬行吗？

📋 任务要求

1. 理解7～9个月婴儿身心发展特点及其在早期教育活动设计中的作用。
2. 理解并掌握7～9个月婴儿早期教育活动的设计思路与组织流程。

一、制订7～9个月婴儿早期教育活动目标

（一）7～9个月婴儿的身心发展

7～9个月婴儿的显著特征是四处探索，个性开始彰显；牙齿陆续萌出，并伴有烦躁、低烧、流口水等现象；辅食添加多样化，乐意尝试不同食物；睡眠情况更稳定，夜醒次数减少；喜欢用嘴巴品尝各类物品。

动作：粗大动作方面，实现自主移动身体，借助翻身、坐起和爬行能力的发展，开始有意识地探索周边环境。翻身和坐起已很熟练，能独自坐稳，多数婴儿已学会爬行。最初爬行时，因不会协调用力，出现原地打转或是后退爬的现象。喜欢扔东西或把物品从高处推落。精细动作方面，粗大动作的发展促进了精细动作的发展，身体的自主移动使得其有更多机会练习抓握。手指越来越灵活，

大拇指和其他四指的动作逐渐分开，抓握玩具时拇指和其他四指呈平行状，表现出"对指"能力。两只手可以配合拿东西和交换手里的物品（图4-3-1）。

语言：婴儿语言的感知理解能力进一步提升，能听懂更多的日常用语；发音能力进一步发展，不但可以发出更多的韵母和声母，还能把韵母和声母联合起来发音，如"dadi"；开始用不同的声音和语调与成人沟通、表达情绪，如发出"呃""啊""咦"等声音；喜欢模仿教养人的声音和语调，该月龄段是语言模仿能力发展的重要时期。

认知：注意时长有所延长，出现选择性注意；注意的发展促进了知觉的发展，具备形状恒常性，形成客体永久性概念；记忆进一步发展，长时记忆保持的时间更久。

社会交往：喜欢和熟悉的人互动，会通过表情、咿呀声和肢体动作表达自己的情绪与要求，会"察言观色"（图4-3-2）；遇到陌生人，容易出现害怕的情绪，即"陌生人焦虑"。

图4-3-1　婴儿两只手抓握食物吃

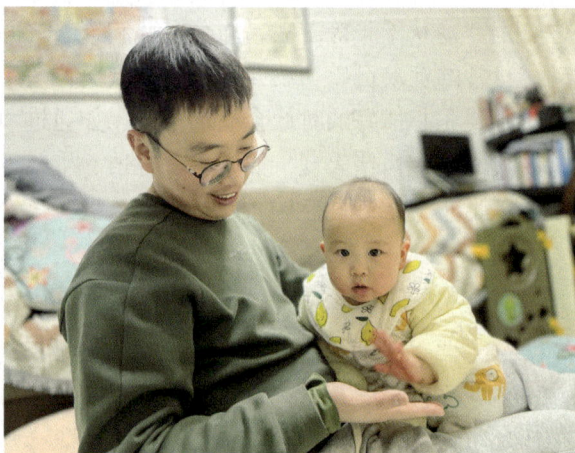

图4-3-2　婴儿和爸爸互动

（二）7～9个月婴儿的早期教育活动目标

综合参考国内外相关研究以及我国《托育机构保育指导大纲（试行）》，将7～9个月婴儿的早期教育活动目标制订如下。

1. 健康

营养与喂养：喜欢吃辅食，能主动尝试多种食物。

睡眠：能自主入睡，能独自睡小床。

生活与卫生习惯：能通过定睛、屏息、涨红脸等特征表示在大小便；能配合家人在固定时间洗漱，保持良好的卫生习惯。

2. 动作

粗大动作：能独自坐稳，能手膝爬行，能双手扶物站起。

精细动作：能五指配合抓物，能用食指和拇指捏取小物品，双手能对敲物品、配合撕纸。

3. 语言

听：能听懂情境中的话语，会进行物品指认。

说：能用声音和语调表达自己的想法，能用手势语沟通。

早期阅读：能指认图画，能模仿常见声音。

4. 认知

感知能力：能理解形状恒常性，能感知深度。

分类能力：能分辨熟人和陌生人，能根据喜好选择物品。

因果关系：能理解简单的因果关系。

记忆能力：具备情绪记忆能力，如会记住痛苦的情绪。

问题解决能力：能尝试解决问题。

5. 社会交往

与成人交往：能和成人玩简单的游戏。

与同伴交往：能模仿同伴行为，能通过咿呀声和抓、拉、扯等行为引起同伴注意。

情绪情感：能识别多种情绪；能表现多种情绪，如生气、焦虑、害怕、烦躁等。

自我意识：萌发出自我意识，能认识到身体的一些部位属于自己。

二、组织7～9个月婴儿早期教育活动内容

（一）7～9个月婴儿早期教育活动内容

1. 动作技能类

（1）粗大动作

① 站立：扶站，扶持下双腿尝试支撑身体。

② 坐：靠坐，练习坐起。

③ 抛扔：练习扔、丢物品。

④ 爬行：匍匐爬，学习手膝爬。

（2）精细动作

① 单手：练习拇指和四指平行地抓物，练习拇指和四指相对地抓物，练习三指并用抓物。

② 双手：协调撕纸，玩具对碰。

2. 认知类

（1）言语认知类

① 练习发出更多的韵母和声母，并练习结合起来发音。

② 别人叫自己时学习回应。

③ 练习用不同的语音、语调和手势语同他人交流。

④ 练习借助具体的情境理解语言的意思。

（2）智力技能类

① 观察：练习观察复杂的图片和移动的物品。

② 辨别：练习识别他人情绪。

③ 预测：根据具体情境学习预测结果。

（3）认知策略类

① 注意：练习注意的稳定性。

② 问题解决：练习自己解决问题。

3. 情感态度类

（1）情绪情感类

练习理解情绪、模仿情绪。

（2）态度类

① 好奇：探索没有见过的物品。

② 友好：学会对熟悉的人主动微笑。

③ 尝试：积极探索周边环境，尝试不同物品的玩法。

（二）7～9个月婴儿早期教育活动内容的组织

7～9个月的婴儿依然处在身心快速发展时期，活动设计依据其在健康、动作、语言、认知和社会性方面的普遍发展水平来进行，既要注意活动的综合性，也要注意突出这个阶段发展的重点领域。活动设计的综合性，是指活动的目标、内容和过程都应围绕健康、动作、语言、认知和社会性的发展水平来设计。如一个活动中会涵盖培养婴儿自我服务能力、语言理解与表达能力、动作发展和认知发展等方面，不要求面面俱到，但是要注意兼顾婴儿全面发展的需求。

以综合活动"我爱吃苹果"为例，活动由自我介绍、相互认识开始，通过热身活动拉近婴儿们的关系，也拉近了活动参与者之间的关系。然后，婴儿通过闻一闻、摸一摸、滚一滚感知不同类型的苹果，促进感知觉的发展。紧接着，通过找苹果的环节促进客体永久性的发展。再通过抓苹果的游戏，锻炼粗大动作和精细动作。最后通过一首儿歌，在轻松愉快的音乐中结束活动。在这个活动中，综合了动作、语言、认知、情感和社会性领域的内容。

动作发展是这个阶段婴儿发展的一个重点领域。7～9个月是婴儿学习爬行的关键时期，如果在这个时期没有学会手膝爬，随着婴儿能扶站、扶走，会更不喜欢爬。在活动设计中，应创设支持性的条件，如安全宽敞的空间、有趣的玩具、适当的辅助等。在组织活动时，应关注婴儿不会爬行的原因，如有的是四肢力量不够，有的是不会协调四肢，应具体情况具体分析，有针对性地加以引导。当婴儿学会爬行时，可以提高爬行的趣味性和挑战性，如斜坡爬行、越过障碍物爬行等，也可以开展一些专门的爬爬赛活动、爬爬乐活动，促进婴儿爬行能力的发展。

三、创设7～9个月婴儿早期教育活动区域

根据7～9个月婴儿的发展水平，结合7～9个月婴儿的教育目标，可在室内外创设以下活动区域。

（一）感统运动区

1. 爬行练习材料

提供爬行垫、护膝、会移动的玩具等，帮助婴儿学会爬行，练习手膝爬，锻炼身体的平衡性、协调性和四肢力量。

2. 感知觉发展的材料

提供按摩球、布书、手偶和大浴巾等，促进婴儿感知觉的发展。

（二）早期阅读区

早期阅读区的功能在于通过开展早期阅读启蒙，发展婴儿的听力和发音能力，增进语言输入和语言表达等。该区域可以投放各类绘本，配置布书、洞洞书、手偶书等，营造随时可阅读、爱阅读的氛围（图4-3-3）。也可以投放地毯、婴儿沙发、婴儿桌椅等物品。

（三）护理区

护理区主要放置婴儿床、护理台、盥洗物品、卫生用品和垃圾筒等，满足婴儿睡眠、喝奶和换尿片等日常照护需求。

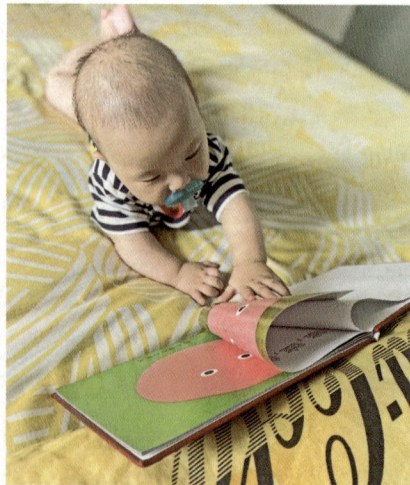

图4-3-3　婴儿在看书

四、实施7～9个月婴儿早期教育活动

（一）集体活动

7～9个月的婴儿集体活动，一般有3～6名婴儿及其家长，两名教师，以亲子活动的形式展开。随着婴儿爬行越来越自如，其活动范围逐步扩大，喜欢四处探索（图4-3-4）。集体活动中，随着婴儿自我意识的发展，他们有时会自己玩自己的。如在"小沙蛋沙沙响"音乐活动中，有的婴儿摇了两下沙锤之后，便丢掉沙锤，爬着找别的玩具了。针对这种情况，如何既尊重婴儿的兴趣，又能发挥早期教育活动的作用，就需要教师在设计活动时注意增强活动的趣味性、可探索性和适宜性。同样是"小沙蛋沙沙响"的音乐活动，如果增加"循声找蛋""翻越取蛋""爬行

图4-3-4　婴儿四处探索

追蛋"和"探索玩蛋"等环节，婴儿的兴趣可能会更容易被调动起来，活动的参与度也会更高。在这些活动环节中，可自然地融入音乐，让婴儿随心而乐、随乐而舞。

7～9个月的婴儿在参加集体活动时，可能会出现认生现象。表现为在新环境里不敢主动探索，喜欢待在家人身边。个别婴儿认生现象比较严重，如在活动中看到某个婴儿的爸爸，会出现退缩、哭闹、要离开房间的情况。针对这种情况，教师和家长要能理解并接纳婴儿害怕的心情，并耐心安抚婴儿情绪，活动中注意保持适当距离。同时，通过转移注意力让婴儿的关注点转移到有趣的活动中去，使情绪逐渐愉快起来。在日常生活中，可通过各种亲子活动增强婴儿的安全感，也可以多带婴儿出去玩，增加与外界接触的机会。"认生"只是阶段性的现象，随着成人积极地引导，一般1～2个月就会消失。

（二）个别活动

7～9个月的婴儿个体差异依然非常明显，如有的婴儿手膝爬又快又稳，而有的婴儿还不会爬，或者只会原地打转。针对个体发展水平的差异性，应以个别活动为主要形式开展早期教育活动。在实施个别活动之前，教师要充分观察、记录、评估婴儿的发育情况，向教养人了解在家日常互动情况，如果婴儿不认生，可以和婴儿互动，实地了解婴儿的发展水平。在综合评估之后，针对婴儿发展的实际水平，采取有针对性的指导措施。如活动中发现有些婴儿只会匍匐爬或后退爬，可先向教养人了解婴儿在家中的教养情况，再认真观察婴儿爬行时的用力情况，最后示范或讲解切实可行的爬行技巧，帮助婴儿学会正确的爬行姿势和用力方法。在了解情况时，注意与家长沟通时的用词和技巧，避免家长误解或隐瞒婴儿实际发育情况。

五、调整7～9个月婴儿早期教育活动

（一）实施观察分析

观察与分析能力是教师开展教学活动和进行教学反思所需的重要能力，对于教师调整活动具有积极意义。7～9个月婴儿早期教育活动重点观察内容可参见表4-3-1。

表4-3-1　7～9个月婴儿重点观察内容

观察领域	重点观察内容举例
健　康	1. 辅食添加情况 2. 睡眠和二便情况
动　作	1. 爬行能力：手膝爬及其平衡性、协调性 2. 手的动作：抓握、对指和三指并用情况
语　言	1. 发音情况 2. 用声音、肢体动作回应情况
认　知	1. 稳定注意 2. 认生现象
社会交往	1. 喜欢模仿成年人 2. 识别他人情绪

实施观察时，既要观察到点，如某个婴儿的参与情况，也要观察到面，如多数婴儿的普遍情况。发现问题，第一时间思考原因，寻找对策，及时调整教育活动安排。如为了实现活动中各个领域的融合，促进婴儿在动作、语言、认知和社会性等方面全面发展，一次早期教育活动中会设计多个游戏环节。为了在规定时间内完成多个游戏环节，在组织活动时可能存在"赶进程"的情况。当部分婴儿对上一个游戏活动还有浓厚的兴趣时，就"被迫"进入了下一个游戏环节。这种情况会使婴儿很不开心，甚至哭闹，并且可能会影响婴儿参与接下来的活动。如果一个教育活动，到了结束时间大多数婴儿仍在积极探索着，教师应该反思为什么会出现这种情况，是否需要延长该环节的探索时长；一般延长了某个环节，就会导致原计划的内容没法全部完成，应当如何取舍；类似情况，在下次活动设计时如何调整，才能确保科学性、合理性和适宜性。

观察的同时做好相应记录，记录内容可参考表4-3-2，也可根据实际情况调整。相对准确、客观的记录，利于总结和反思整个活动的具体实施情况。记录时不需要面面俱到，但个性的问题和共性的问题都要记录下来。记录之后的及时整理尤为重要，应把发现的问题和活动设计的闪光点总结概括起来，积累成教学智慧。

表4-3-2　感统运动区婴儿参与情况观察记录表

观察时间	4月16日	观察对象	科科	观察地点	感统运动区
项　目	观　察　与　分　析				
发展情况	科科9个月，手膝爬，不认生，喜欢参加早教活动，通过发出"a"和拉扯等表达要求，在新环境里表现谨慎				
参与情况记录	在参加"爬爬乐"环节中，出现玩一会儿就去玩别的玩具的现象，对于教育活动兴趣不大				
原因分析	活动中设置了越过障碍物爬行的环节，对于科科的发展水平来说有一定的难度，加之科科性格谨慎，所以表现出不感兴趣				
对于活动设计的启示	1. 关注婴儿的发展水平和个性特点 2. 在同一环节中设计不同难度水平的游戏 3. 活动设计注重激发婴儿主动性和积极性 4. 准备应对突发情况的备选方案				
其　他	家长的引导情况				

（二）调整教育活动

预设的早期教育活动，在实际实施的过程中经常会出现各种各样的问题，越是小月龄的婴儿，越是容易出现各种突发情况。在实际活动开展过程中，要结合具体情况实时调整。针对教育活动中的一些问题，活动现场无法调整的应做好记录，在以后的教育活动中予以调整和改进。

如在7~9个月婴儿早期教育活动中设计了越过障碍物爬行的游戏环节，实际活动开展时，发现参加此次活动的多数婴儿的爬行能力还达不到翻越障碍物的水平，有的婴儿尝试一下放弃了，有的直接不参与。这时就需要教师及时调整活动难度，调换活动教具，以增加活动趣味性，引导婴儿参与和互动。

六、7~9个月婴儿的家庭教育指导

（一）健康

7~9个月是养成良好生活习惯的重要时期，也是培养婴儿良好性格、维护婴儿好奇心和探索欲的重要时期。这个时期，家庭教育中健康领域的指导重点是辅食、牙齿、睡眠和二便。

1. 辅食

家长应注意：性状上，应从糊状食物转变成末状食物，末状食物可以提供生理刺激，利于促进婴儿牙齿的发育和咀嚼功能、舌头的搅拌功能，也利于从婴儿的饮食逐步过渡到幼儿的饮食，如提供手指食物（婴儿可抓着或捏着吃的食物）。种类上，引导婴儿逐渐尝试更多种的食物，同时注意接受新食物有一个过程，如果婴儿不接受，不能强迫其进食，且初次食用某种食物，注意观察婴儿消化情况和身体是否有过敏等异常情况。尝试不同类型的食物，利于养成不偏食、不挑食的良好饮食习惯，也利于营养丰富全面。时间上，家长一要注意婴儿进餐时长，建议每次喂食不超过半小时；二要注意定时进餐，逐渐养成按时进餐的好习惯。地点上，固定位置喂食，避免环境中无关因素的干扰，营造温馨、舒适的进餐环境，利于婴儿情绪愉快、专心地进食，也利于婴儿理解到特定的地点就是要进食了。

2. 牙齿

家长要改变乳牙会被恒牙换掉，出现乳牙龋也没关系的观念，应认识到乳牙龋的危害性。在第一颗乳牙萌出时，家长应注意帮婴儿清洁牙齿，养成每天清洁的好习惯，同时要定期检查牙齿，3~6个月要进行一次口腔检查。一般6个月左右萌出两颗下切牙，也有一些婴儿牙齿萌出较晚。如果牙齿萌出过晚，如10个月还未萌出牙齿，要考虑是不是缺乏维生素D。

3. 睡眠

家长要有意识培养婴儿独自入睡的习惯。家长可以通过固定的流程和仪式，让婴儿把特定的事情和睡觉联系起来。比如，可以通过每天睡前固定的洗漱环节、阅读环节和道晚安环节加以强化。在道晚安环节，可以用婴儿熟悉的物品来进行，如"门，晚安""窗帘，晚安""灯，晚安""被子，晚安"等，引导婴儿感知大家都睡觉了，自己也要睡觉了。由于6个月之前抱睡、哄睡和奶睡居多，多数婴儿刚开始独睡时会有哭闹的现象，教养人要做好心理准备，切勿婴儿一哭闹就放弃尝试。婴儿哭时，可以安慰，待其情绪稳定后，再次离开。

4. 二便

家长要注意观察7~9个月的婴儿在大小便时表情和动作上的变化，如定睛、涨红脸、用力、突然一动不动等。当观察到婴儿有大小便需求时，注意用语言引导婴儿意识到自己是在大小便，如："宝宝，你是在小便吗？"可以给婴儿准备小马桶，当发现婴儿有大小便的迹象时，把婴儿抱到马桶上，培养婴儿用坐便器大小便的习惯。

健康方面，家长应注重从日常生活中培养婴儿的良好习惯和自我服务能力，要学会慢慢放手，给婴儿更多操作和尝试的机会，这也是婴儿学习的一种方式。以吃辅食为例，很多祖辈觉得婴儿自己吃辅食会弄得到处都是，吃进去的又少，不如直接喂，干净卫生，吃得也快。但这样做直接剥夺了婴儿探索和学习的机会，也会使婴儿错过对自主进食最感兴趣的阶段，以后容易形成依赖成人喂饭的不良习惯。

（二）动作

1. 为婴儿爬行提供支持

7～9个月的婴儿有些已学会爬行，有些还在摸索学习中。在家中应创设安全、卫生的爬行环境，配备爬行垫、婴儿围栏和玩具等。若是家中没有安装婴儿围栏，要注意婴儿离开爬行区域后可能会遇到的风险和意外。针对部分不会手膝爬行的婴儿，应观察其不会爬行的原因，有针对性地指导。若是爬行时不会协调用力，家长可以通过给婴儿右手前进和左脚跟进的向前的力，左手前进和右脚跟进的向前的力的形式，帮助婴儿感知和学会手脚协调用力

主被动操

的方法，可结合主被动操进行练习。教养人在训练婴儿练习爬行时，注意多形式鼓励婴儿，可以用表情、声音和肢体动作等鼓励婴儿爬行，要注意同时刺激上肢和下肢，每次训练时间不宜过长，当婴儿情绪不好时，适时停止训练。

2. 为婴儿抓握提供机会

图4-3-5 婴儿抓握玩具

7～9个月的婴儿手指越来越灵活，家长应为其提供合适的玩具，如小球和不同形状的小积木等锻炼手指拿、捏、抓、握等能力（图4-3-5）；也应开展形式多样的亲子游戏，如音乐类游戏，鼓励婴儿手拿小沙锤、摇铃、拨浪鼓和厨房玩具等通过摇晃、碰击的形式感受音乐，家长可以通过不同的节奏引导婴儿感受音乐的美，同时锻炼手部精细动作能力；或者开展锻炼左右手灵活性和配合度的游戏，如"虫虫飞"游戏、"打电话"游戏和"装水果"游戏等。

在家中开展动作发展的游戏时，应注意游戏活动的安全性、针对性和适宜性；应遵循婴儿动作发展的特点和规律，循序渐进地进行。动作的练习相对枯燥，要注意方式方法和趣味性，同时要根据婴儿的情绪状态、发展特点和兴趣爱好，并结合季节特点、外界环境来进行，注意训练频次，可以多次，但每次训练时长不宜过长。

（三）语言

7～9个月的婴儿喜欢和家人互动，喜欢模仿成人说话，因此家长要经常和婴儿交谈。交谈时要面对婴儿，讲话速度要慢，吐字清晰，发音标准，可重复多次。家长还应鼓励婴儿说话，引导婴儿通过发音表达自己的想法，并及时回应。家长还可以在特定的情境中和婴儿进行语言交谈，如每天早上婴儿醒来时，妈妈可以对宝宝说："宝宝早上好，我们穿衣服起床喽！"在盥洗、吃辅食、玩游戏、入睡等情境中多次进行，慢慢地，婴儿会理解这些话语的意思，进而利于理解特定情境中的信息。再如，带婴儿外出玩时，可以结合看到的东西与婴儿交谈，或者创编简单的故事和有趣的儿歌："这是哥哥，哥哥手里拿着一个苹果；这是小狗，小狗汪汪汪地叫；这是一朵红色的花，红色的花好漂亮呀；这是一棵大树，大树好高呀……"多次重复、反复输入，婴儿逐渐会理解语言的意思，并会模仿，如发出"ge ge"等音。

除了在日常生活中渗透语言的启蒙以外，还可以通过与日常生活密切相关的儿歌、童谣和绘本故事等与婴儿互动，如《洗脸歌》《刷牙歌》《宝宝爱洗澡》等。

活动案例

儿歌节选《我有一双小小手》（7～9个月）

【活动目的】

认识小手，进行语言启蒙，培养亲子感情。

【活动准备】

手的图片（图4-3-6）。

【活动过程】

1. 家长把手的图片固定好，邀请宝宝一起面对图片坐下来。引导宝宝观察图片，鼓励其看一看、摸一摸小手，并跟宝宝说"手""小手""一双小小手"等词语，观察宝宝是否有兴趣。

2. 家长范唱，一边唱歌，一边引导宝宝观察图片中的手和自己的小手。"我有一双小小手，一只左来一只右，小小手，小小手，一共十个手指头。"

3. 家长读儿歌，一边读，一边引导宝宝把小手举起来观察。

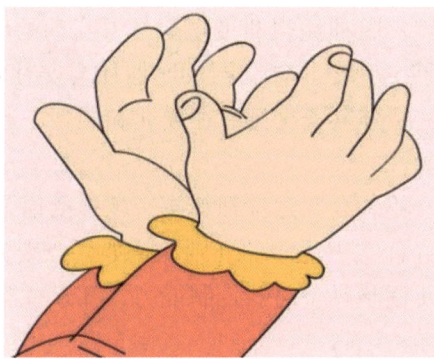

图4-3-6　手

4. 宝宝坐在家长腿上，家长拉着宝宝的小手，一边唱歌，一边挥舞小手。如果宝宝精神饱满、情绪愉快，可重复2～3次。

5. 和宝宝说说："今天学习了儿歌《我有一双小小手》，宝宝喜欢吗？宝宝也有一双小小手，肉嘟嘟的小手好可爱呀。今天的游戏结束了，明天我们再一起唱这首歌哟。"

（四）认知

7～9个月的婴儿能自如移动身体，空间知觉、深度知觉、形状知觉和大小知觉进一步发展，逐渐形成"客体永久性"的概念。为促进7～9个月婴儿认知的发展，首先，家长应提供丰富的环境和多样的玩具刺激其感官，鼓励其通过自己的方式认识世界。如婴儿看到新玩具首先是放进嘴里尝一尝，有些家长则不能接受婴儿"吃"玩具，会出现批评婴儿、拿走玩具等现象。针对这些现象，教师应帮助家长理解婴儿认知和学习的方式，建议家长提供消过毒的玩具让婴儿尝试探索。其次，家长应培养婴儿的理解能力和听从指令的能力。培养理解能力和听从指令的能力应渗透在一日生活的各个方面，如清洁口腔时，配合家人张大嘴巴；添加辅食时，配合家人戴上围兜等。最后，家长应注意通过亲子游戏培养婴儿的注意、记忆和推理能力。以看彩色卡片为例，先向婴儿介绍卡片上的内容，"这是××，它会××"，"这是××，它可以××"，帮助婴儿认识卡片上的事物。接着告知婴儿："宝宝，我们现在来玩一个找小动物的游戏，××在哪里？用小手指出来。"当婴儿指错的时候，可以通过语

图4-3-7　躲猫猫

言提示婴儿自己发现正确的答案。

关于认知，容易误解为发展智力和学知识，如家长会教婴儿背古诗等。实际上，婴儿的认知发展有很多种渠道和形式，如和家人玩"躲猫猫"游戏（图4-3-7）、"藏玩具"游戏，自主去"翻箱倒柜"，观察会动的物品，这些都会促进婴儿认知的发展，成人需要做的是提供安全的环境和卫生的物品，经常和婴儿互动，创造机会让婴儿感知、尝试不同的物品和游戏。

（五）社会交往

7～9个月婴儿之间的社会交往活动多是以玩具等客观物体为媒介，实际的社交技能和社交互动比较有限。这个阶段，家长一方面要为婴儿创造与人交往的机会，扩大婴儿的社交圈。在引导和鼓励婴儿与同伴交流互动时，应注意以身示范，主动打招呼，主动交谈，帮助婴儿学会挥手、微笑、眼神注视和飞吻等与人互动的肢体语言。另一方面，家长要注意帮助婴儿克服认生问题。除了扩大婴儿社交圈、增加社会交往机会，还应注意在日常生活中给婴儿更多的拥抱、安抚和爱，增强其安全感。在婴儿和同伴一起玩时，引导婴儿体会和同伴一起玩很有趣，从而更愿意一起玩。

随着婴儿逐渐理解越来越多的语言和简单的指令，在社会交往活动中，家长应适时引导婴儿理解日常生活中的规则。比如，当婴儿做危险的事情时，要及时阻止，并告知"不可以"，引导婴儿逐步具备自我控制能力，知道危险的事情不能做，也为以后规则意识的培养做好铺垫。

案例分析

案例：朵朵8个月了，仍然比较认生。出门玩时，远远看见陌生人就会赶紧找妈妈，躲到妈妈的身后。奶奶说朵朵胆小，多接触外人就好了。爸爸觉得朵朵是受妈妈性格影响，加上妈妈一个人照料，出门较少。妈妈也很委屈，觉得朵朵认生可能是自己没带好，但是每天做家务、做辅食加上朵朵睡觉时间，能出去接触小伙伴的机会确实有限。每次看到朵朵对于陌生人的恐惧，妈妈既担心，又不知道该怎么办。

分析：婴儿的认生现象一般出现在半岁左右，又称"陌生人焦虑"，是婴儿成长过程中的正常现象。认生现象存在个体差异，有的婴儿认生现象持续很久，长达半年，有的婴儿两周就度过了认生期。出现认生现象，不代表婴儿被教养得不好、胆子小，或者缺乏安全感。针对朵朵的情况，可以在生活中鼓励朵朵大胆探索周围环境，避免包办；家庭成员多分担朵朵的照护责任，让朵朵有机会和他人多互动；当朵朵出现胆怯、退缩情绪时，多鼓励、多示范，避免说教。

任务四　10～12个月婴儿早期教育活动设计与组织

案例导入

乐乐11个月了，越来越可爱，会主动逗大人，故意"干坏事"，喜欢出去玩，见谁都主动打招呼，是一个人见人爱的女宝宝。随着乐乐能听懂越来越多的话，爸爸妈妈觉得乐乐可以开始学习知识了。乐乐爸爸在网上搜"早教"，搜到很多早教机和早教机构。仔细比较后，爸爸觉得早教机既能唱儿歌、讲故事，还能读古诗和放音乐，对于陪伴乐乐较少的自己来说很适合，于是就给乐乐买了一个早教机，每天定好时间播放各种节目。作为早期教育指导师的你，觉得这样的早期教育活动有效果吗？针对10～12个月的婴儿，早期教育应该怎么做？

任务要求

1. 理解10～12个月婴儿身心发展的特点及其在早期教育活动设计中的作用。
2. 理解并掌握10～12个月婴儿早期教育活动的设计思路与组织流程。

一、制订10～12个月婴儿早期教育活动目标

（一）10～12个月婴儿的身心发展

这个阶段婴儿的身心发展特征是"瞬间长大了"。婴儿可以直立行走和自由移动，能理解日常生活中的语言交流，并能表达自己的需求，感知觉、记忆和思维等快速发展，个性上呈现出独立性，社会性上呈现出模仿和规则意识的萌芽，能识别、会表达情绪情感。这些能力的发展使得婴儿成为一个可沟通、可交流、有情绪、会表达需求的人。

动作发展迈上新台阶。10～12个月的婴儿，爬行、扶站、扶蹲、由站变为坐等粗大动作可以自由转换，活动能力强，活动范围越来越大，可以自由探索家中的各个角落。手的动作更加灵活，可以双手协作，如可以把书翻来翻去，可以一只手拿玩具玩而另一只手拿玩具"吃"。手指的协调和配合更灵活，如可以捏住小物品、剥开包装纸等。手眼协调能力进一步发展，可以用食指抠出小玩具，抓取、敲击、移动玩具的能力进一步增强。

语言发展上，能理解，会表达。这个阶段的婴儿能理解常用名词，并通过"ai""dai""en""den"等不同声音和声调回应，会尝试说出有意义的词。一方面，婴儿通过回应成人，表达自己知道了、懂得了或者有疑问；另一方面，婴儿会尝试多种方式自我表达，如用表情、手势、肢体动作等，表达的内容更加丰富，表达的形式更加多样。阅读方面，喜欢看绘本，能理解情节简单的故事。

认知发展取得突破性进展。10～12个月的婴儿视觉、听觉、嗅觉、触觉和味觉快速发育，各种感觉之间的协调和配合不断增强。视觉方面，视力发育更加精准，喜欢细小物品；味觉方面，出现了味道的偏好；记忆方面，记忆保持的时长持续延长，记忆方式上，以形象记忆和运动记忆为主，从记忆时长来看，以短时记忆为主；思维方面，能理解因果关系，喜欢多次重复某一行为，理解性和概括性更高，如知道一个物品虽然看不见，但物品还存在，即客体永久性概念出现。

社会交往上体现出选择性。婴儿对于喜欢的人会主动逗引；看到喜欢的人或是熟悉的人靠近，会表现出愉快的情绪；当看到喜欢的人离开时，会出现分离焦虑。和同伴之间主动的、有意识的社交行为较少，多是单方面因玩具发起。如看到同伴拿起两个积木敲敲，婴儿可能也会拿起积木敲，彼此会有模仿行为，但交流较少。在交往过程中，婴儿能理解一些规则，能执行简单的指令。

情绪情感表达更加丰富。一方面体现在情绪表达能力上，能通过表情、肢体动作和语言表达多种情绪，如焦急、抵触、喜爱和恐惧等，并表达自己的需求；另一方面体现在情绪识别能力上，出现社会性参照，即参考教养人对于某一情境的反应来形成自己感受和应对事物的态度，是婴儿情绪社会化的重要方面。如婴儿在做出危险行为时，面对教养人的警告能及时停止。该月龄段的婴儿情绪不太稳定，会在短时间内转换情绪。

（二）10～12个月婴儿的早期教育活动目标

综合国内外学者的相关研究，结合世界主要发达国家儿童早期学习与发展指南，以及我国出台

的相关文件，10～12个月婴儿的早期教育活动目标可制订如下。

1. 健康

饮食：能用勺子吃饭，能用杯子喝水，能接受多样化的食物。

睡眠：作息规律，自主入睡，独自睡小床。

生活和卫生习惯：能配合家人穿衣服、穿纸尿裤和洗漱等；知道自己在大小便；想要排便时，愿意去坐便器排便。

2. 动作

图4-4-1　双手配合取玩具

粗大动作：能较快速地手膝爬，能灵活转换坐、站、爬等姿势，能扶站和扶走。

精细动作：手指灵活，能捏取小物品、剥开小纸团；双手配合协调，能协作翻书、拿取拨弄玩具（图4-4-1）。

3. 语言

听：能较专注地听；能听懂日常生活中成人讲的话；喜欢听音乐，会随音乐"舞动"小手和摆动身体。

说：能说出少量常用词，如"姐姐""要"；能发出特定的声音来表达自己的意思。

早期阅读：能较专注地听成人讲解绘本，能较安静地注视绘本，能主动翻书。

4. 认知

感知能力：对物体的远近有知觉能力，具备手眼协调和视听协调的能力。

分类能力：具备最初的分类能力。

因果关系：能理解因果关系。

记忆能力：能记住近期发生的事情。

早期数感知：能感知物品的多少。

问题解决能力：能根据经验和方法，解决当下的问题。

5. 社会交往

与成人交往：能主动和熟悉的成人一起互动。

与同伴交往：能主动模仿同伴的动作和表情。

情绪情感：能准确表达情绪，情绪体验更加丰富；能识别、理解他人的情绪和要求。

自我意识：开始出现自我意识。

二、组织10～12个月婴儿早期教育活动内容

（一）10～12个月婴儿早期教育活动内容

1. 动作技能类

（1）粗大动作

①站立：扶站，蹲和站转换。

②行走：扶着床、沙发和桌椅走动，独立行走2～3步。

③抛掷：向下丢、向前丢。

④攀爬：攀爬过20～50厘米的障碍物。

（2）精细动作

①单手：手指配合捏取矿泉水瓶盖，抓握勺子喂食物入口。

②双手：双手配合拨弄玩具、翻纸板书、倒出物品、取物放物等。

2. 认知类

（1）言语认知类

①知道家人的称谓、常食用的食物和身体部位名称，认识常见物品和常见动植物。

②知道日常生活中的常用语。

③知道常见生活用品的功能。

④喜欢早期阅读活动。

（2）智力技能类

①观察：观察人的表情和动作，观察移动的物体。

②辨别：多少、大小、复杂性等。

③分类：区分男性、女性以及根据属性分类等。

④记忆：形象记忆、运动记忆。

⑤预测：根据因果关系预测结果。

（3）认知策略类

①有意注意：在引导下能短暂集中注意力观察物体。

②尝试约束自身行为：能理解简单的规则。

③问题解决：用经验解决生活中简单的问题。

3. 情感态度类

（1）情绪情感类

①识别自己和他人的常见情绪状态。

②依恋主要教养人，分开会焦虑。

（2）态度类

①好奇：对没有见过的物品表现出好奇。

②友好：对熟悉的人有礼貌、友好。

③尝试：探索新的事物，尝试解决新的问题。

④有一定耐心：多次尝试。

（二）10～12个月婴儿早期教育活动内容的组织

10～12个月的婴儿，生长发育进入了新的阶段，在动作、语言、认知和社会交往等方面迈上了新台阶。该阶段早期教育活动的组织须注意以下问题。

1. 需要成人创设情境和积极引导

组织10～12个月婴儿早期教育活动内容时，成人需要创设具体的活动情境，鼓励婴儿参与其中，当婴儿遇到困难时，适时提供支持和引导。如运动方面，应积极给婴儿创设安全、宽敞的活动场地，满足婴儿动作发展和自由探索的需求；当婴儿处于想要扶走和尝试扶走阶段，成人可借助沙发、椅子等为婴儿提供帮助。语言方面，应为婴儿创设交流环境和早期阅读环境，鼓励婴儿模仿成人说话，鼓励婴儿自己发声，并及时回应。认知方面，结合日常生活帮助婴儿认识常见事物，用多种形式刺激婴儿感官发育，提供丰富多样的环境和不同类型的体验机会。社会性方面，首先要给予婴儿高质量的陪伴，让婴儿感受到爱和关怀，形成良好的亲子依恋关系，积极帮助婴儿扩大社交范围，让婴儿有机会接触到同伴。

2. 以某一领域为主，同时综合其他领域

10～12个月的婴儿在动作、语言、认知、社会交往等方面迅速发展，但各领域又各具特点。如动作发展，婴儿爬行已经很熟练，但在独立行走方面还需要锻炼，在设计活动时可以为婴儿行走创设支持的环境，婴儿自己完成挑战，利于其提升胆量和自信心，对于认知、情感和社会性的发展均有促进作用。因此，可以设计一个以训练扶走能力为主，同时又能促进认知、语言、情感和社会性等方面发展的活动。活动内容的组织应密切结合婴儿这一时期各领域发展的重点，结合心理发展领域是相互影响、密不可分的这一特点，体现活动的整合性、综合性和针对性。

三、创设10～12个月婴儿早期教育活动区域

结合10～12个月婴儿的教育活动目标，可在室内外创设以下活动区域。

（一）感统运动区

该区域的主要作用是为婴儿感统训练提供场所，帮助婴儿锻炼粗大动作和精细动作。材料投放和环境布置建议如下。

1. 爬行练习类材料

图4-4-2 彩虹通道

主要用于练习爬行，纠正错误的爬行方式，提高婴儿爬行过程中的手臂力量、肢体协调性等。可提供爬行垫、彩虹通道（图4-4-2）、发条玩具、包皮软梯、小型滑梯、彩色小球、浴巾等。

2. 扶走练习类材料

主要用于帮助婴儿练习扶走，在走的时候有支撑物和凭借物，如沙发、椅子和床等。

3. 感觉统合类训练材料

主要用于训练婴儿的触觉、前庭觉、本体觉和运动觉，如按摩球、羊角球、阳光隧道、滑梯、插棍玩具等。

（二）认知操作区

该区域用于为婴幼儿探索世界提供支持，以及帮助其发展精细动作。

1. 操作类材料

操作类材料可投放拼插玩具、形状配对材料、绕珠玩具、齿轮玩具、木质或塑料多功能百宝箱（图4-4-3）等。

2. 建构类材料

建构类材料可投放玩具插片、彩虹塔、拼搭积木、磁力片等。

（三）早期阅读区

该区域旨在为婴儿营造良好的语言启蒙环境和早期阅读环境，婴儿通过语言的输入、输出，以及相互的交流，初步培养阅读兴趣。

1. 书籍类材料

纸板书、布书、手偶书（图4-4-4）、洞洞书等适龄图书。

2. 配套材料

婴儿用的沙发、靠枕、地垫等。

图4-4-3　多功能百宝箱

图4-4-4　手偶书

（四）护理区

本区域主要用于婴儿睡觉、换纸尿裤、喝奶和护理等日常照护，一般需配置婴儿床、操作台、卫生用品和垃圾筒等。

四、实施10～12个月婴儿早期教育活动

（一）集体活动

10～12个月的婴儿作息比较规律，可以更规律地参加早期教育活动。对于集体活动的形式，接纳度较之前提高很多，较少会因陌生环境和陌生人闹情绪。多数婴儿越来越活泼和大胆，已经能较好地融入集体活动。在集体活动中，大部分婴儿愿意积极尝试，活动中会出现模仿教师与同伴的现象，也会出现一些早期的社交和互动情况。随着自我意识的萌发和注意的发展，婴儿会按照自己的想法随意去探索，因此在集体活动中会出现自顾自玩的现象，对于活动中的一些环节不感兴趣，会直接玩自己感兴趣的。出现这种现象，一方面是因为婴儿受发展水平所限，注意时长短，无法长时间跟随教师的活动；另一方面是因为婴儿尚处于无意注意为主的时期，很容易"分心"，且易受周边环境影响。当然，有些也和教师的引导有关。

（二）个别活动

个别活动利于关注婴儿个体差异性，从而因材施教，进而实现婴儿健康、认知、语言和社会性等领域的全面发展。婴儿年龄越小，差异性越大，要用发展的眼光看待阶段性的问题。如这个阶段的婴儿有的还不会爬，而有的已经走得很好了，因此在活动中要密切关注每一个婴儿的发展水平，根据婴儿具体的发展特点开展游戏活动。如12个月的皮皮，大运动方面的发育比较超前，已经能独自行走5～8米了。在集体活动扶走游戏环节，皮皮尝试了一下就不玩了。皮皮妈妈想要让皮皮玩，但是皮皮被抱过来之后，又自己走到一边去玩了。对于这种情况，教师应及时介入，向家长说明情况，建议家长不要强迫，同时推荐适合皮皮发展水平的活动。

个别活动的顺利进行，需要教师的仔细观察和分析判断，因为婴儿可能会有一些成人意识不到的需求、排斥物或兴趣点，如有的婴儿很喜欢毛绒玩具，而有的婴儿对于毛绒玩具避而远之。

五、调整10～12个月婴儿早期教育活动

（一）实施观察分析

观察分析是提高早期教育活动效果的必要方式之一，10～12个月婴儿早期教育活动重点观察内容可参见表4-4-1。

表4-4-1　10～12个月婴儿重点观察内容

观察领域	重点观察内容举例
健　康	1. 喜欢用勺子吃饭，喜欢尝试多种食物 2. 有便意时，愿意尝试用坐便器排便
动　作	1. 行走能力：扶走情况 2. 手的抓握动作和捏取动作
语　言	1. 与人互动时语言表达情况 2. 与人互动时观察和倾听情况
认　知	1. 指认五官 2. 理解简单的因果关系
社会交往	1. 意识到同伴的存在 2. 模仿同伴的行为

观察的重点除了表4-4-1的内容，应根据各地区和具体婴儿的情况有所增减。观察时也应有意识地观察同一个婴儿参加早期教育活动前后的发展情况。以11个月的乐乐为例，可将乐乐四个月前参加早教活动时的记录情况与此时各方面的生长发育情况进行对比，总结早期教育活动的设计和组织是否对乐乐的生长发育起到促进作用，以便改进和提高活动设计的针对性与有效性。

实施观察分析时，需综合考虑多方因素，如婴儿的情绪状态、父母的教养方式、教师的引导、周边环境的布置和活动中玩教具的投放等，这些因素都可能会影响婴儿参与早期教育活动的状态。当发现婴儿有某些方面的发展问题时，需多次观察，并做好记录（表4-4-2），积极向家长了解情况之后再给出针对性的指导建议。

表4-4-2　10～12个月婴儿参与情况观察记录表

观察时间	××月××日	观察对象	×××	观察地点	××
发展水平分析					
参与情况记录					
原因分析					
对于活动设计的启示					
其　他					

（二）调整教育活动

相较于前一个阶段的婴儿，10～12个月的婴儿更活泼一些，主动性更强一些，早期教育活动更容易出现一些"小插曲"，在活动中要注意因势利导。首先，要尊重。随着婴儿逐渐长大，越来越

有自己的想法和要求，这是一种好现象，是婴儿在长大的标志。作为教师要尊重婴儿，要将婴儿作为一个独立的人来看待。当婴儿没有按照教师的预期去参加活动时，教师应反思可能的原因，在下一次的活动中进行调整。其次，要引导。随着婴儿认知和社会性等方面的发展，在教育活动中需要给婴儿一些规则方面的引导，要适时引导婴儿知道什么可以做、什么不可以做，如参加集体活动时，学会轮流玩耍和等待，不能插队。再次，要观察。整体观察和个别观察要兼顾，不能顾此失彼，实际活动中容易出现观察不全的现象，需多练习、多记录、多总结，及时调整教育活动。最后，调整教育活动，一般调整的是具体内容、组织策略、教学方法和环节设计，具体应根据活动的实施情况进行。调整时既要关注个别婴儿的需求，也应注意大多数婴儿的普遍发展水平。

六、10～12个月婴儿的家庭教育指导

（一）健康

健康是婴儿生长发育的基础，应从生活各方面提高婴儿的健康水平。对10～12个月的婴儿，家长应从进餐、二便训练和断乳三个方面引导。

进餐方面，家长应鼓励婴儿自己用勺子尝试吃东西，引导婴儿尝试不同性状、口味的食物，家长要以身作则，不挑食不偏食，对食物充满兴趣。这个阶段的婴儿喜欢模仿成人，成人的言行会影响婴儿对于食物的喜爱度和接受度。

二便方面，家长应留心观察，当发现婴儿有二便需求的时候，及时引导其进行如厕训练，注意不要强迫婴儿，在自然轻松的氛围里训练如厕。对于婴儿的配合，要及时肯定和表扬，当婴儿不配合时应换个时间再训练。婴儿的成长需要一个过程，要学会接纳婴儿的不同情绪和抗拒行为。

1岁左右的婴儿，可根据实际情况停止母乳喂养。如果家庭情况允许，辅食添加也很正常，母亲如有时间继续喂乳，也可以不断母乳。对于计划断母乳的家庭，要注意选择合适的季节，如春秋季，采用正确的方法，循序渐进减少喂乳的次数，同时做好辅食和配方奶的进食引导工作，避免婴儿出现因为断母乳拒绝其他食物的情况。

婴幼儿意外伤害预防

随着婴儿独立行动能力增强，日常生活中应注意避免发生意外，常见意外伤害见拓展阅读"婴幼儿意外伤害预防"。

（二）动作

10～12个月的婴儿四肢力量更强，核心力量更稳，精细动作的发展使得婴儿的小手看起来更加灵活。对于粗大动作的发展，家长应当有针对性地引导，对于粗大动作发育相对迟缓的婴儿，这个阶段仍要多练习爬行，但也要注意，如果婴儿跳过爬行直接扶站和扶走，也不必刻意让婴儿练习爬行，可以在其他的活动中锻炼手脚的协调和腹部的力量。对于粗大动作发育比较正常或是超前的婴儿，这个阶段可以锻炼扶走、扶物蹲下，练习从坐到站以及走和蹲之间的变换。

在精细动作发展方面，家长应关注婴儿食指的灵活性、五指之间的协调、抓握能力和双手协调配合情况。教养人应提供多样化的玩具，鼓励婴儿去抓、去玩，训练手指的灵活性，如鼓励婴儿捏会叫的玩具，练习五指同时用力；或从盒中取出物品，放到小口颈罐子里；或鼓励婴儿左右手交换物品等。

（三）语言

10～12个月的婴儿表现出对于童谣和歌曲的喜爱，喜欢跟着音乐摆动身体，喜欢很认真地看着

成人说话。语音方面，此时的婴儿能理解语音所代表的意思，能连续发出不同音节。家长在生活中要多与婴儿交流，鼓励婴儿发出并反复说音节。词汇方面，发现婴儿说出新的词汇或尝试用词汇表达，要及时肯定，强化积极表达行为。比如和婴儿一起玩"我指你说"游戏时，教养人先问："小猫在哪里？"婴儿手指向小猫的图片。再问："小花在哪里？"婴儿手指向小花的图片。一轮之后，和婴儿换角色玩，由婴儿问，大人指出在哪里。婴儿会努力发出"mao""hua""wan"等音节。平时的互动中，注意丰富的词汇输入。语用方面，鼓励婴儿表达自己的想法，即使教养人明白婴儿要说什么，也不要立即行动满足婴儿，而是鼓励婴儿自己说出来，引导婴儿理解用语言表达的重要性。日常生活中多借助儿歌、童谣和早期阅读帮助婴儿纠正发音，感受语调变化带来的节奏上的变化，可参考活动案例"和小动物学唱歌"。

活动案例

和小动物学唱歌（10 ～ 12 个月）

【活动目的】

锻炼发音能力和表达能力。

【活动准备】

小动物的图片。

【活动过程】

1. 教师提前准备好小动物的图片，活动过程中依次呈现。先引导婴儿观看图片，然后说："宝宝，你看这是一只小狗，这是一只小猫，这是一只鸭子……"

2. 教师念唱儿歌，引导婴儿倾听儿歌的同时观看图片。教师一手拿图片展示，一手跟着儿歌的节拍做动作。

3. 教师边唱歌边做动作，鼓励婴儿和自己一起做动作。"一只小鸭，嘎嘎嘎；一只青蛙，呱呱呱；一只小猫，喵喵喵；一条小狗，汪汪汪。"鼓励婴儿通过自己的方式表达对于儿歌的喜爱和理解。

4. 表扬婴儿的积极参与，一起收拾卡片和物品，活动结束。

（四）认知

10 ～ 12 个月的婴儿，认知能力进一步发展，家长在家庭生活中可以继续促进婴儿的认知发展。如借助感统训练，发展婴儿的视觉、触觉、听觉和嗅觉等，激发其对周围世界的探索兴趣及探究欲望。如在"五官在哪里"游戏中，家长用食指点着自己的五官说："鼻子鼻子，嘴巴；鼻子鼻子，眼睛；鼻子鼻子，耳朵；鼻子鼻子，鼻子。"通过不停地变换指向的位置，让婴儿感知五官的有趣，活动中也可以鼓励婴儿指出自己的五官。

家长可以通过一些游戏帮助婴儿理解简单的因果关系，让其感知一件事情的发生和另外一件事情发生是有关系的。比如，家长正在和婴儿玩游戏，电话铃声响起，家长准备去接电话便停止了游戏。这时可以和婴儿说："有人打电话找妈妈，所以妈妈现在去接一下电话，等下接好电话就过来和你一起玩。"多次之后婴儿就会理解，电话响起和游戏停止之间的关系。

教会婴儿一些生活的本领，即培养简单的解决问题的能力，促进婴儿认知的发展。如婴儿在玩小球时，小球骨碌骨碌滚到了沙发下面，当婴儿怎么也拿不到沙发下的小球时，家长可以先示范用棍子把小球赶出来的方法，然后鼓励婴儿自己也试一试。婴儿可能很快就学会这种方法，并会把这种方法用到其他情境里解决问题。

在家庭教育中，家长应注意为婴儿获得多样性、多元化的体验营造环境，除了为婴儿设计组织各种类型的游戏，也应带婴儿融入大自然。自然环境是刺激婴儿认知发展的理想场所，亲近大自然，感受大自然，利于婴儿认知和适应能力的发展。

（五）社会交往

10～12个月的婴儿，家长应注重规则的训练，结合生活活动和游戏活动，有意识地引导婴儿认识到规则的存在，帮助婴儿养成遵守规则的好习惯，培养婴儿的规则意识和自控意识。如婴儿要拿手机"玩"，这时需要明确拒绝婴儿的要求，当婴儿因为没有拿到手机而生气哭闹时，应告诉婴儿他/她自己的情绪感受，并表示虽然自己能理解对方的情绪但这件事情还是不可以。比如："宝宝没有拿到手机，是不是很生气呀?""哦，宝宝生气了。"在表达对于婴儿想要玩手机的理解之后，告诉婴儿依然不能玩手机，给婴儿以规则的引导。

家长还应为婴儿创设与同伴一起互动的机会。随着年龄的增长，婴儿开始留意到同伴，也开始和同伴有一些交集，婴儿之间会出现模仿行为，也会出现情绪的相互影响。比如两个婴儿都想要同一个玩具，会出现你拉我扯的现象，一个婴儿因为没有拿到玩具大声哭了起来，而拿到玩具的婴儿也哭了起来。这时可以融入一些规则的引导，比如"玩具是东东的，如果你想玩东东的玩具，需要东东的同意"。

思考与练习

一、单项选择题

1. 0～3个月婴儿身心发展的显著特点不包括（　　　）。

　A. 动作发展较慢　　　　B. 开始发音　　　　C. 感知觉发展迅速　　　　D. 情绪开始分化

2. 关于0～3个月婴儿说法错误的是（　　　）。

　A. 新生儿视力可及范围有限　　　　　　　　B. 3个月的婴儿能俯卧抬头

　C. 能发出个别韵母　　　　　　　　　　　　D. 还不能适应母体外的环境

3. 4～6个月婴儿早期教育的内容不包括（　　　）。

　A. 用手掌抓物　　　　　　　　　　　　　　B. 短暂独坐

　C. 未对教养人产生依恋情绪　　　　　　　　D. 知道身体常见部位

4. 关于4～6个月婴儿的家庭教育指导说法错误的是（　　　）。

　A. 辅食添加按照由少到多、由稀到稠、由一种到多种的原则

　B. 给婴儿准备适合小手抓握的玩具，利于促进其精细动作的发展

　C. 日常生活多和婴儿交流，鼓励婴儿开口

　D. 婴儿出现认生现象，须避免外出

5. 关于7～9个月婴儿早期教育活动的目标，说法不正确的是（　　　）。

　A. 不能自主入睡，需哄睡　　　　　　　　　B. 能用食指和拇指捏取小物品

　C. 能听懂情境中的话语　　　　　　　　　　D. 能理解形状恒常性，能感知深度

6. 关于7～9个月婴儿早期教育活动的内容，说法不正确的是（　　　）。

　A. 扔、抛物品　　　　　　　　　　　　　　B. 扶走

　　C. 练习用不同的肢体语言与他人交流　　　　　D. 积极探索周边环境，尝试不同物品的玩法

7. 关于7～9个月婴儿早期教育活动区域，说法正确的是（　　　）。

　　A. 不需要专门的活动区域　　　　　　　　　　B. 投放可以促进婴儿感知觉发展的材料

　　C. 早期阅读不需要专门的场所　　　　　　　　D. 书的种类不需要很多

8. 10～12个月婴儿身心发展的特征不包括（　　　）。

　　A. 动作发展迈上新台阶　　　　　　　　　　　B. 语言方面能理解会表达

　　C. 认知能力在缓慢发展　　　　　　　　　　　D. 社会交往出现选择性

9. 关于10～12个月婴儿早期教育活动的目标，说法不正确的是（　　　）。

　　A. 能用勺子吃饭　　　　　　　　　　　　　　B. 能双手配合协调地拨弄玩具

　　C. 能较安静地注视绘本，能主动翻书　　　　　D. 不能准确表达情感

10. 关于10～12个月婴儿的家庭教育指导，说法不正确的是（　　　）。

　　A. 不可以进行如厕训练　　　　　　　　　　　B. 鼓励婴儿用勺子尝试各种食物

　　C. 家庭教育指导可侧重训练四肢力量与核心力量　　D. 家长可为婴儿营造音乐互动环境

二、简答题

1. 简述本模块涉及的各月龄段婴儿的身心发展特点。

2. 谈谈7～9个月婴儿早期教育活动的目标。

3. 自选月龄段，为该月龄段婴儿设计一个主题教育活动方案。

4. 观察一个10～12个月婴儿的早期教育活动，并尝试记录、分析和评价该教育活动。

模块 五

1～2岁幼儿早期教育活动设计与组织

任务一 → 13～18个月幼儿早期教育活动设计与组织

任务二 → 19～24个月幼儿早期教育活动设计与组织

➤➤ 单元导读

　　进入1～2岁后，幼儿便开启了新的人生旅程，他们更独立、更主动，学会了灵活地行动，学会了与他人沟通，学会了思考问题，学会了更准确地表达自己的情绪情感，也开始认识自己。因此，针对1～2岁幼儿的早期教育活动应注意在继续尊重个体差异的基础上，给予幼儿更多的活动支持和必要的引导。而家长在这一时期又会面临诸如"第一逆反期"等新的教养问题，教师须及时给予帮助。

　　本模块主要介绍1～2岁幼儿早期教育活动目标的制订、活动内容的组织、活动区域的创设、活动的实施、活动的调整以及家庭教育活动的开展。通过理论剖析、案例呈现等形式帮助学习者系统掌握1～2岁幼儿早期教育活动设计与组织的方法，使其能够在实践中为该年龄段的幼儿设计和组织适宜的早期教育活动。

➤➤ 学习目标

　　1. 理解1～2岁幼儿身心发展各领域的特点，掌握该年龄段幼儿的早期教育活动目标。

　　2. 能依据1～2岁幼儿早期教育活动目标选择活动内容，创设活动环境，设订活动形式，组织活动流程，实施活动观察与活动调整。

　　3. 领悟"儿童为本"的教育理念在早期教育活动中的实现。

➤➤ 思维导图

```
                                                              ┌─ 制订活动目标
                                                              ├─ 组织活动内容
                          ┌─ 13～18个月幼儿早期教育活动设计与组织 ─┤  创设活动区域
1～2岁幼儿早                │                                     ├─ 实施教育活动
期教育活动设计 ─────────────┤                                     ├─ 调整教育活动
与组织                    └─ 19～24个月幼儿早期教育活动设计与组织 ─┘  家庭教育指导
```

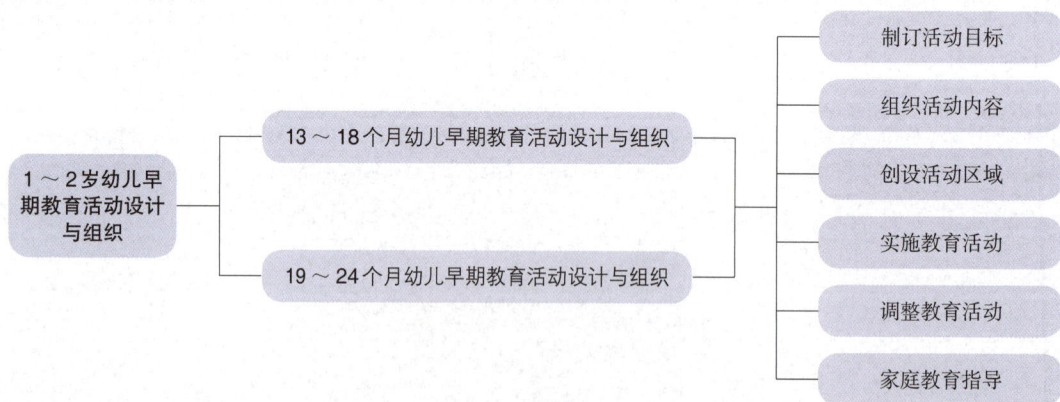

任务一　13～18个月幼儿早期教育活动设计与组织

📝 案例导入

　　张老师今年带13～18个月的幼儿班，她发现班里幼儿的个体差异非常大：妙妙（女孩，15个月）刚刚学会独立行走，但能说不少词汇，与教师沟通顺畅；嘟嘟（男孩，15个月）走得快又稳，但还没开口说话，教师要猜测他的想法；乐乐（男孩，16个月）特别有自己的想法，对教师的指令总是置之不理，自己想干什么就干什么；点点（女孩，14个月）特别爱哭，入托一个月了还是天天哭……面对这样一群差异如此之大的幼儿，张老师该如何设计与组织教育活动呢？

任务要求

1. 理解13～18个月幼儿身心发展特点及其在早期教育活动设计中的作用。
2. 理解并掌握13～18个月幼儿早期教育活动的设计思路与组织流程。
3. 领悟尊重婴幼儿个体差异在设计早期教育活动中的重要性。

一、制订13～18个月幼儿早期教育活动目标

（一）13～18个月幼儿的身心发展

"独立"是13～18个月幼儿区别于婴儿最显著的特征。这种独立，首先表现在独立行走。进入1岁后，大部分幼儿都能够开始独立行走：从最初的只能吃力地走几步，到一岁半时便能够走得协调、熟练。随着独立行走的逐步熟练，13～18个月的幼儿可以在行走的过程中做其他的事，如行走中停下蹲着，并独自站立起来。他们还可以边走边拉东西，甚至是倒退走以及尝试快走。随着腿部肌肉力量的增强，他们可以在成人的搀扶下原地跳起，上肢力量也增加了许多，能双臂过肩投球。与此同时，13～18个月幼儿的手部精细动作也发展得很快：不仅可以灵活地单手持物，还可以三指（拇指、食指、中指）配合操作物品，如拿粗油画棒涂鸦、用勺子吃饭、搭几块积木，以及两只手配合游戏。

其次，13～18个月幼儿的独立表现在他们开始说话了。语言是人类区别于其他动物的重要特征，使用语言意味着幼儿开始掌握人类特有的符号系统，也是他们作为人类独立个体的重要标志。当然，儿童在婴儿时期便能听懂一些人类语言，也能够使用一些简单名词，但真正意义上借助语言进行人际沟通是在1岁以后。因为1～2岁是幼儿语言发展的重要时期，13～18个月幼儿不仅能听懂许多语句，还能用最简洁的语句"单词句"与他人进行符合人类用语规范的交流，并且他们正式开始绘本阅读了。

再次，13～18个月幼儿的独立还表现在他们更会独立地玩，自主探索能力更强了，也变得更"聪明"了。他们的知觉能力更强，对事物的形状、大小、方位辨别更准确；记忆能力也提高了许多，对事件与人的记忆更清晰；开始按照事物的特征或功能进行分类，对因果关系有了更多的认识。因此，他们喜欢各种各样的探索，每天都在"忙个不停"地了解周边事物。他们甚至能够尝试去解决问题，即把对事物、事件的认识运用在新的问题情境中，主动想办法，利用工具去解决它。

最后，13～18个月幼儿的独立表现在他们在社会交往中更主动，更强调自我愿望的实现。他们在亲子交往中更想按照自己的意愿做事，并尝试与同伴进行交往。虽然这一月龄段的交往更多是关注、模仿、简单的语言沟通与回应，但他们确实在人际交往中更加独立了。13～18个月的幼儿也不愿再像以前那样完全受成人照顾，而是很喜欢自我服务：自己用勺子吃饭、用水杯喝水，自己脱衣服、鞋子，甚至学着像大人一样擦桌子、扫地。也正是在这个实现独立的过程中，13～18个月幼儿对自我的认知也丰富了许多：开始认识自己的许多情绪、想法，并希望别人也认可、支持自己。

（二）13～18个月幼儿的早期教育活动目标

综合参考世界主要发达国家儿童早期学习与发展指南，以及我国《托育机构保育指导大纲（试行）》，将13～18个月幼儿的早期教育活动目标制订如下。

1. 健康

营养与喂养：喜欢食用各类健康食品，能尝试用手、勺子、杯子自行进食，能安静地坐在餐桌旁吃饭。

睡眠：能形成规律的睡眠模式，能逐步独自入睡。

生活与卫生习惯：能主动示意大小便，逐步学会白天控制大小便；学习在成人的帮助下洗脸、刷牙、穿脱衣物。

2. 动作

粗大动作：能平稳地独立行走，并在行走中拖物、转换姿势；手臂能越过头顶抛掷球类，能较牢固地抓住把手向上攀爬。

精细动作：能用单手更灵活地操作物品，如涂鸦、用勺子、捏取小颗粒物品；能双手完成一些事，如双手配合翻书、搭积木等。

3. 语言

听：能倾听他人讲话，理解更多的语言和沟通信号，如表情符号。

说：能较准确地发音；能用单词句大胆表达自己的想法、需求；掌握一些最基本的人际语言沟通规则，如交替对话规则；词汇量增加。

早期阅读：能安静地与成人一起阅读自己感兴趣的绘本，开始尝试一页一页翻书。

4. 认知

感知能力：能借助多感官了解事物的外在属性和特征，如能够通过触摸猜出熟悉物品的名称。

分类能力：能依据事物或人物的外在特征进行简单的分类，如知道口红是妈妈的。

因果关系：对自己及熟人的行为与事件的因果关系有一些了解。

记忆能力：记忆的储存时长可达4～6个月，如间隔半年不见的亲属再见时能较快认出来。

早期数感知：对5以内的数字有模糊的感知，如唱数。

问题解决能力：尝试利用已有经验和能力解决遇到的问题。

5. 社会交往

与成人交往：与家人建立安全的亲子依恋关系，在托育机构与教师建立安全、信任的关系。

与同伴交往：能友善地与同伴共同游戏，并在平行游戏中根据游戏需要开展简单的沟通、互动。

情绪情感：能认识到自己的基本情绪状态，如开心、生气、难过；能发展新的情绪体验，如内疚；能通过观察认识他人的情绪。

自我意识：能认出镜子里的自己，能说出自己的一些特征、爱好。

二、组织13～18个月幼儿早期教育活动内容

（一）13～18个月幼儿早期教育活动内容

1. 动作技能类

（1）粗大动作

① 站立：较长时间稳定地站立。

② 行走：平稳地走、拖拉物品走、行进中下蹲站起、快步走、上下坡走。

③ 抛掷：胸前抛、过肩抛。

④ 攀爬：向上近距离攀爬。

（2）精细动作

① 单手：灵活捏取较大颗粒物、涂鸦、用勺子、翻书。

② 双手：双手配合用杯子喝水、搭积木、扶碗、拼拼图、持绘本、脱衣物、洗脸等。

2. 认知类

（1）言语知识类

① 说出家人的称呼、身体部位、常见生活用品、动植物名称、常吃的食物、常用的动词、颜色类形容词。

② 理解家庭生活中常用的语句。

③ 了解常见生活用品的使用方法与功能知识。

④ 阿拉伯数字（5以内）唱数。

⑤ 唱诵简单的儿歌。

（2）智力技能类

① 观察：自然现象、植物变化、物品显著的外在特征、他人表情与动作等。

② 辨别：大小、形状、颜色、粗细、高矮、质地等。

③ 分类：爸爸妈妈的生活物品分类、颜色分类、生命和非生命物品分类等。

④ 记忆：自身经历过的事件、看到的印象深刻的事件与行为、简单的规则。

⑤ 预测：某些习惯化行为的结果、生活事件的顺序等。

（3）认知策略类

① 有意注意：在他人引导下注意到需观察、倾听的内容。

② 尝试约束自身行为：遵守简单的家庭生活规则、集体活动规则。

③ 问题解决：用已有经验尝试解决生活中的小问题，如站在凳子上爬上高的地方。

3. 情感态度类

（1）情绪情感类

① 识别自己和他人的基本情绪状态。

② 依恋主要教养者。

③ 与主要教养者有某些共情。

（2）态度类

① 好奇：对身边的事物、现象有好奇心，如认真观察从未见过的小动物。

② 友好：对身边的人有礼貌、友好，如对新朋友友善。

③ 勇于尝试：遇到新的事物、问题勇于尝试，如想办法把滚进草丛的球取出来。

④ 有一定耐心：面对挫折不气馁，多次尝试，如搭积木总是倾倒后不生气，尝试用不同的方法搭建。

（二）13～18个月幼儿早期教育活动内容的组织

1. 以幼儿身心发展领域为主线组织活动内容

依据13～18个月幼儿早期教育活动内容，我们可以从健康、动作、语言、认知、社会交往五大领域组织活动内容。以儿童身心发展领域为主线组织早期教育活动内容能使教师非常清晰地了解教育目标的实现情况，但需注意，在实施活动内容时要重新将它们整合起来，因为儿童的发展是整合性的。尽管是以领域为主线组织活动内容，仍要尽量使特定领域的活动内容整合其他各领域的内容。

例如，在设计组织健康领域的活动"我要自己学吃饭"中，既可以培养幼儿用手捏、用勺子和小碗自己吃饭的习惯，还可以加入动作领域的精细动作练习游戏，如"宝宝喂小兔"；也可以加入语言领域的活动内容，如"好喜欢吃蔬菜"（图5-1-1），请幼儿认识真实、常吃的蔬菜瓜果，学说它们的名称，学唱相关的儿歌；还可以加入认知领域的内容，请幼儿根据颜色、形状、口味对蔬果进行分类或在"找找蔬果在哪里"游戏中解决简单的问题；还可以用拟人的手法把具有同类特征的蔬果比作一个家族或者好朋友，引申出社会交往的内容等。

图5-1-1　"好喜欢吃蔬菜"活动

2. 以整合性主题为主线组织活动内容

以主题的形式整合13～18个月幼儿早期教育活动内容，更能体现儿童作为"完整个体"的心理发展特点。例如，可以为13～18个月幼儿设计一个主题为"我爱玩球"的活动。球类是儿童非常喜欢又很常见的一个玩具材料。进入1岁后，幼儿的独立性和探索能力增强，他们对低结构游戏材料"球"非常感兴趣，球的多样、灵活、多变让幼儿爱不释手。而且，"球"的主题中可以蕴含许多有价值的教育内容。在这个主题下，可设计一个月的具体活动方案（表5-1-1）。活动主题确定后，教师可围绕"球"设计每周的子主题。子主题是主题的分解，分解主要依据主题蕴含的教育价值点选取适合特定月龄段幼儿的教育内容。依据13～18个月幼儿的心理发展特点和需求，可以围绕球的特征和功能将该月龄段的教育内容整合起来。例如，第一周的子主题为"球球大家族"，主题下可涉及幼儿的亲子依恋、对球外在属性的认知、问题解决能力、健康的饮食习惯以及早期绘本阅读能力的培养等。第二周，可涉及生活中常见的球及其功用。这个子主题会涉及幼儿的分类概念、记忆能力、行走练习、健康饮食、对自然的认知、语言发展以及同伴交往。第三周和第四周进一步细化幼儿在自我服务、动手能力、人际互动、语言沟通、规则掌握方面的发展。

表5-1-1　"我爱玩球"主题教育活动

子主题	活动内容
1. 球球大家族	（1）球球的家人 （2）调皮的球小小 （3）球球的烦恼 （4）帮帮贪吃球 （5）黛西的球
2. 球球大变身	（1）大人们玩的球 （2）我带球球去散步 （3）厨房里的美食球 （4）太阳公公 （5）球球的新朋友
3. 一起来做球	（1）菜团子真好吃 （2）缠球球 （3）小皮球之歌 （4）球球去哪儿了 （5）一起玩球球
4. 我和球球做朋友	（1）月亮伴我睡香香 （2）我帮球球穿新衣 （3）听听球球怎么说 （4）想飞的球球 （5）我和球球做朋友

三、创设13～18个月幼儿早期教育活动区域

结合13～18个月幼儿的教育活动目标，教师可在室内外创设以下活动区域。

（一）感统运动区

本区域主要发展13～18个月幼儿的粗大动作，可投放以下活动材料。

1. 爬行练习类材料

主要练习熟练爬行以及爬行中身体力量与平衡，如攀爬架、爬行通道等（图5-1-2）。

2. 臂力练习类材料

主要练习手臂的力量、指向性投掷的控制力，如手球、接球筐、悬吊装置。

3. 行走练习类材料

主要练习平衡地走、熟练地走，如上下坡行走道、S形弯道、小桥、各类玩具车等（图5-1-3）。

图5-1-2　攀爬滑梯组合

图5-1-3　多功能行走材料组合

4. 感统练习类材料

主要练习身体内部平衡与协调感，如滑梯、秋千、摇马、跷跷板、大型健身球、陀螺大碗、气垫盘等（图5-1-4、图5-1-5、图5-1-6）。

（二）角色游戏区

本区域主要发展13～18个月幼儿的模仿能力、表征能力，可投放以下活动材料。

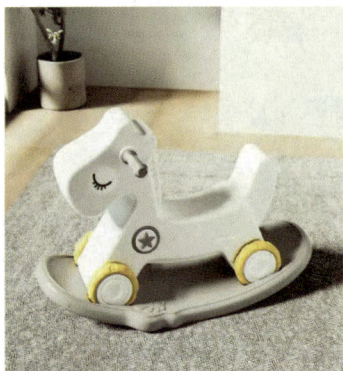

图5-1-4　摇马

图5-1-5　陀螺大碗

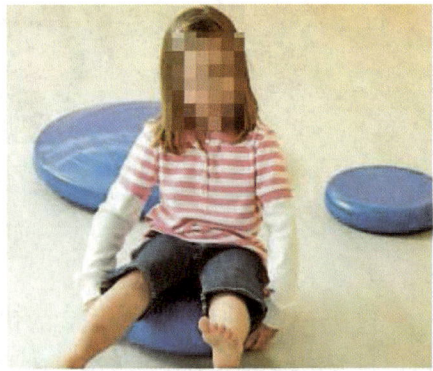

图5-1-6　气垫盘

1. 卧室材料

如娃娃、小床、沙发、桌椅、衣橱（里面有娃娃的衣服）、澡盆（含洗护用品）。

2. 小厨房材料

如锅具、炒勺、灶台、碗、勺子、水龙头、各类中西式餐点模具与容器（图5-1-7）。

3. 小医院材料

如医药箱、听诊器、药瓶、压舌板、镊子（图5-1-8）。

图5-1-7　小灶台

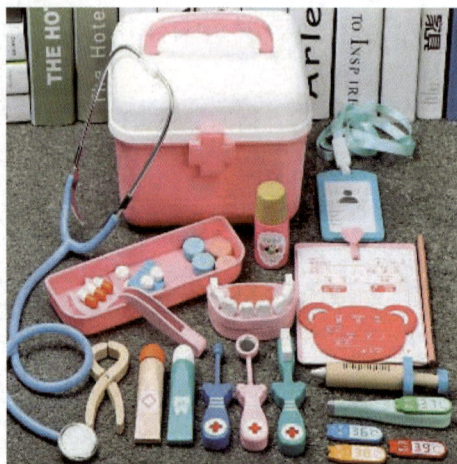

图5-1-8　小医院玩具

（三）操作建构区

本区域主要发展13～18个月幼儿的手部精细动作，可以投放以下材料。

1. 操作类

包括各类需依靠手部精细动作开展的游戏材料，如串珠、小积木、蘑菇玩具、毛球（图5-1-9、图5-1-10）等。

图5-1-9　种蘑菇

图5-1-10　舀毛球

2. 建构类

包括不同质地、大小、图案的积木（需配备小动物、人物、小汽车形象）以及沙水区。沙水区可以投放泡泡机、水车、水桌、各类盛水容器、水上漂玩具、鹅卵石、塑料铲子、筛子、漏斗、石头、沙子模具、推土车。有条件的可创建户外大型建构区以及用帐篷、木材、大型积木等建构起来的房子（图5-1-11），配备大型玩具交通工具、道路标志、纸箱、木桩、自然景观（如植物或菜园）、家具、简易厨房、风筝、风向标、飞机模型。

（四）科学探究区

本区域主要发展13～18个月幼儿的观察、分类、自然认知、因果关系探究、问题解决能力，可以投放以下材料。

1. 自然生活类

如贝壳、树叶、鹅卵石、松果、植物、各种球类、镜子、罐子、瓶子、盒子、吸管等（图5-1-12）。

图5-1-11　室外游戏屋

图5-1-12　自然材料

2. 数学认知类

如数字卡片、数字"钓鱼"玩具、大型数字模型等。

3. 拼图类

如小动物拼图、人物拼图等。

4. 齿轮转动类

主要是齿轮咬合类材料，可放墙面，也可放地面（图5-1-13）。

5. 磁铁类玩具

如百变磁力棒、磁悬浮摆件（图5-1-14）。

图5-1-13　齿轮玩具

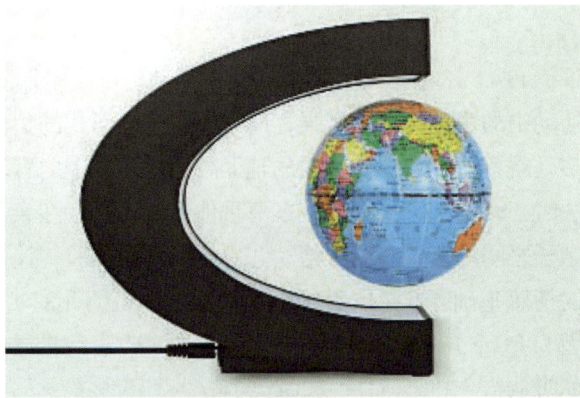

图5-1-14　磁悬浮地球仪

6. 光影类玩具

可投放投影仪、皮影戏小剧场。

7. 配对、分类玩具

如手套、瓶子与盖子、分类图片，以及大小、形状、轻重不一的同类物品。

（五）艺术游戏区

图5-1-15　钢琴毯

本区域主要发展13 ～ 18个月幼儿在音乐、美术、舞蹈方面的艺术感知与体验，可以投放以下材料。

1. 乐器声响类

如儿童键盘、八音盒、沙锤、铃鼓、响板、小鼓、木鱼、回声玩具、三角铁及有特色的世界知名乐器（图5-1-15）。

2. 美术探究类

如各种纸类、喷雾器、海绵、棉花、手指画颜料、超轻黏土、面团、画板、画架、油画棒以及墙面艺术作品展示。

3. 舞蹈表演类

如小舞台、镜子、飘带、头饰、音乐播放器。

（六）早期阅读区

本区域主要发展13 ～ 18个月幼儿的听音、词汇、语言表达，可以投放以下材料。

1. 绘本及配套道具

如布书、纸板大书、动物形象手偶、布偶、面具、服饰、小型投影仪等。

2. 家具类

如枕头、靠垫、懒人沙发、地毯，甚至是一个安静舒适的树屋与吊床（图5-1-16）。

5-1-16　早期阅读区

四、实施13 ～ 18个月幼儿早期教育活动

（一）集体活动

13 ～ 18个月幼儿参与的集体活动仍以亲子形式为主。这一时期，他们各方面的能力逐步增强，在活动中的主动性越来越强，所以，在亲子形式的集体活动中，教师应注意给幼儿更多的主动权，家长更多是观察幼儿和提供必要的辅助。比如，各个内容环节应尽可能让幼儿自己完成，而当幼儿有自己的想法时，教师和家长都应该多尊重他们的选择。在亲子活动中，也可以安排一些趣味性较强的内容，增强亲子之间的情感联结，给幼儿更多的积极体验，让他们有更强的安全感，为独自参与集体活动奠定良好的情感基础。此外，教师也可以根据本班幼儿的实际情况，尝试安排一些他们能独立参与的集体活动。因为13 ～ 18个月的幼儿能使用多种方式表达自己的需求，在活动中也能听懂一些最基本的活动规则，如听从指令和小伙伴一起听绘本故事、不争抢他人的物品。所以，他们可以尝试参与短时间的集体活动。不过应当注意，在活动中一定要尊重幼儿的活动意愿和个体差异。一开始，集体活动的形式和内容的选

择应着重照顾幼儿的兴趣和意愿，先吸引他们参与到集体活动中来，体验活动的乐趣，然后逐步帮助他们理解并遵守集体活动的规则，让幼儿自然而然地适应集体活动。

例如，幼儿都喜欢吃水果，在"我爱玩球"主题活动下，教师可以组织一个"好吃的水果沙拉"集体活动。教师先辟出一块集体活动的空间，可以摆放桌椅，也可以在地上铺块毯子，放几个垫子。然后，教师把事先准备好的一盘水果沙拉端出来，邀请想吃的幼儿品尝。先请幼儿感知沙拉的口感，然后过渡到认识各种圆圆的水果。又如，教师可以把班里幼儿最近都喜欢的卡通动物的脚印打印出来，贴在地面上，组织一个"猜猜谁来了"游戏活动，邀请感兴趣的幼儿自主参与，鼓励幼儿模仿小动物走路。这种从幼儿兴趣点出发设计的集体游戏活动，很容易调动幼儿参与的积极性。教师不要急于在集体活动中规范幼儿的行为，即使有些幼儿中途不想参与了或自始至终都不参加，都没关系。这个阶段应该更多尊重幼儿的活动选择。

（二）小组活动

教师可以组织13～18个月幼儿的亲子小组活动，也可以组织幼儿独立参与的小组活动。亲子小组活动中教师可多鼓励家长放手，多引导家长通过观察了解幼儿在身心发展和学习方面的特点、需求，解决一些具体的教养问题。该月龄段幼儿的个体差异会很明显，教师可以一边引导幼儿独立活动，一边引导家长了解和接纳幼儿的个体差异。小组活动能较好地照顾到幼儿的个体差异，在13～18个月幼儿独自参与的小组活动中，人数应控制在两到四人。活动的发起者应该更多是幼儿，教师可以创设环境引导幼儿参与预设的活动，但不可强求幼儿参与。

例如，教师发现早期阅读区域里有两三名幼儿对同一个绘本故事感兴趣，就可以询问他们是否愿意由教师带着大家一起看这本书。在绘本阅读的过程中，教师应一边讲故事，一边与幼儿互动，让每个幼儿都参与到交谈中，体验一起听故事的乐趣。教师还可以鼓励幼儿之间产生简单的互动合作。比如，可以请幼儿扮演故事中的不同角色。如果在小组活动中出现了问题，教师也可以带着幼儿一起讨论该如何解决，明确一下规则，让幼儿理解遵守规则的原因，鼓励幼儿遵守。例如，有些幼儿在玩沙时喜欢把沙子扬起来，弄到身边同伴的身上。遇到这种情况，教师不仅要及时干预以防幼儿受到伤害，也要与扬沙的幼儿及其他同伴说明玩沙的规则，让他们认识到不安全游戏行为的危害。当规则逐步被幼儿感知时，他们参与小组活动的效果会更佳。

（三）个别活动

个别活动是13～18个月幼儿的主要教育活动形式，相较其他形式更能为该月龄段的幼儿提供适宜的教育。在个别活动中，教师的主要任务是观察了解每名幼儿，依据实际情况为他们提供恰当的教育引导和支持。

例如，乐乐（17个月）对建构区域里的大型积木很感兴趣，他最近总是在自主游戏时间去搭积木。但乐乐玩积木的方式似乎有点"独特"：别的幼儿都是很开心地把积木搭好，而乐乐搭积木最开心的是把搭好的积木推倒。他的动手能力很强，能搭好几块积木。有时候，他还推倒身边同伴刚搭好的积木，然后开心地笑笑就走了。教师发现这种情况后，先观察了几天，发现乐乐的这种行为并非偶然，他推倒自己或者他人的积木都是有意为之，教师认为需要对乐乐进行个别教育。

这天，乐乐在玩积木的时候，教师就坐在了他身边。只见乐乐搭积木时很小心翼翼，生怕积木没搭好倒了。但搭好以后，又像以前一样双手把它推倒了，嘴里说着"倒了，倒了"，并指给教师看，脸上洋溢着开心的笑。这时，教师立刻问他："什么东西倒了？"乐乐回答说："怪兽（倒了）。"后来，教师与乐乐妈妈沟通，才知道乐乐最近听的故事里有相关情节，他似乎对这个情节很感兴趣，总是重复。在后续的观察中，教师发现：乐乐不仅对积木瞬间倾倒很感兴趣，他还有意无意地调整搭建方式，观察它们倾倒时会有什么不同。教师对乐乐的探索行为进行了系统的观察分析，从中发现了乐乐的成长

与学习。当然，教师还引导乐乐逐步遵守搭积木游戏的规则，如不可以随意推倒别人的建构作品。

五、调整13～18个月幼儿早期教育活动

（一）实施观察分析

观察与分析幼儿表现是教师了解早期教育活动设计合理性的重要手段，也是调整活动方案的重要依据。对13～18个月幼儿的观察主要围绕教育活动目标，选择具体的活动内容实施观察即可（重点观察内容可参阅表5-1-2）。

表5-1-2　13～18个月幼儿重点观察内容

观察领域	重点观察内容举例
健 康	1. 自己用勺吃饭 2. 自己学脱衣服
动 作	1. 行走能力：独立行走、行走中变换姿势、行走时的平衡性 2. 搭积木过程中的手部动作
语 言	1. 语言的倾听与理解 2. 语言回应
认 知	1. 游戏中的分类 2. 延迟模仿能力
社会交往	1. 同伴交往的水平 2. 情绪理解能力

需注意的是，13～18个月的幼儿班级人数比1岁前班级人数有所增加，教师既要观察活动的整体情况，也需要针对具体幼儿的活动情况做出观察分析。一般而言，整体观察主要了解幼儿活动环境的安全性、适宜性，以及幼儿的参与情况、在活动中的表现。教师可以依据具体的观察目标编制具体的观察表格实施观察（表5-1-3）。

表5-1-3　科学探究区幼儿参与情况观察记录表

观察目的	观察日期	参与幼儿	参 与 情 况
了解科探区幼儿参与活动的情况	4月5日（周一）	果果、妙妙、涵涵、轩轩	1. 果果：果果选择了一辆齿轮车，转动齿轮观察齿轮的活动；之后，看到妙妙在玩钓鱼玩具，他也凑过去一起玩，偶尔能钓到一两条鱼；然后，又回去玩齿轮车，他把一些鹅卵石放在车子上，推着车子在地上移动；过了一会儿，他看到涵涵拿着一个娃娃进了科探区，就上前夺玩具，他拿着抢到的娃娃去了娃娃家区。 2. 妙妙……
	4月6日（周二）		
	4月7日（周三）		
	4月8日（周四）		
	4月9日（周五）		

由于人数较多，整体观察中教师能获取的信息较为笼统，尤其是用于调整活动设计的信息不充足，因此，教师还需要观察每一个幼儿的活动情况。通过个体观察分析才能深入细致地了解每个幼儿在活动中的学习与发展状况，从而评估活动设计与实施的适宜性，为调整教育活动提供科学依据。例如，在"行走练习"教育活动中，教师创设了一个"给小猪送苹果"的游戏情境，鼓励幼儿拿苹果独立走路练习。但是，教师发现欢欢（15个月）总是刚走两步就蹲下来开始在地上爬，她四肢协调，爬得很快。但因为爬行占用了手，所以欢欢无法一边爬一边拿苹果，她就爬到了活动室的其他地方玩自己喜欢的玩具。

活动结束后，教师认真观察了几次欢欢的行走能力，发现她独走时站立不稳，有点摇晃，两手总是下意识地展开以保持平衡。而且，她走的时候喜欢挨着有家具的地方，在身体不平衡的时候，她会快速扶着家具以防摔倒。教师得出结论：欢欢的行走能力尚处于最初发展阶段。她个子比较高，身体较为瘦弱，家长保护得也比较多。所以，欢欢目前尚处于站立稳定期。虽然她也能走几步，但是因为平衡性差，很容易摔倒。显然，她已经意识到了这一点，所以才会在活动中以爬行替代行走。因此，教师创设的"给小猪送苹果"持物行走练习超出了欢欢的行走水平。

（二）调整教育活动

13～18个月幼儿个体差异表现突出，但发展的主动性和积极性较1岁前明显增强，表现在对早期教育活动的适宜性要求更高。若活动方案不适合他们的发展，他们会自行选择喜欢的活动。若活动环境不适合他们，他们就会表现出抗拒，使教育活动难以维持。因此，结合幼儿活动参与情况的观察分析适时调整教育活动非常重要。

针对整体观察分析的信息，教师可以对教育活动目标、方案规划以及教育环境做出调整，引导幼儿产生教育期望的行为。例如，13～18个月幼儿语言发展的普遍水平应是进入单词句阶段，但教师通过观察发现班里有三分之二的幼儿都不怎么开口讲话，此时就需要调整语言教育活动的目标，以更贴合幼儿实际的语言发展水平。又如，教师在区域观察后发现了许多问题：感统运动区幼儿间总是发生肢体碰撞；角色游戏区的材料幼儿很快就不感兴趣了；去早期阅读区玩的幼儿很少；科学探究区材料凌乱，幼儿玩的时候总是浅尝辄止……通过观察分析，教师认为是区域创设和材料投放上存在问题：感统运动区材料布置不合理，空间狭小；角色游戏区材料过于单一；早期阅读区绘本难度偏高，趣味性差，教师也较少带领幼儿一起阅读；科学探究区材料全部都放在开敞的架子上，幼儿容易被新材料吸引，不能专注地探究；等等。针对这些问题，教师调整了环境材料，以科学探究区为例：教师将所有科探材料按教育活动主题进行了分类，依据主题的进行逐一投放。当然，教师还进行日常观察，系统了解班级幼儿对科探类材料的兴趣点，及时补充更新科探材料。同时，还教给幼儿一些简单的材料整理规则，让他们养成良好的材料使用与收纳习惯。通过调整，科学探究区的混乱现象明显好转，科探材料的利用价值得以提升。

对于个体幼儿的观察分析，教师可以将分析信息用于个性化教育支持或活动方案调整。例如，在前文欢欢的案例中，教师通过观察分析了解了欢欢现有的行走水平，也清楚了原教育活动的不适宜之处，就可以调整活动了：教师可以在环境中增加一些行走辅助物（如学步廊、低矮的家具），在个别活动中多鼓励欢欢借助这些辅助物开展行走练习游戏，在家庭生活中也要创设适合欢欢能力的练习环境，支持她行走能力发展。

当然，人类动作发展受内外双重因素的影响，个体发展的内在规律性也必须尊重、顺应。教师不可用统一的标准去要求所有幼儿，而是应该在各类活动中尽可能照顾到每个幼儿的发展需求，为每个幼儿都提供适宜的教育支持。欢欢很有可能落后于班级中其他幼儿的行走能力，在小组或集体教育活动中，教师应该创设有差异、有发展层次的活动内容和环境，支持欢欢的发展。例如，同样是"给小猪送苹果"游戏，幼儿可以手拿苹果慢慢走过去送，也可以把苹果背在身上爬过去送，还可以从小桥（学步廊）上走过去送，又或者把苹果放在推车上推过去送……总之，送苹果的方法有许多种，适合幼儿的能力最重要，只有每个幼儿都能从活动中获得发展，活动才是有效的。

六、13 ～ 18个月幼儿的家庭教育指导

（一）健康

家庭生活是培养13 ～ 18个月幼儿健康生活习惯和自我服务能力的重要途径，教师应提醒家长重视在各类生活环节中提升幼儿的健康生活能力培养。

首先，培养幼儿的健康饮食观与进餐习惯。例如，家长应教幼儿认识并习惯吃健康食品，尽量少吃或不吃垃圾食品；进餐时坐在儿童餐椅上专心吃饭，细嚼慢咽，不做游戏、不玩食物；安静进食；学习自己用勺子、小碗等餐具进食。这些教育细节比较琐碎，也是常见的生活内容，许多家长会觉得不需要教幼儿，幼儿自己会学会，实则不然。就拿细嚼慢咽来说，就需要家长引导并提醒幼儿注意。1岁以前，婴儿吃的食物以流质为主，不需要咀嚼。1岁以后，他们吃的食物开始由软变硬、由稀变稠，必须嚼烂才好消化。所以，在添加需要咀嚼的食物时，家长要注意教幼儿认真咀嚼食物。家长可以借助儿歌激发幼儿兴趣，同时，亲自示范和做好榜样也很重要。

其次，培养幼儿的生活自我服务能力。具体包括家长给幼儿机会开关门、帮忙擦桌子、拿放自己的衣物、穿戴简单的衣物（如帽子）等。在盥洗能力培养上，家长要帮助幼儿学习自己用毛巾擦脸、饭后漱口、喜欢刷牙。另外，可以指导幼儿使用儿童坐便器，阅读相关绘本，自主表达排便信号，等等。部分家长会认为，该月龄段的幼儿还小，教起来费时费力，加之幼儿会把家里弄得乱七八糟，所以就不愿意教而是选择包办代替。教师应向家长强调生活自我服务教育内容的重要性：它们不仅能发展幼儿的能力，提升幼儿的自信心，也是其今后入托适应的重要保障。例如，在入托适应上，那些自我服务能力强的幼儿比自我服务能力弱的幼儿适应性更强。

（二）动作

家庭生活中有许多机会锻炼13 ～ 18个月幼儿的精细动作和粗大动作，教师应帮助家长学会利用现有生活材料，为幼儿创设丰富的动作发展活动。例如，带幼儿户外活动时，家长可以有意识地引导幼儿在不同的路面（草地、沙地、马路、坡道）上练习行走（推婴儿推车走、追皮球等）。家长也可以与幼儿开展一些趣味性较强的亲子运动，如"谁爬得快""抛接球""手搭桥钻洞""踮脚学走路"等。生活中的许多材料都可以用来练习幼儿的精细动作。例如，剥蚕豆的时候，可以请幼儿一起剥（参见活动案例"一起剥豆豆"）；和面团的时候，可以请幼儿一起和，也可以给幼儿一个面团让他们自己探索；收集牛奶盒用来搭高；学一些简单的手指操和幼儿一起做；等等。

应注意的是，教师需提醒家长，婴幼儿动作发展需要充分的时间练习，不能操之过急，过度训练。另外，应注意幼儿运动过程中的安全，提前做好防护措施。例如，给幼儿玩的物品不能太小，防止其放入口中发生窒息；幼儿自己会走后，许多东西都要摸，所以那些容易造成伤害的物品要收起来（如尖锐物品）；幼儿在学习行走期间很容易摔倒受伤，所以在初期可以尽量选择一些安全的路面，如草地、塑胶地面；在家里可以重新布置一下家具，让幼儿有更多可以扶走的软家具，坚硬尖锐的物品要收纳起来，避免幼儿磕碰。当然，幼儿的运动风险不可能百分百避免，有时也能从中学会自我保护。比如，摔跤的时候能够屈膝、用手撑地等。所以，教师要提醒家长不要过度焦虑运动风险，但一定要做好安全防护。

活动案例

一起剥豆豆（13～18个月）

【活动目的】

锻炼双手协作及手部肌肉力量。

【活动准备】

新鲜的蚕豆、小碗。

【活动过程】

1. 家长把材料放在桌子上，邀请幼儿一起剥蚕豆，观察幼儿对蚕豆是否感兴趣。如果幼儿感兴趣，可以让其看看、摸摸、闻闻蚕豆，鼓励其说一说"蚕豆""剥"等词。

2. 家长一边剥蚕豆，一边跟幼儿说："蚕豆弯弯腰，张开大嘴巴，宝宝出来了。"请幼儿把蚕豆取出来，放在小碗中。

3. 鼓励幼儿尝试剥蚕豆，观察幼儿是怎么剥蚕豆的，是否遇到了困难需要帮忙。允许幼儿自己探索，采用不同的方式剥，必要时提供帮助。

4. 剥完蚕豆后，请幼儿一起收拾整理桌面、扔垃圾。

（三）语言

在家庭生活中，13～18个月幼儿可以获得大量的语言刺激及语言互动的机会，教师应提醒家长关注该月龄段幼儿语言发展的重点，充分利用亲子互动交流中蕴含的教育契机。例如，在幼儿刚开始学说话阶段，家长应注意正确的语言示范，具体而言，就是要正确示范发音、规范用词，注重人类语言沟通的规则。语言学习与其他领域的学习有很大不同，它是内隐的，婴幼儿看不到完整的发音器官协作，只能看到口唇动作，所以会觉得学说话比较难，容易出现开口晚的情况。家长在示范发音、词汇时，应适当放慢语速，夸大口型，在必要的时候还可以请幼儿观察一下某些难说词汇的口腔内部动作，这样更容易正确发音。家长也应该注意引导幼儿关注亲子互动过程中的交流规则，如你一句、我一句，要听别人说完再说话，要认真倾听，说话不要着急，等等。这样，幼儿更容易接纳用语言的方式来沟通，而不是过度依赖身体动作或面部表情，这有助于其在第一逆反期与家长理智沟通。因为语言能力发展强的幼儿在逆反期能更准确、清晰地表达自己的想法，而不是一味地无理取闹。

除了日常生活中的语言交流，绘本阅读对13～18个月幼儿的语言发展也非常重要。1岁后，幼儿可以开始正式早期阅读了，并逐渐喜欢读绘本，尤其是和家人一起读时会觉得非常温馨。所以，教师要向家长强调亲子阅读的重要性，不仅对幼儿语言、认知、情绪情感发展有所助益，也能促进亲子关系的融洽。家长切勿以工作忙为借口，不给幼儿讲故事。

教师应向家长推荐适合13～18个月幼儿阅读的绘本。当前市场上的绘本琳琅满目，但良莠不齐，若不具备专业知识很难挑选出优质绘本。有些家长甚至会将早期阅读等同于提前教育，选择的绘本都是纯说教类的知识绘本，幼儿很排斥，甚至从此不愿意再看其他绘本了。所以，教师的专业推荐很重要。依据13～18个月幼儿的心理发展特点和教育目标，家长可以选择一些趣味性强、情节简单、有互动性，与幼儿生活经验贴近的绘本，如《好饿的小蛇》《蹦》《哇》《洞》《谁的声音》《谁藏起来了》《点点点》《我爸爸》《我妈妈》等。这一时期的阅读应该先让幼儿体验到阅读的快乐，才能使其真正喜欢上阅读。

此外，教师应提醒家长注意，幼儿语言的发展受生物成熟影响明显，可能会出现较大的个体差异。家长不需要为此过于担忧，只要有适宜的语言发展环境，幼儿的语言发展水平是会逐步提高的，甚至会呈现出飞跃式发展。

（四）认知

教师需重视向家长传递科学的13～18个月幼儿认知发展理念及家庭教育方法，因为家长对该月龄段幼儿的认知教育存在许多"误解"。比如，许多家长在幼儿认知教育上会走两个极端：漠视不管或提前教育。漠视不管的家长认为，幼儿年龄还小，什么都不懂，长大了自然会学习各种知识、技能；提前教育的家长认为，该月龄段幼儿认知教育开展得越早，幼儿就越容易赢在起跑线上。又如，许多家长认为幼儿的认知教育需借助专门的认知发展商品材料才能开展，家庭中很难为幼儿创设相关教育环境。这些"误解"的根源在于家长并不真正了解"认知发展"的内涵，更不清楚幼儿认知发展在生活中是如何体现的。所以，教师应向家长解释13～18个月幼儿认知发展的要素及在家庭生活环节与材料中的体现，协助家长利用家庭环境支持幼儿的认知发展。

例如，尽可能让幼儿多摸摸、看看、玩玩生活中的安全材料，丰富其感知经验，发展感知能力；整理家务时邀请幼儿一起参与，可做分类游戏，为其以后整理自己的物品做铺垫；生活中体现因果关系的物品、行为事件要提醒幼儿注意，帮助其感知其中的因果关系（比如"宝宝玩食物""妈妈生气了"）；家长多给幼儿听儿歌、看绘本，让其回忆相关内容，也可以请幼儿说说最近发生的一些趣事，发展记忆力；家长还可利用或创设一些简单的问题情境，请幼儿参与解决。当然，也可以在生活中向幼儿介绍一些生活常识，如自然类常识（日月、四季、动植物等）、生活物品特点与使用方法等，只要幼儿愿意了解，家长都可以介绍。

在认知教育上，家长非常容易出现的问题是目标性过强，忽视幼儿的兴趣爱好及心理发展现状。幼儿的认知发展方式与节奏是先天因素和后天环境共同作用的结果，每个幼儿的发展都有其独特性，教师应引导家长认识到自己孩子的认知发展特点，并在家庭教育中尊重幼儿的个体差异。

案例分析

案例：嘟嘟妈妈给嘟嘟（18个月）买了一套七彩套圈玩具（图5-1-17），她从说明书上了解到这个玩具的玩法是：按照彩虹圈的大小，由下而上将圈穿过木芯套叠起来，形成一个彩虹圈。这个玩具的功能是发展幼儿的手眼协调能力，以及对大小的感知能力。于是嘟嘟妈妈把七彩圈给嘟嘟玩，结果嘟嘟的玩法和说明书上写的不一样：嘟嘟先把彩虹圈拿起来，左看右看，然后把它扔在地上，看它在地上滚起来，就特别开心，又继续扔彩虹圈，让它们都在地上"跑起来"。嘟嘟妈妈一看着急了，赶紧把彩虹圈收回来，然后给嘟嘟示范怎么把它们按照大小顺序一个一个套在木芯上。但嘟嘟对妈妈的示范并不理会，她又把彩虹圈一个一个拿下来，把它们扔到地上滚动。嘟嘟妈妈一下就生气了，责怪嘟嘟调皮、不听话，还威胁嘟嘟如果"瞎玩"就不给她玩了，嘟嘟也生气地坐在地上哭了。

图5-1-17　七彩套圈

分析：嘟嘟按照自己的方式探究玩具材料，与妈妈预设的玩法及玩具隐含的教育目标不符合，于是，妈妈就阻止了嘟嘟的认知学习。在这个案例中，妈妈的主要问题是过于注重教育目标的实现，而不尊重幼儿的学习方式与兴趣爱好，这样的教育将会对幼儿的发展产生负面影响。因此，教师应重点引导嘟嘟妈妈关注幼儿的认知发展与学习过程，从幼儿自发的探究中看到她的主动学习与成长，以"儿童为本"进行早期教育，尊重幼儿，相信幼儿。

（五）社会交往

在家庭教育环境中，13～18个月幼儿社会交往发展的重点是优化亲子交往质量，加强亲子依恋；给幼儿提供更多同伴交往的机会。此外，家长还要多引导幼儿认识自己和他人的情绪，增加自我认知类活动。

在当今社会中，许多父母工作忙、压力大，这会影响到亲子依恋质量。作为教师，既要提醒父母重视早期亲子关系质量对幼儿一生发展的重要性，也要体谅家长（不可对家长进行道德绑架），在家长的精力范围内，帮助他们提升亲子交往质量。例如，让家长意识到成为敏感型家长对优化亲子关系质量至关重要，敏感型家长更了解幼儿，在陪伴幼儿的过程中，他们能很快捕捉到幼儿发出的各种交流信号，尊重幼儿的选择和行为方式，让幼儿体验到亲子互动的快乐。平时，家长可以多向幼儿表达爱，陪幼儿一起读绘本，与幼儿一起玩趣味性强的亲子游戏等，通过这些方式，可以在很大程度上提升亲子互动的质量。即使家长与幼儿相处的时间不是最多，也能与其形成安全的亲子依恋。

此外，家长还应该教幼儿一些同伴交往的策略，并引导其尝试更多的集体活动。教师要让家长认识到，父母与孩子的相处是一种垂直关系，即父母在亲子交往中更主动一些，更具有引导性，也会对孩子有更多忍让。而同伴交往是一种平行关系，它要求交往双方基于完全的平等关系共事。所以，亲子交往与同伴交往从本质上是有差异的。而幼儿早期同伴交往能力的发展，主要来自家长有意无意的示范和引导，若家长能意识到这些，在生活中能有意识地教幼儿一些同伴交往的方法，或偶尔以同伴的方式与幼儿交往，对提升幼儿的同伴交往能力会大有帮助。例如，家长可以跟幼儿一起读一些有关同伴交往的绘本；多带幼儿参与集体活动，在幼儿与同伴互动的时候，注意观察其交往行为，帮助其形成正确的交往方式。在家庭中也不要一味忍让幼儿，可以平等地照顾每个人的需求，让幼儿体验到平等的相处。比如，吃饭的时候不要把幼儿喜欢吃的留给他（她）一个人吃，让其知道每个人都有享受美食的均等机会。同时，教师还应提醒家长，该月龄段的幼儿仍以亲子依恋为核心，他们才刚刚开始关注同伴。所以，在同伴交往上，家长应创设更多机会让幼儿适应与同伴交往，慢慢体会同伴交往的乐趣。有些家长很重视幼儿的社会交往能力，认为社会交往对未来的事业成功很重要，所以总是急于教幼儿很多与同伴相处的策略，如果看到幼儿没有做好准备（排斥同伴、害怕陌生同伴）就会生气又着急。针对这类家长，教师要引导他们认识到幼儿的社会交往能力发展具有较大的个体差异，既要引导幼儿，更要尊重他们的社会交往发展水平。

任务二 19～24个月幼儿早期教育活动设计与组织

案例导入

张老师发现，班里的幼儿进入19个月以后都很有自己的想法，不喜欢听从教师的指令。他们总是各自忙活，该洗手的时候不配合，该午休的时候爱"捣乱"——不准说话偏要说话，不准动偏要动来动去。幼儿的这一"逆反现象"在家庭中也表现得很突出。许多家长反映，孩子最近越来越不听话，总是跟自己对着干，令人头疼。如果你是张老师，你会如何看待幼儿的这些逆反行为？如何科学引导他们主动参与早期教育活动？如何指导家长正确认识和应对幼儿的"不合作"呢？

任务要求

1. 理解19～24个月幼儿身心发展特点及其在早期教育活动设计中的作用。
2. 理解并掌握19～24个月幼儿早期教育活动的设计思路与组织流程。
3. 领悟顺应婴幼儿身心发展特点在早期教育活动设计中的重要性。

一、制订19～24个月幼儿早期教育活动目标

（一）19～24个月幼儿的身心发展特点

进入19个月以后，幼儿在生活、游戏、社会交往中表现得越来越"主动"。这种"主动"，首先是由于幼儿动作水平的显著提升。19～24个月的幼儿独立行走越来越稳健、复杂，他们可以逐步熟练地前进、倒退、走直线或曲线、跨越障碍物，还可以独自原地跳起、跑步、踢球，以及四肢协调地攀爬。精细动作的提升主要表现在单个手指的灵活性、力度和双手协调能力。例如，他们可以用勺子比较熟练地吃不同质地的饭菜、开合拉链、脱掉袜子、逐页翻书、穿大珠子、拼几块拼图。动作能力的提升让19～24个月的幼儿在活动中有更多的主动权。

其次，19～24个月幼儿的探索能力和求知欲很强，他们与世界的互动更主动。他们可以按照基本形状、大小、声音等对物品进行简单分类；模仿能力强，开始出现延迟模仿；对数字敏感，喜欢唱数；有意注意可以维持5～7分钟。该阶段的典型特点是发展了"表征"能力，这是思维内化的表现。有了表征，他们就可以进行初步的判断和推理，在面对问题时可以先思考再行动，因此，出现"顿悟"式解决问题的现象。此外，他们的想象游戏开始出现。这一切都让19～24个月的幼儿主动认识世界的能力明显增强。

再次，19～24个月幼儿的语言发展迅速，他们在语言沟通中逐步获取了主动权。由于模仿能力增强，这个时期的幼儿词汇量激增，每天都在"喋喋不休"地学说话。他们能使用许多日常生活中常用的名词、动词、形容词、代词，能用两个词（双词句）或简单的完整句比较准确地表达自己的想法。所以，在与他人的对话中他们会主动发话、回答问题、表达意愿。

最后，这种"主动"还表现在幼儿对情绪的理解、表达、调控以及社会交往中。19～24个月的幼儿开始发展更综合的情绪（如嫉妒、羞愧），他们对他人的情绪理解快速发展，也能够更快地在成人的安抚下调控自己的情绪，这些都有助于幼儿的社会交往发展。例如，在亲子交往中，幼儿可以更细致地传达自己的情绪，理解家长的情绪情感状态，有利于巩固、加深亲子感情；在同伴交往中，幼儿情绪能力的发展也让他们更能体会到同伴的感受和处境，有利于同伴冲突的化解。这种更"主动"的社会交往有利于幼儿自我意识的发展，他们能从中认识到更多面的自己，也因此让他们进入了"第一逆反期"：所有的事情都想按照自己的意愿去尝试、去做。

（二）19～24个月幼儿的早期教育活动目标

1. 健康

营养与喂养：掌握正确的进餐顺序，较熟练地自主进餐；掌握一些餐桌礼仪（如口中有饭时不讲话、减少餐具撞击声、用餐过程中不下餐桌等）。

睡眠：能独自入睡。

生活与卫生习惯：能控制大小便；会自己洗手、洗脸、脱去帽子和鞋袜等小件衣物。

2. 动作

粗大动作：能倒退走、走直线（或曲线）、跨越障碍物；跑步；原地跳；并步上下台阶；攀爬一定的高度。

精细动作：能双手协调完成较复杂的动作，如画直线、开合衣服拉链、穿珠子、拼拼图、逐页翻书、脱鞋子等。

3. 语言

听：能有意识倾听，能将他人的处境、表情符号、语调等沟通信号综合起来理解对话内容。

说：能模仿更多的词汇发音；能用双词句主动表达自己的想法和愿望；能自觉遵守基本的讲话规则。

早期阅读：能自行阅读喜欢的绘本故事，逐页翻书，知道爱护图书。

早期书写：知道绘本中有故事；尝试用涂鸦表达一个自己熟悉的生活事件。

4. 认知

感知能力：视敏度提高，认识基本颜色；能分辨不同的音乐风格；能识别基本形状。

分类能力：能依据客体的形状、大小、颜色、声音进行分类。

模仿能力：能延迟模仿。

早期数感知：能感知到序数，能感知3以内数量的加减。

注意力：能有意注意5～7分钟。

问题解决能力：能运用已有经验表征与解决问题，能尝试创造性地解决问题。

想象能力：能开展简单的想象游戏。

5. 社会交往

与成人交往：亲子依恋关系稳固，能很快接受成人离开；对陌生人不再过于恐惧，能表现出友好举动。

与同伴交往：能与同伴开展友好的平行游戏，游戏中有亲社会行为；能遵守简单的游戏规则。

情绪情感：能表达更复杂的情绪；能理解身边熟悉的人的常见情绪；能在成人的帮助下比较快地平复情绪。

自我意识：能认识到"我"的需求、能力，自我意识萌芽。

二、组织19～24个月幼儿早期教育活动内容

（一）19～24个月幼儿早期教育活动内容

1. 动作技能类

（1）粗大动作

①行走：直线或曲线走、跨越障碍走、倒退走、快走。

②跑：跑一小段距离。

③跳：原地跳。

④投掷：过肩投掷。

⑤攀爬：攀爬较陡的地方，并步上下台阶。

（2）精细动作

①单手：两指或三指捏取小颗粒物品、画直线、抠小物体。

②双手：双手配合吃饭、剥豆子、脱衣物、开合拉链、拼图、倒水。

2. 认知类

（1）言语知识类

① 说出生活物品与动物的名称、有关事物特征和属性的词汇、抽象类词汇。

② 整体性理解语境。

③ 唱诵儿歌、故事。

④ 理解与掌握生活、游戏中简单的规则。

（2）智力技能类

① 观察：细微的差异。

② 分类：功能、特征、属性分类。

③ 记忆：规则、事件及细节、故事情节、延迟模仿。

④ 推理：在简单问题情境中依据已有经验推理可能的解决方法。

⑤ 想象：假想游戏行为。

（3）认知策略类

① 有意注意：有意调整自己的注意力，关注需要关注的事物5～7分钟。

② 规则遵守：生活规则、游戏规则。

③ 问题解决：利用已有经验模仿或创造性解决问题。

3. 情感态度类

（1）情绪情感类

① 辨别自己和他人较复杂的情绪。

② 整体移情。

③ 借助外在帮助尝试控制情绪。

（2）态度类

① 好奇：对未知事物、生物、反常规现象有强烈的好奇心。

② 自豪：对自己的独立表现满意、自豪。

③ 耐心：多次尝试失败的操作。

④ 勇气：面对挫折、恐惧时能在鼓舞下勇敢应对。

⑤ 友善：对陌生人友好，对生命体的受伤、哀求有怜悯之心。

（二）19～24个月幼儿早期教育活动内容的组织

1. 以幼儿身心发展领域为主线组织活动内容

教师在以身心发展领域为主线组织19～24个月幼儿的早期教育活动内容时，仍要非常重视领域间的自然整合，在幼儿的一日生活、游戏、学习活动中自然渗透各类教育内容，重视幼儿在活动中生成的教育内容。此外，19～24个月幼儿的自我意识开始发展，他们在活动中有越来越多的想法，在确保幼儿安全的前提下，要尊重幼儿的兴趣爱好和发展需求，实现教育目标。在组织活动内容时，可以借助各类自主游戏活动（区域活动、户外游戏等）给幼儿充分的活动自主性。同时，在教育活动中，将幼儿的生活、游戏经验和教育内容自然整合，引导幼儿达成教育目标。

例如，教师组织的偏认知领域活动"瓶盖宝宝找朋友"，主要目标是引导幼儿依据"大小"对瓶盖进行分类，发展幼儿的分类能力。教师应事先将材料投放在区角供幼儿自主探究，然后在集体教育活动中，自然整合幼儿语言、社会交往、动作发展的教育内容。比如，请幼儿说一说瓶盖的形状、大小、用途；让每个幼儿选择不同的瓶盖，然后给瓶盖"找朋友"；也可以让幼儿自发探索瓶盖的玩法等。这些内容在活动的实施过程中很有可能会发生变化，但只要符合幼儿身心发展的规律与特点，与教育目标方向一致就可以。比如，有的幼儿将所有瓶盖进行了大小排序，或者按照瓶盖的其他属性（颜色）进行分类，教师都可以在活动中将这些玩法与幼儿分享。

　　2. 以整合性主题为主线组织活动内容

　　19～24个月幼儿的整合性主题活动要注意给幼儿的生成活动预留空间，并在日常活动中有机渗透教育内容。例如，结合19～24个月幼儿的教育目标，可以设计一个"有趣的声音"主题活动（表5-2-1）。教师可以在"声音从哪里来""我身边的声音""小动物的叫声""创造有趣的声音"四个子主题中引导幼儿关注生活中的各类声音，发展好奇心、专注的观察力，积累相关的知识经验，并在模仿探究中发展动作、语言和社会交往能力。例如，在"我身边的声音"子主题中，将健康领域的"安静进餐"、运动领域的"原地跳"、认知领域的"辨别分类"、语言领域的"日常生活用词"和社会交往领域的"整体移情"等教育内容有机整合于其中，支持幼儿在探究各类声音的活动中达成整体性发展目标。

表5-2-1　"有趣的声音"主题教育活动

子主题	活动内容
1. 声音从哪里来	（1）说话轻轻 （2）蹦蹦跳跳的小兔 （3）会唱歌的钢琴 （4）我听到了什么声音 （5）我和朋友拍拍手
2. 我身边的声音	（1）我会安静地吃饭 （2）跳舞的小豆豆 （3）好听和不好听的声音 （4）《耳朵书》 （5）嘟嘟怎么不开心了
3. 小动物的声音	（1）保护小耳朵 （2）快乐的小马 （3）猜猜谁来了 （4）我学小动物说话 （5）好朋友说悄悄话
4. 创造有趣的声音	（1）我喜欢的声音 （2）有趣的乐器家族 （3）小嘴巴的神奇之音 （4）鼠小弟和音乐会 （5）一起来开音乐会

三、创设19～24个月幼儿早期教育活动区域

　　结合19～24个月幼儿教育活动目标，教师可在室内外创设以下活动区域。

（一）感统运动区

　　19～24个月幼儿粗大动作的发展包括跳跃、投掷、攀爬以及体现身体平衡能力、控制能力与肌肉力量的技巧性动作，在感统运动区教师可以投放以下三类材料。

　　1. 跳跃练习类材料

　　投放能引导幼儿练习起跳、落地保持平衡以及发起内在冲力使双脚腾空的材料，如平衡木、平衡步道触觉板、蹦蹦床等，便于幼儿开展专门的平衡、双脚腾空练习。跳跃练习可循序渐进，一开始先从矮台阶往下跳，或请成人协助跳，再慢慢过渡到踮起脚尖，离地跳跃。

图5-2-1 攀爬架

2. 投掷练习类材料

投掷可锻炼手部力量和手眼协调能力，提高注意力和专注力，如掷沙包、投篮等。

3. 攀爬练习类材料

19～24个月幼儿喜欢爬上爬下，教师应多让幼儿进行攀爬动作练习，发展幼儿的身体力量、平衡性及协调性。教师可提供高低不同的凳子、椅子、桌子、沙发、攀爬架（图5-2-1）等材料。

（二）角色游戏区

本区域主要发展19～24个月幼儿的模仿表征能力，教师可以投放以下三类活动材料。

1. 超市购物材料

包括各种食品和日用品的包装盒、货架、玩具食物及超市收银机（图5-2-2）等。

2. 娃娃家

包括婴儿用品柜、生活用品柜、玩具家电、娃娃、动物公仔、婴儿车、婴儿用品（如奶瓶、尿布、衣服、围兜等）、扫帚与垃圾铲等（图5-2-3、图5-2-4）。

图5-2-2 超市收银机

图5-2-3 娃娃家

图5-2-4 "过家家"清洁套装

3. 餐厅材料

包括锅、碗、厨师帽、围裙、杯子、吸管、桌布、菜单、笔、抹布及各种食品等。

（三）操作建构区

本区域主要进一步发展19～24个月幼儿手部精细动作，教师可以投放以下两类材料。

1. 操作类

在上一月龄段游戏的基础上，教师可以提供更复杂、多样的材料，或者对同样材料的玩法提出更高的要求。如，拼4～6块拼版（图5-2-5），搭五六块积木，把更小一点的珠子穿起来（图5-2-6），用手指捡豆子，使用大蜡笔、油画棒、水粉颜料等多样的涂鸦工具与材料，尝试画有规则的线条、图形等。

图5-2-5　立体拼图

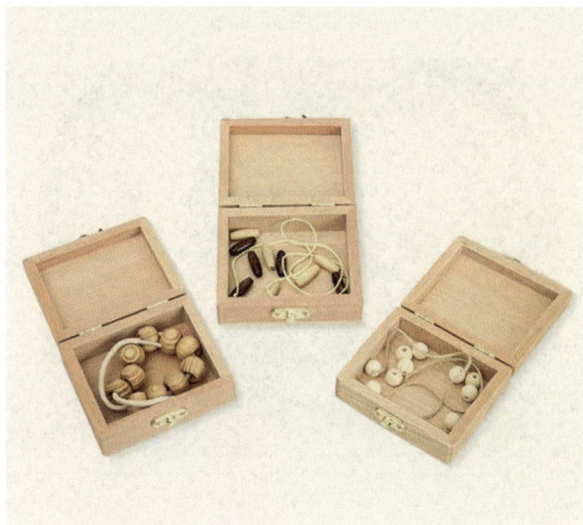

图5-2-6　穿珠材料

2. 建构类

教师除了提供各种类型的积木，如木质积木、纸盒积木、雪花片、磁力片等（图5-2-7），还可以根据幼儿的兴趣和需求投放配件。

有条件的还可以提供沙水材料（图5-2-8），如水桶、水壶、过滤器、漏斗、大小不同的铲子和勺子、各种废旧饮料罐和瓶子，以及石头、贝壳、小树枝、泡沫等。

图5-2-7　积木

图5-2-8　玩沙材料

（四）科学探究区

本区域的目标在于发展19～24个月幼儿的观察、分类、科学认知和探究能力，教师可以投放以下四类材料。

1. 自然生活类材料

如水、大小不同的杯子、瓶子、各种贝壳（图5-2-9）、石头、花草与植物种子等。

2. 数学认知类

如磨砂数字板、几何卡片、数学图书等。

3. 拼图类

如由4～6块拼块组成的交通工具、动物、场景拼图（图5-2-10）。

图5-2-9　贝壳

图5-2-10　拼图

4. 配对、分类游戏材料

如功能配对（图5-2-11）、颜色配对（图5-2-12）、大小配对等材料。

图5-2-11　功能配对

图5-2-12　颜色配对

（五）艺术游戏区

本区域主要在于丰富19～24个月幼儿在艺术方面的感知体验，教师可以投放以下三类材料。

1. 乐器声响类

如铃鼓、响板、节奏棒等乐器（图5-2-13）。

2. 美术探究类

如花朵印章、滚筒、卡纸、剪刀、围裙、印泥、水彩笔、油画棒、水彩颜料、颜料盘、海绵涂鸦印章（图5-2-14）等。

3. 舞蹈表演类

如项链、手镯、镜子、纱裙、小舞台、播放器等。

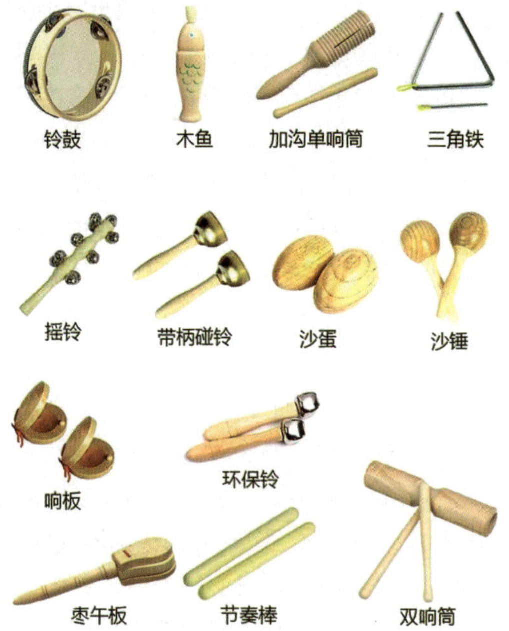

图 5-2-13　奥尔夫乐器

图 5-2-14　海绵印章

（六）早期阅读区

1. 绘本及配套道具

随着活动范围、认知能力和社会交往能力的发展，19～24个月的幼儿对绘本的需求及喜好都更多样化，教师应提供更多类型的绘本，如可以投放以下阅读材料：

认知类绘本：《柠檬不是红色的》《移动的积木》《农场》《小树林边的伙伴们》等；

社会环境类绘本：《谁的家到了》《消防车快快》等；

自然环境类绘本：《云娃娃》《向日葵》等；

亲情友爱类绘本：《小铃铛，你藏在哪里》《爸爸和我》等；

生活经验类绘本：《米米说不》《小狗帕比》《先有蛋》《阿福去散步》等。

还可提供与故事相关的指偶、木偶、面具、道具、衣服等，增强幼儿参与活动的兴趣，促进语言能力的发展。

2. 家具类

书柜、图书篮、沙发、坐垫、抱枕等。

四、实施19～24个月幼儿早期教育活动

（一）集体活动

对于19～24个月幼儿的集体活动，教师要注意五个要点。一是严格控制活动数量。19～24个月幼儿的规则意识不强，而逆反意识较强，容易在集体活动中分神，不听从教师的指令，而且个体差异性较大，因此不宜过多地组织集体活动。二是重视幼儿的过程体验。集体活动一般都有教师预设的活动目标，但教师不能过于追求活动目标的达成，而应重点关注幼儿在活动过程中的参与和体验。三是把控活动时间。一方面，幼儿上午的精力更为旺盛，注意力更易集中，因此集体活动一般安排在上午比较适宜；另一方面，幼儿的有意注意时长为5～7分钟，难以长时间集中注意力，所以集体活动的时长要适当，过长会造成幼儿倦怠，也难以保障活动效果。四是动静结合，有趣味性。19～24个月的幼儿依然活泼好动，喜欢操作探究。教师在选择活动内容和活动形式时要注意动静结合，激发幼儿

参与活动的兴趣。比如，教师可以设计集体活动"学动物走路"，让幼儿了解小乌龟、小兔子、小花猫走路的特点后，模拟小乌龟手膝爬、小花猫快步轻走、小兔子双脚蹦蹦跳等。在动静结合的活动中锻炼爬、走、跳等大动作，体会与同伴一起嬉戏的快乐。又如，教师可以设计集体活动"我听到了什么声音"来丰富幼儿的听觉经验，提高幼儿的听辨能力。活动中让幼儿听听豆子的"沙沙"声、小鼓的"咚咚"声、流水的"哗哗"声、小鸭的"嘎嘎"声，甚至放屁的"噗噗"声等，激发幼儿参与活动的热情。五是活动场地可拓展到园外。19～24个月幼儿的行动能力增强，活动范围也更广，在保障安全的前提下，教师可以开展一些户外集体活动，如组织幼儿参观附近的公园、植物园，开展春游、秋游活动等。

（二）小组活动

19～24个月幼儿与同伴交往的欲望增强，但社交能力又较弱，因此适宜开展人数不多的小组活动。小组活动有两种类型，一种是幼儿发起的小组活动，一种是教师发起的小组活动。幼儿发起的小组活动是小组幼儿基于共同的兴趣开展的活动，应是小组活动的主要类型。在幼儿发起的小组活动中，教师的角色参与不可缺少，能发挥引领和促进作用。例如，两三个幼儿在艺术游戏区弹琴、敲鼓，他们对自己敲打乐器制造出声音感到非常兴奋，也在有意地听同伴发出的声音，并尝试响应配合。教师可以挑选恰当的时机参与推进活动，引领幼儿合作弹奏，体验艺术游戏的乐趣。教师发起的小组活动则是教师基于教育目标和对幼儿的观察而设计的小组活动。在设计小组活动时，教师要注意尊重幼儿的兴趣爱好，让幼儿自主选择是否参与小组活动。例如，元宵节就要到了，教师设计了两个小组活动——"做汤圆"和"贴灯笼"，让班级幼儿自选一个活动，通过做汤圆或贴灯笼感受传统节日风俗，锻炼精细动作。

（三）个别活动

19～24个月的幼儿仍以平行游戏为主，喜欢进行个别活动。教师要注意观察幼儿的个别活动，并及时给予恰当的指导和帮助。

例如，月月（22个月）很喜欢去艺术游戏区玩涂鸦。刚开始，月月会拿着油画棒或水彩笔在白纸上点画，或者随意画线条。最近她却不太敢画了，拿着笔有些犹豫不决，还经常拉教师过来帮忙："老师，你画吧！"当教师问她为什么不自己画时，月月说："月月画不好。"教师坐在月月身边，看了看月月的涂鸦，认真地说："老师觉得你画得很棒呀！画没有好坏之分，你想怎么画就怎么画。"月月似懂非懂地拿起笔画了几下，又看向教师。教师及时给予了赞赏和鼓励。月月又继续画起来。为什么之前自信满满的月月会开始担心画不好呢？在月月心里，画得好的标准是什么呢？为了找到答案，这天离园时间，教师特地找月月妈妈沟通，发现月月在家也常拉着妈妈帮忙画。深入交流后，教师又发现月月妈妈在家会有意无意地跟月月强调画得像不像的问题。渐渐地，月月就觉得自己"画不好"，不敢自己画了。教师建议月月妈妈减少干预，不设置绘画标准，坚持鼓励月月自由涂鸦、自由表达，帮助月月重新找回信心。

五、调整19～24个月幼儿早期教育活动

（一）实施观察分析

观察与分析幼儿行为是教师了解早期教育活动设计适宜性的重要途径，也是教师调整活动方案的重要依据。19～24个月幼儿的重点观察内容可参见表5-2-2。

19～24个月的幼儿在动作、语言、认知等方面的发展已经有了很大进步，但个体差异性仍比较大。因此，在活动过程中，教师既要关注全体幼儿也要注意观察个别幼儿，了解班级幼儿的一般发展情况和幼儿个体发展情况。教师可以根据观察目标编制观察表格进行观察（表5-2-3）。

表5-2-2　19～24个月幼儿重点观察内容

观察领域	观察重点内容举例
健　康	1. 物品收纳整理 2. 独立自主进餐
动　作	1. 平衡练习：向后倒退走、曲线走、跨越障碍走 2. 球的练习：扔球、踢球 3. 手眼协调练习：穿珠子、套杯子、画线
语　言	1. 能注意倾听并理解对话内容 2. 能用双词句表达自己的需求
认　知	1. 能根据物体的外部典型特征进行分类 2. 能维持5～7分钟的有意注意时间
社会交往	1. 和同伴玩能遵守游戏规则 2. 能表达更复杂的情绪

表5-2-3　角色游戏区幼儿参与情况观察表

观察目的	观察日期	参与幼儿	参　与　情　况
了解角色游戏区幼儿参与活动情况	3月7日（周一）	诺诺、彤彤、婷婷、承承	1. 诺诺：诺诺选择了一辆购物车，推着购物车在超市购买饼干、薯片、鱼等。看到彤彤在娃娃家给娃娃喂奶，她立马放下购物车，走到娃娃家把彤彤手上的奶瓶抢过来，自己给娃娃喂奶，并说："诺诺的，诺诺的。"喂了几口后，她又回去推着购物车继续选购零食。过了一会儿，她看到婷婷在厨房蒸包子，立马又把婷婷的高压锅抢了过来，说要给妈妈煮面条。 2. 承承……
	3月8日（周二）		
	3月9日（周三）		
	3月10日（周四）		
	3月11日（周五）		

　　通过表5-2-3的案例可以看出，教师在同一时间段观察的对象比较多，观察的内容也比较复杂，但若要了解具体幼儿的情况，还需要对单个幼儿进行持续深入的观察。通过详细观察每一名幼儿在活动中的学习与发展状态，有助于更科学地评估活动目标与活动过程的适宜性。

　　例如，在跳跃练习教育活动中，教师创设了一个"小兔跳跳"的游戏情境，引导幼儿观察和讨论小兔是怎样往上跳、往前跳，并鼓励幼儿模仿小兔的动作，尝试双脚离开地面，往上跳、往前跳或者原地跳。但是，教师发现乐乐（21个月）总是膝盖弯曲后就又站起来，或者膝盖弯曲后就直接往前跑几步，然后站在原地不动。活动结束后，执教者向主班教师反馈了乐乐的游戏情况。经过讨论，教师们决定给乐乐创设多样化的游戏情境，如"青蛙蹦蹦跳跳""袋鼠跳跳"等来进一步促进乐乐的跳跃能力。通过多次观察以及与家长交流，教师发现乐乐的跳跃能力尚处在最初发展阶段，她虽然想模仿小兔跳、青蛙跳、袋鼠跳，但跳不起来。主要原因是她缺乏身体锻炼，平时外出时家长抱的时间多，身体较高、较胖，身体的平衡性以及协调性较差。因此，教师创设的"小兔跳跳"跳跃练习已经超出了乐乐的跳跃能力水平，并不适合乐乐。

（二）调整教育活动

1. 调整集体与小组活动

根据观察分析结果，教师可以对活动目标、活动准备、活动过程等做出调整。例如，19～24个月的幼儿并不能真正理解何谓"利他"行为，但可以在成人的引导下做出友善的、利于和谐共处的行为，如试着安慰别人，与他人分享食物、玩具，甚至是暂时退让。但教师通过观察发现，班上16名幼儿中有10～12名经常出现抢玩具行为，特别是男孩子出现攻击性行为的频率较高。根据这一情况，教师就需要调整社会教育活动，创造或捕捉恰当的时机，鼓励并肯定幼儿的利他行为。如，在角色游戏中引导幼儿开展合作假想游戏，特别是当同伴交往发生冲突时，教师应该抓住教育契机，引导幼儿换位思考。教师还应该借助生活环节鼓励幼儿做出利他行为，如鼓励幼儿与好朋友分享好吃的食物，安慰生病的朋友等。又如，教师通过观察角色游戏区、感统运动区、早期阅读区、艺术游戏区等区域后发现了许多问题：感统运动区大部分是男孩子参与，在区域活动时经常发生碰撞及攻击性行为；早期阅读区鲜少有幼儿主动选择，区域价值未得到发挥……经过观察分析，出现这些问题的原因在于空间狭小、布局不合理、材料数量不够、材料不符合幼儿的年龄特点（如早期阅读区投放的绘本难度过大，难以激发幼儿的阅读兴趣）。针对以上问题，教师遵循"动静隔离"的原则对区域做了调整，并进一步调整材料投放。以早期阅读区为例，教师将绘本进行了分类，选择了适合19～24个月幼儿阅读的绘本，并允许幼儿自带一本喜欢的绘本投放到阅读区，如诺诺（21个月）最喜欢"小猪佩奇"绘本，童童（24个月）最喜欢"小熊宝宝"系列绘本。通过调整区域设置以及材料投放，早期阅读区成了受班级幼儿欢迎的区域，教育价值也得到了充分发挥。

2. 调整个别活动

通过观察具体幼儿的行为，教师可以设计个性化教育活动或者调整活动方案。例如，在前文乐乐的案例中，教师通过观察分析了解了乐乐现有的跳跃水平，认识到预设的"小兔跳跳"教育活动不适合乐乐。因此，教师应该根据乐乐的最近发展区调整教育活动。跳跃的核心是起跳、落地的平衡以及发起内在冲力使双脚腾空，教师可以设计活动让乐乐在这两方面得到锻炼。如借助平衡木开展专门的平衡练习，循序渐进开展双脚腾空的练习（先从矮台阶往下跳，或由教师协助跳，慢慢过渡到踮起脚尖，最后是脚离地跳跃）。教师还可以指导乐乐的家长在家庭生活中开展相关活动。

六、19～24个月幼儿的家庭教育指导

（一）健康

家庭生活中，对19～24个月幼儿进行家庭教育指导的重点在于培养幼儿健康的生活习惯和提高其自理能力。

首先，家长要注重培养幼儿良好的饮食习惯。具体包括：饭前要洗手；吃饭不挑食；自己进食；就餐过程中要专心，不跑动、不玩游戏、不边看电视边吃饭。这一时期，幼儿基本能自己拿勺子吃饭、拿杯子喝水，但和之前相比，进餐速度和效率可能反而降低了。这时候，有些家长会因为幼儿把饭菜撒到地板上难收拾，或者担心吃饭慢导致饭菜凉了进而影响消化而选择包办代替，这种做法不利于幼儿自主进食习惯的养成和自主能力的发展。家长应为幼儿自主、专心进食提供条件，如营造安静的环境，给幼儿穿上罩衣或围上吃饭围兜，提供注水保温碗等（图5-2-15）。

图5-2-15　幼儿在自主进食

其次，家长要注意培养幼儿良好的睡眠习惯。充足的睡眠能促进幼儿的身体发育，提高自身免疫力，保持良好的精神状态。家长要基本固定幼儿的入睡和唤醒时间，帮助其逐渐建立规律的睡眠模式。睡前，家长可以开展舒缓的睡前活动，如阅读绘本、讲小故事、听轻音乐，让幼儿进入较安静的状态，顺利入睡。这一时期，家长还可以尝试放手，减少安抚行为，培养幼儿独自入睡的习惯。

再次，家长要注意培养幼儿良好的生活与卫生习惯，包括：勤洗手，爱洗澡，饭前便后洗手，早、晚刷牙，不随地大小便，等等。家长要鼓励幼儿及时表达大小便的需求，形成一定的排便规律。家长还要注意限制幼儿使用屏幕的时间。2019年，世界卫生组织发布的《关于5岁以下儿童的身体活动、久坐行为和睡眠的新指南》中建议5岁以下的幼儿每天看电子屏幕的时间不应超过一小时，少则更好。而现实生活中，幼儿接触电视、手机、平板电脑等电子设备的年龄越来越小，时间越来越长。但长时间接触屏幕会损害幼儿的视力，影响幼儿的身体健康，还会降低幼儿的社交能力。因此，家长必须注意幼儿的用眼卫生，严格控制使用屏幕时间，减少久坐不动时间，多带幼儿去户外活动。

最后，家长还要注意培养幼儿的生活自理能力。19～24个月幼儿的独立性增强，他们会主动要求自己吃饭、自己刷牙、自己按电梯、自己关灯等，还会主动要求帮忙做家务，如扫地（图5-2-16）、擦桌子、浇花等，如果遭到拒绝，还会表现出明显不开心的情绪。对此，家长可以给幼儿尝试完成简单任务的机会，耐心教幼儿掌握扫地、倒垃圾等生活技能，并适时给予肯定，满足幼儿独立自主的需求。

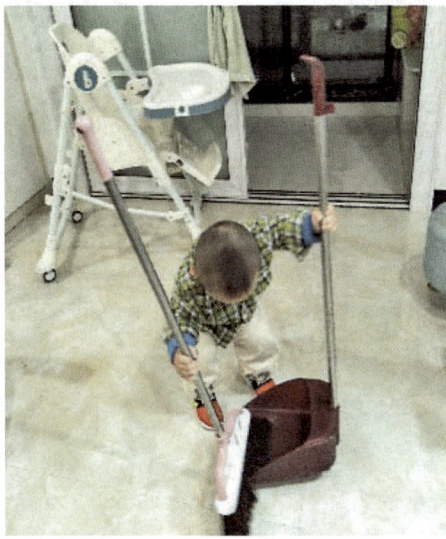

图5-2-16　幼儿帮忙扫地

案 例 分 析

案例：浩浩（22个月），最近吃饭时不是嚷着要看电视，就是叫着还要玩，很少能乖乖坐在餐椅上吃饭。奶奶担心浩浩肚子饿，总是费尽心思地哄他吃，追着喂饭。浩浩一边吃一边玩，一顿饭要吃近一个小时。妈妈有时候会坚持不喂饭，直到下一餐才让浩浩吃东西；有时候又心软去喂饭或者两餐中间给浩浩吃些面包垫饥。浩浩吃饭的问题一直没有改善，妈妈头疼不已又无可奈何。

分析：19～24个月幼儿的精力更加旺盛，逆反心理更强，也更贪玩好动，因此和1岁半前相比似乎更"不听话"了。浩浩之前能乖乖坐在餐椅上吃饭，现在却要边玩边吃，就是变化的表现之一。浩浩妈妈不用过于焦虑，但要注意屏蔽电视、游戏等外在干扰，给浩浩创造安静、轻松、愉快的进餐环境，如进餐时可以给浩浩讲一个有趣的就餐小故事，也可以把食物做得更有童趣，使浩浩的注意力聚焦到食物上。如果浩浩确实不想吃，也不要强迫喂食。另外，教师应提醒浩浩妈妈和浩浩奶奶加强沟通、统一意见，避免浩浩出现规则混乱。

（二）动作

在家庭生活和环境中有很多机会可以锻炼幼儿的精细动作和粗大动作，教师应指导家长学会利用生活中的材料设计丰富的活动，促进19～24个月幼儿的动作发展。例如，带幼儿在小区活动时，家长可有意引导幼儿沿着道路标线直走，锻炼走路的稳定性、控制性；还可以在确保安全的前提下尝试倒退走、横着走，锻炼平衡性；或者让幼儿沿着花坛的边沿走"独木桥"，家长在旁边虚扶着幼

图5-2-17 跳房子

儿，做好安全防护。该月龄段幼儿已经能尝试双脚跳，家长可以带幼儿玩"跳房子"游戏（图5-2-17）；也可以开展一些亲子互动游戏，如一起在草地上向不同方位扔球、单脚踢球、相互踩影子等。家庭生活中也有很多材料可以用来锻炼幼儿的精细动作。例如，家长做饭的时候可以让幼儿一起剥蒜；洗衣服的时候可以让幼儿洗自己的小汗巾；收集家中卫生的矿泉水瓶、饮料瓶等，和幼儿一起拧瓶盖，玩瓶子和盖子配对游戏等。

教师也要提醒家长，幼儿动作的发展不是一蹴而就的，需要在各种运动活动中长期练习。家长不能操之过急，过度训练幼儿。当幼儿脸蛋发红、微微出汗、呼吸明显急促时，家长要让其适当休息。同时，活动中家长要注意观察幼儿的情绪，让幼儿带着愉悦的情绪开展活动，如果幼儿抵触情绪明显，不能强制要求他们练习。另外，家长要注意运动过程中的安全防护，避免安全事故的发生。例如，19～24个月的幼儿喜欢爬沙发，并喜欢从沙发高处往下跳，家长要在沙发旁放置软垫，并注意与周边茶几、桌椅隔开一段距离，避免磕伤。

活动案例

好玩的枕头（19～24个月）

【活动目的】
锻炼爬行、双脚跳及身体控制与平衡能力。

【活动准备】
游戏地垫、枕头。

【活动过程】
1. 背枕头：家长和幼儿坐在游戏垫上，家长示范把枕头放在背上，开始从垫子一头爬到另一头，爬行过程中注意枕头不能掉下来。家长一边示范，一边讲解活动要求。示范完后请幼儿趴在垫子上，家长帮忙把小枕头放在幼儿背上，幼儿开始背枕头爬行。

2. 抱枕头：家长和幼儿站在游戏垫上，家长抱住枕头像小兔子一样双脚蹦蹦跳，从垫子一头跳到另一头。家长一边示范一边说明活动要求，示范后请幼儿玩。

3. 活动过程中，为调动幼儿的积极性，可以和幼儿一起玩，比一比谁爬得快、跳得快，也可以加入故事情境。除了枕头，还可以用幼儿喜欢的小玩偶。

（三）语言

家长要关注幼儿的语言发展，注意抓住生活中的各种教育契机，使幼儿能在家庭生活中获得大量的语言刺激和语言交流机会。

19～24个月幼儿的语言能力有了明显提高，基本能进行简单的语言交流，也有较强的表达欲望。教师要提醒家长在家庭生活中多给予幼儿表达和交流的机会，给幼儿提供与周围人、事、物接触的机会，增长见识，丰富词汇量。家长在生活中要多与幼儿进行语言互动。例如，家长可以带幼儿一起去买菜，引导幼儿认识常见的蔬菜和水果。对于幼儿比较熟悉的菜，家长可以提问："这是什么蔬菜？""它是什么形状的？""你想吃什么菜？"等。家长还可以做语言示范："菜市场里的菜真多呀，有圆圆的西红柿、方方的白豆腐、长长的豆角、短短的青椒……"对于幼儿不熟悉的菜，家长则可以进行介绍，并引导幼儿跟着家长说菜名，说简单的句子，丰富幼儿的词汇量，锻炼其语言表达能力。家长还可以每天睡前和幼儿交流今天的感受，询问幼儿："今天开心吗？""今天玩了什么游戏？""今天吃了什么好吃的？"引导幼儿回忆一天的生活事件，并积极表达。交流过程中，幼儿由于记忆能力和表达能力有限，可能会因为不知道如何表达而直接说"不知道"，或者讲话结巴、不流畅，家长可以用具体、有针对性的语言提示，同时耐心倾听，不催促不打断，并为幼儿做良好示范。

除了日常语言交流，家长还可以带幼儿念童谣、儿歌，玩手指游戏等。比如，家长可以带幼儿念"牵牛花爬篱笆，爬到高处吹喇叭，嘀嗒嗒，嗒嗒嘀，小孩小孩该起床了"，玩"手指变变变"游戏，唱经典的儿歌《拔萝卜》。这些经典的童谣、儿歌语言简单，有韵律感、节奏感，朗朗上口，内容有趣味性，能刺激幼儿学习语言的兴趣。选择的童谣、儿歌、手指游戏等应该简单易学，且不要强制幼儿识记背诵，而是让幼儿在反复的跟读、念唱中自然而然地学习、表达。

阅读绘本也是19~24个月幼儿学习语言的良好渠道。教师应根据19~24个月幼儿的心理发展特点和教育目标，指导家长为该月龄段的幼儿挑选合适的绘本，如《好饿的毛毛虫》《小蓝和小黄》《点点点》、"鼠小弟"系列、"小熊宝宝"系列、"小布"系列、"创意大师洞洞翻翻启蒙"系列、"冰冰和波波"系列等都是较合适的。与传统的平面书相比，触控书、翻翻书、洞洞书、推拉书为幼儿提供了更多与绘本互动的机会，更能调动幼儿的阅读兴趣。19~24个月的幼儿已经基本具备自主翻阅纸板书的能力，但这一时期仍以"亲子共读"为主。亲子阅读不仅能促进幼儿的语言发展，丰富幼儿的认知经验，还是增进亲子关系的良好途径。阅读过程中，家长应与幼儿保持互动，适当提问引导，提醒幼儿关注画面细节，还可以引导幼儿尝试自己边看边讲，锻炼看图说话能力。这一时期阅读的目的不在于掌握知识，更重要的是让幼儿获得良好的阅读体验，培养阅读兴趣和良好的阅读习惯。

此外，教师还应提醒家长，幼儿的语言发展具有差异性，不要总是对照标准衡量幼儿的语言发展，也不要总拿自己的孩子和别人的孩子比较，担心其是否语言发展滞后。家长要做的是要有促进幼儿语言发展的意识，提供适宜的语言发展环境。

（四）认知

19~24个月幼儿的感知觉、记忆、思维、想象等认知方面的发展非常迅速，教师要指导家长在家庭生活中创造环境和条件支持与促进幼儿的认知发展。

首先，家长要提供丰富的玩具和材料，帮助幼儿利用视觉、听觉、触觉、嗅觉等认识物体的形状、颜色、功能等特征。例如，提供各种形状的积木，让幼儿看一看、摸一摸积木，感知不同形状的特点并尝试区分。除了玩玩具，家长还要带幼儿走出家门，接触更多的事物。例如，春天的时候带幼儿去植物园观察、认识蘑菇、三叶草、郁金香等常见植物，鼓励幼儿摸一摸、闻一闻。

其次，家长可以有意识地组织一些认知游戏。例如，为幼儿准备一套小厨房玩具，经常一起玩"小厨房"角色游戏，让幼儿再认锅碗瓢盆等厨具和青菜、苹果等蔬果，模仿厨师洗菜、切菜、炒菜、上菜；玩"藏一藏，找一找"游戏，一个负责藏东西，一个负责找东西，促进幼儿的记忆力和客体永久性概念的发展；玩"听音识物"游戏，训练幼儿的听觉灵敏度；设计"圆圆的"（见活动案例"圆圆的"）游戏帮助幼儿学习分类，形成初步的类概念。

值得注意的是，家长在认知教育上要尊重幼儿的兴趣和需求，不要盲目追求教育目标，给幼儿造成认知负担，应让幼儿在有趣的探索体验和游戏互动中促进认知的发展。

活动案例

圆圆的（19～24个月）

【活动目的】

感知圆形，找出生活中圆圆的物体。

【活动准备】

乒乓球、海洋球、皮球、圆形积木、方形积木、小筐、绘本《圆圆的真好吃》。

【活动过程】

1. 家长把乒乓球、海洋球、皮球等一一拿给幼儿，让幼儿摸一摸、滚一滚、转一转，感知圆形的特征。

2. 把放有圆形积木、方形积木的小筐放在桌子上，让幼儿从小筐里找出圆形积木。可以根据幼儿的游戏情况适当增加难度，把积木形状增加到三种。

3. 带幼儿一起阅读绘本《圆圆的真好吃》，认识圆圆的饼干、圆圆的糖果、圆圆的甜甜圈等。

4. 请幼儿找一找家里还有什么圆圆的东西。

（五）社会交往

19～24个月幼儿的自我意识明显增强，生活适应能力、社会交往能力发展迅速，但也正在经历"第一逆反期"，独立意识高涨，经常与家长"对着干"。这一时期，家长在社会交往上要重点引导幼儿正确表达自己的情绪，拓展交往范围，体验交往的乐趣，同时以幼儿为中心，包容其逆反行为，并注意引导和教育。

在这一时期，亲子关系依然是幼儿最重要的关系，教师要提醒家长注意建立良好的亲子关系。这种陪伴不是简单地待在幼儿身边，提供生活照护，而是要积极和幼儿一起活动，如阅读绘本、玩游戏、讲故事。另外，该月龄段幼儿依然表现出对照料者的明显依恋。比如，家长带幼儿去游乐场玩时，幼儿会要求家长一起玩；独自玩耍时也会不时地留意家长是否在旁边，要是没看见家长，即便刚刚还玩得兴致勃勃，也会立刻终止游戏，焦急地四处寻找，直到找到家长才能继续游戏。对此，家长应理解幼儿的需求，接纳幼儿的情绪，满足安全依恋，不要片面指责幼儿胆小。

除了与家庭成员的交往，家长也应尽可能创造条件和机会，让幼儿多与周围邻里和长辈接触，激发幼儿与人交往的兴趣。家长可以利用空余时间带幼儿在小区、公园、广场等地方和不同的人多接触，鼓励幼儿主动打招呼，学习简单的社交礼仪，见面说"你好"，告别说"再见"，得到帮助说"谢谢"。在一次次的锻炼中，幼儿的交际能力自然会得到提升，也会乐于和人交往。

同时，该月龄段幼儿与同伴交往的需求也逐渐增多，教师要提醒家长为幼儿提供更多同伴交往的机会。例如，带幼儿在小区和同伴一起玩滑梯时，引导幼儿遵守规则，排队玩，不争抢；为幼儿找固定的玩伴经常一起玩，助其体验同伴交往的乐趣。

教师还需要说明的是，除了亲社会行为，19～24个月的幼儿也会表现出明显的叛逆和攻击性行为。他们仍处于自我中心化时期，物权意识强，分享行为还在萌芽阶段，也不善于表达，可能会表现出霸道、不讲理，想要的必须得到，不愿意分享等行为。对此，家长不要随意斥责幼儿，也不要强制要求幼儿分享，应积极引导幼儿用合适的语言表达自己的想法和态度。如想要别人的玩具时，必须有礼貌地询问"我能玩你的玩具吗"，得到允许才能玩，不能直接抢夺；不愿意给别人玩自己的玩具时，可以明确表达"我不愿意"，不能推人、打人。在家庭生活中，也可以有意识地让幼儿分清每样物品的所有权。家长要做好榜样，尊重幼儿的意愿，不擅自拿幼儿的东西，同时要求幼儿未经允许也不能随意翻动家人的私人物品，帮助幼儿树立"拿别人东西一定要征得对方同意"的意识。家长应在生活中逐步教育幼儿遵守规则，学习与人交往的技能，建立良好的同伴关系。

▶▶ 思考与练习

一、单项选择题

1. 以下哪个选项不是13～18个月幼儿在动作领域的早期教育目标？（　　）

　　A. 灵活地爬行　　　　B. 独立行走　　　　C. 手臂举过头顶投球　　　D. 双手配合翻书

2. 以下哪个选项是13～18个月幼儿在认知领域的早期教育目标？（　　）

　　A. 能回忆起一周以内的事情　　　　　　B. 依据事物显著的外在特征分类

　　C. 利用表征创造性地解决问题　　　　　D. 一页一页地翻书看

3. 以下哪个材料不适合在13～18个月幼儿早期教育活动区域中投放？（　　）

　　A. 组合攀爬滑梯　　　B. 平衡感统材料　　　C. "小卧室"材料　　　D. 散装的豆子

4. 13～18个月幼儿的典型心理特征是（　　）。

　　A. 独立　　　　　　　B. 叛逆　　　　　　　C. 会说话　　　　　　D. 爱哭

5. 关于13～18个月幼儿的发展情况，哪一项的说法正确？（　　）

　　A. 可以彻底拿掉尿不湿了　　　　　　　B. 可以学习自己吃饭

　　C. 可以学习1～10以内的数字　　　　　D. 在集体活动中应该听话

6. 18个月的幼儿总是把搭好的积木推倒，通常是因为幼儿（　　）。

　　A. 很调皮　　　　　　　　　　　　　　B. 不喜欢玩积木游戏

　　C. 在生气　　　　　　　　　　　　　　D. 在探索积木倾倒后会怎样

7. 以下哪个选项不是13～18个月幼儿家长培养幼儿健康生活习惯的内容？（　　）

　　A. 吃饭时认真咀嚼，细嚼慢咽　　　　　B. 自己用手或者勺子吃饭

　　C. 洗漱时能配合　　　　　　　　　　　D. 尝试白天控制大小便

8. 13～18个月最主要的早期教育活动形式是（　　）。

　　A. 集体活动　　　　　B. 亲子活动　　　　　C. 班级活动　　　　　D. 单独活动

9. 19～24个月幼儿在睡眠上应达到的目标是（　　）。

　　A. 能在家长的动作安抚下入睡　　　　　B. 能在家长的语言安抚下入睡

　　C. 能在家长的陪伴下入睡　　　　　　　D. 能独自入睡

10. 19～24个月幼儿的典型心理发展特点是（　　）。

　　A. 主动　　　　　　　B. 被动　　　　　　　C. 叛逆　　　　　　　D. 自立

11. 19～24个月幼儿的小组活动以哪种为主？（　　）

　　A. 幼儿发起的小组活动　　　　　　　　B. 教师发起的小组活动

　　C. 家长组织的小组活动　　　　　　　　D. 以上都不是

12. 以下哪个选项更符合19～24个月幼儿在分类能力上的早期教育目标？（　　）

　　A. 能根据积木的颜色进行分类　　　　　B. 能依据性别对娃娃的衣物分类

　　C. 能依据功能对家具分类　　　　　　　D. 能依据多个标准进行分类

13. 22个月的昊昊进入了逆反期，凡事都喜欢跟家长对着干，以下说法正确的是（　　）。

　　A. 不用管他，长大就懂事了

B. 必须严格管教，否则越大越不听话

C. 引导昊昊正确表达自己的想法和需求，建立必要的规矩

D. 把他关在房间里反思

14. 24个月的嘟嘟还是需要用尿不湿，以下做法最恰当的是（　　　）。

A. 每个幼儿在大小便控制上有个体差异，可再观察等待一段时间

B. 尽快去医院做必要的检查

C. 强行拿掉，尿湿就惩罚

D. 进行密集的排便训练

15. 21个月的巧巧不喜欢参加小组和集体活动，教师的做法最恰当的是（　　　）。

A. 强制要求参加

B. 积极引导巧巧参加，但不强制

C. 允许她完全按照自己的想法去活动

D. 与家长沟通，请家长协助，要求一定要参加小组和集体活动

16. 以下哪个活动不适合19～24个月的幼儿？（　　　）

A. 自己用勺子吃饭　　　B. 拼简单的拼图　　　C. 学背唐诗　　　D. 探究大自然

二、多项选择题

1. 教师发现幼儿（13～18个月）很少光顾阅读区，可能是什么原因？（　　　）

A. 投放的绘本不适合该月龄段的幼儿　　　B. 环境不舒适，比较吵闹

C. 幼儿都不爱看书　　　D. 位置安排太隐蔽，不引人注意

2. 18个月的强强还不会讲话，家长应该怎么做？（　　　）

A. 不用管，长大就好了

B. 每天不停地教他说话

C. 可去医院做必要的检查，再确定如何制订个性化的教育方案

D. 与教师一起观察记录分析，明确强强不会讲话的原因

3. 组织幼儿集体活动时，教师应该注意（　　　）。

A. 严格控制活动数量　　　B. 重视幼儿的过程体验

C. 把控活动时间　　　D. 动静结合，有趣味性

4. 19～24个月的幼儿可以自己完成以下哪些活动？（　　　）

A. 洗手　　　B. 洗脸　　　C. 脱鞋　　　D. 脱袜

三、简答题

1. 13～18个月和19～24个月幼儿的身心发展特点与早期教育活动目标分别是什么？

2. 13～18个月和19～24个月两个月龄段早期教育活动在材料投放上有哪些区别？

3. 请为13～18个月或19～24个月的幼儿设计一个综合性主题教育活动方案。

4. 请用轶事记录法记录分析一个13～18个月或19～24个月幼儿的活动。

5. 请为13～18个月或19～24个月幼儿的家长设计一个家长早期教育指导方案。

模块 六

2～3岁幼儿早期 教育活动设计与组织

模块导读

2～3岁的幼儿像"小大人"一样，他们的能力总让人琢磨不透。这个阶段他们的动作发展更全面更成熟，生活自理能力初步发展，注意能力显著增强，情绪控制能力开始发展，个性特征开始萌芽，显得有些"叛逆"。针对这一阶段幼儿的特点，可以组织哪些早期教育活动呢？本模块的重点是理解2～3岁幼儿身心各领域发展的特点，掌握其教育目标，并能依据教育目标选择、组织和调整教育活动内容，以及为家长提供家庭指导建议。

学习目标

1. 理解2～3岁幼儿身心各领域发展的特点，掌握该年龄段幼儿的早期教育活动目标。

2. 能依据2～3岁幼儿早期教育活动目标选择活动内容，创设活动环境，设计活动形式，制订活动方案，组织活动并进行观察调整。

3. 体会2～3岁幼儿发展的侧重点，能进行个性化分析与指导。

思维导图

```
                                              ┌─ 制订活动目标
                                              ├─ 组织活动内容
                          25～30个月幼儿早期教育活动设计与组织 ─┼─ 创设活动区域
2～3岁幼儿早期            ┤                      ├─ 实施教育活动
教育活动设计             │                      ├─ 调整教育活动
与组织                   └─ 31～36个月幼儿早期教育活动设计与组织 ─┴─ 家庭教育指导
```

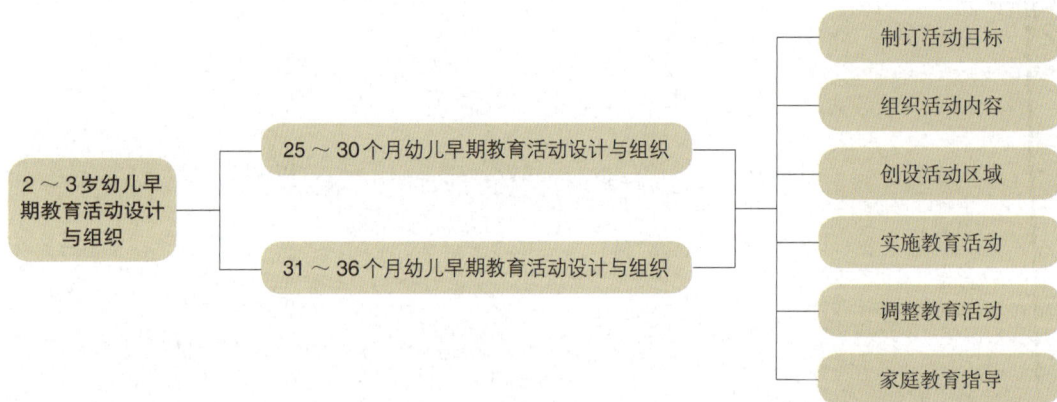

任务一 25～30个月幼儿早期教育活动设计与组织

案例导入

王老师的早教课堂里有六个2岁至2岁半的幼儿。她发现该月龄段的幼儿不论是在语言能力还是精细动作上，都有了明显的变化。同时，2岁左右的幼儿秩序感特别强，有时教室里的小垫子没有围成一个圆圈，幼儿会主动把它们排列好，在课堂互动中幼儿的表达欲望和探究欲望更加强烈。有时王老师不经意间说的话，幼儿也能很快进行模仿。同时，幼儿的自我意识明显增强，也萌发了初步的社交意识，愿意和班级里的同伴主动打招呼和拥抱，在课堂活动中的主动性也更强。针对各方面能力都飞跃式提升的25～30个月幼儿，王老师应该怎样组织有针对性的早期教育活动呢？

任务要求

1. 理解25～30个月幼儿身心发展的特点及其在早期教育活动设计中的作用。
2. 理解并掌握25～30个月幼儿早期教育活动的设计思路与组织流程。

一、制订25～30个月幼儿早期教育活动目标

（一）25～30个月幼儿的身心发展

25～30个月的幼儿在整体的社会适应上已经较为娴熟，不论是认知、动作、语言、情绪情感，还是社会性发展都有了飞跃。在语言发展上，幼儿已可以用比较完整的简单句表达自己的需求，会使用形容词、副词、连词等，并且开始对图书和阅读感兴趣。在动作发展上，已能较灵活地爬楼梯、向前跳跃、开门把手等，并且对于工具的使用更加熟练。在认知和社会交往上的变化最为显著，幼儿的认知进入了前运算阶段，可以记住自己的姓名、性别、喜欢的玩具等，并且开始表现出很强的自我意识，呈现出"小大人"的特质。

2岁时，幼儿真正开始与同龄人进行互动游戏。家长可以看到幼儿假装游戏的发展，这是儿童发展的一个关键方面，假装游戏可以培养幼儿的语言、思维和社交技能。2岁的幼儿也有同理心，能理解他人的感受。在日常生活中可能会看到一个幼儿上前安慰受伤的同伴，甚至哭泣。与此同时，这个阶段的幼儿非常喜欢说"不"，并努力解决与朋友的冲突，但缺乏解决的策略和方法。随着时间的推移，幼儿在3岁左右会发展出更高级的社交游戏技能，如分享和轮流。

在情感和社会性发展方面，幼儿的自主性增强，其气质更多地表现出来，如出现咄咄逼人、内敛或友好、合作的行为。18～24个月时，幼儿学会了假装游戏，如玩玩具电话或喂娃娃，并能与另一名幼儿一起玩或同时玩。幼儿可能会模仿其他幼儿的游戏，但此时多数幼儿还不能与同伴合作。

在认知发展上，25～30个月的幼儿对于单一事实和连续时间的记忆比2岁前有明显的提高，他们的有意识记萌芽，能背诵儿歌和简短的小故事，能用替代物品表征现实生活行为开展想象游戏。到2岁左右，他们开始使用一些相似度低的替代物，如把积木块当车开，而且越来越频繁。不久，幼儿开始利用身体的一部分来进行表征，如把手指当香肠。这些游戏的产生展现了幼儿认知能力的发展。

（二）25～30个月幼儿的早期教育活动目标

综合参考世界主要发达国家儿童早期学习与发展指南，以及我国《托育机构保育指导大纲（试行）》，可将25～36个月幼儿的早期教育活动目标制订如下。

1. 健康

营养与喂养：能独立、熟练地自主进餐；能帮助摆放、整理餐具；能适度控制不吃不健康食物。

生活与卫生习惯：能自己穿鞋子、解扣子、拉拉链；在成人提醒下自主如厕、洗手。

2. 动作

粗大动作：能侧身走，跑得又快又稳，能跨越低矮障碍物、单足站立、双脚交替上下楼梯；能把球扔得很远；会骑童车。

精细动作：能画水平线、较流畅的曲线。

3. 语言

听：能认真倾听他人讲话，不随意打断。

说：会使用形容词、副词、代词、连词，词汇量激增；会使用完整句准确表达自己的想法、需求。

早期阅读：对绘本感兴趣，对自己感兴趣的内容喜欢反复阅读和倾听，能用自己的语言简单描

述绘本的内容，如"发生了什么故事""故事中都有谁"。

早期书写：喜欢模仿书写数字，用涂鸦表现自己的想法和认识。

4.认知

感知能力：能通过造型游戏表现空间知觉。

分类能力：能依据简单的分类标准对物品进行分类。

记忆能力：有意识记萌芽；能背诵儿歌及简短的故事。

早期数概念：可以观察、辨别生活中常见物体的特征和用途，进行简单的分类，并感受生活中的数学。

判断与推理：在各种游戏和活动中主动思考、积极提问并大胆猜想。

想象能力：开始"假装游戏"，常以现实生活中的行为进行"假装游戏"。

5.社会交往

与成人交往：能离开熟悉的教养人进入托育机构生活；能逐渐适应与教师的交往。

同伴交往：渴望与同伴交往，交往出现有意模仿行为；开始意识到同伴交往的规则，并努力去遵守。

情绪情感：开始出现自豪、骄傲、羞愧等更复合的情绪；能用语言表达和控制自己的情绪情感，并在一定程度上进行控制。

自我意识：对"我的"物品、权利有清晰的认知，并会维护。

二、组织25～30个月幼儿早期教育活动内容

（一）25～30个月幼儿早期教育活动内容

1.动作技能类

（1）粗大动作

①行走：独自下楼，双脚交替上楼，能踮着脚走2米。

②抛掷：扔球2～3米。

③攀爬：俯身向下不摔倒，跨越低矮障碍物。

（2）精细动作

①练习搭积木。

②正确地拿笔，画曲线和水平线。

③拧开罐子的盖子，转动门把手等。

2.认知类

（1）言语知识类

①会使用形容词、代词、副词、连词，能理解大部分的句子。

②认出大多数常用物品和图片，可以简述绘本内容。

③说出自己的名字、年龄和性别。

④知道简单的押韵，会唱儿歌。

（2）智力技能类

①用词对一些简单、熟悉的事物进行描述，用涂鸦表现自己的想法。

②以游戏的方式模仿成人的活动，假想自己是社会中的某个角色。

③在成人的帮助下，将常见的物品分成两类。

④和同伴玩装扮游戏。

（3）认知策略类

①比较物品的大小和数量多少；分辨前后和上下方位。

② 辨认性别，识别动物的名称和特点，掌握一些基本的生活常识。

③ 背数字1～10，认识长方形、圆形、三角形等几何形状，分辨出常见的天气，认识基本的颜色和交通工具。

3. 情感态度类

（1）情绪情感类

① 建立自我意识，与同龄伙伴及熟悉的成人交往，适应新的环境。

② 在交往过程中出现模仿行为，遵守交往规则。

③ 帮助成人做简单的家务，会使用"谢谢""您好""再见"等礼貌用语。

（2）态度类

① 不想做什么事情的时候，用"不"来表达。

② 不开心的时候，用"不开心"等词语表达。

③ 完成某项任务的时候，表现出兴奋的表情。

④ 对妈妈的情绪非常关注，有时会坚持做父母不允许做的事情。

（二）25～30个月幼儿早期教育活动的组织

在本任务的"案例导入"中可看出，该月龄段是幼儿模仿能力和语言发展的关键期。绘本中含有丰富有趣的语言，对幼儿的语言发展有非常大的帮助；同时，绘本中的各个主人公仿佛幼儿的缩影，这些角色或是能成为幼儿的榜样，或是能让幼儿意识到自己的行为规范问题。所以，在这一阶段组织以绘本为主线的活动是有利于幼儿各领域发展的。

1. 以各类绘本为主线组织活动内容

在这一阶段教师和家长可以借助绘本开展一系列活动，以下选取两本经典绘本作为案例，简述在早期教育活动设计中可利用绘本开展的活动类型。

在25～30个月幼儿的早期教育活动中，根据社会领域的目标可知，该月龄段的幼儿渴望交往，交际性增强，在交往中会出现一定的合作行为，但也会出现不愿合作、不愿分享的行为。经典绘本《我是彩虹鱼》中有趣的故事情节可以让幼儿理解分享的意义，从而逐渐学会分享。"彩虹鱼自认为是海洋里最漂亮的一条小鱼，他不愿意去分享自己漂亮的鳞片，久而久之，大家都不愿意跟他做朋友，直到他问了章鱼奶奶。奶奶说，虽然你长得漂亮，是一件很快乐的事情，但是如果你学会分享，你就会有很多的朋友，很多的朋友跟你一起做游戏，你就会更快乐。"绘本讲述了这样一个温馨的故事，让幼儿明白好东西要和同伴一起分享给小朋友们一起玩。整本绘本以蓝色为基调，可以令幼儿沉静下来。同时，彩虹鱼的鳞片用了特殊材质，视觉效果上是一闪一闪发亮的，这样的材质会激起幼儿的阅读兴趣，教师可以指导幼儿用手去触摸一下闪亮的鳞片，进一步体会这本绘本所蕴含的奥秘。

除了通过生动有趣的故事形式促进幼儿的社会性发展外，教师和家长还可以利用绘本开展促进幼儿各领域发展的活动。例如，绘本《大卫，不可以》中的生活场景让幼儿很熟悉，很多是幼儿常做的动作，如爬凳子够高、在床上乱蹦学超人等，熟悉的画面会让幼儿产生亲切感。故事中的妈妈一直在说"大卫，不可以"因为大卫的有些行为确实不妥，这时规则意识刚刚萌芽的幼儿也会意识到自己的有些行为是会对自己和他人造成伤害的，这些行为是不可取的。

拓展阅读

主题绘本活动

此外，可根据一本绘本开展一系列绘本主题活动，促进幼儿各领域发展。例如，借助《大卫，不可以》可以开展四个主题的活动。

活动
案例

《大卫，不可以》（25～30个月）

1. 促进幼儿语言发展的活动：教师组织幼儿进行角色扮演，用角色互动的方式让幼儿猜一猜大卫的各种行为会造成怎样的后果。

2. 促进幼儿动作发展的活动：教师组织幼儿模仿大卫在绘本中的各种行为，如站在小椅子上（安全保护的情况下），幼儿体验完后说一说自己的感受。

3. 促进幼儿情感与社会性发展的活动：教师组织幼儿两三人为一组，模仿绘本中大卫的表情，先让幼儿互相观察彼此的表情，再让每个幼儿照镜子观察自己的表情，说一说做不同表情有什么感受。

4. 促进幼儿认知发展的活动：教师声情并茂地讲述故事后，让幼儿想一想大卫会对妈妈说什么，大卫还会怎么做，师幼一起讨论。

2. 以生活主题为主线组织活动内容

2岁左右的幼儿好奇心急剧增强，对身边的事物充满探究欲望，作为家长和教师应设计符合这一阶段幼儿需求、贴近幼儿日常生活的主题活动。比如，可以设计"认识自己"这一主题活动，让幼儿在活动中认识自己的小手、肩膀、膝盖等身体部位。在活动过程中可加入一些歌曲、绘画等内容。又如，可以设计情感领域活动"我的心情"，让幼儿知道自己有的时候心情好，有的时候心情不好，在活动学习一些疏解情绪的方法。2岁左右的幼儿也能说出常见事物、常见动物的名称，这时可安排相应的主题活动，帮助幼儿进一步了解相关知识。如，在"漂亮的纽扣"这一主题活动中，幼儿可以认识颜色，利用纽扣制作各种各样的饰品，听一听关于纽扣的故事等，丰富自己的学习与生活经验。

三、创设25～30个月幼儿早期教育活动区域

结合25～30个月幼儿早期教育活动目标，教师可在室内外创设以下活动区域。

（一）感统运动区

该区域主要发展幼儿的粗大动作，锻炼其侧身走、跨越低矮障碍物、单足站立、双脚交替上下楼梯的能力，可投放以下活动材料。

1. 粗大动作练习材料

设置大型组合滑梯、攀爬墙、秋千等，以强健幼儿的体魄，锻炼幼儿的全身肌肉，发展幼儿的身体控制能力。

2. 臂力练习类材料

主要锻炼幼儿上肢力量，可投放篮球、篮球架、沙包等玩具与材料。

3. 爬行练习类材料

主要锻炼幼儿四肢协调能力，可投放拱形门、隧道、钻筒等玩具与材料（图6-1-1）。

4. 感觉统合练习类材料

主要增强幼儿身体内部平衡感，锻炼幼儿前庭觉，可投放隧道、感统滑板车、呼啦圈、瑜伽球、

热狗球等玩具与材料。

（二）角色游戏区

该区域主要促进幼儿认知的发展，使幼儿逐渐感知和了解身边常见的职业，向往更多的社会交往。

1. 警察游戏材料

可投放小交警服、墨镜、对讲机、望远镜、指南针、电子表等玩具与材料。

2. 小厨房材料

可投放仿真多功能油烟机、蒸锅、平底锅、水果蔬菜、塑料小刀等玩具与材料。

3. 点心店材料

可投放围裙、厨师帽、餐具仿真蒸饺、面条、烧卖、比萨饼等玩具与材料（图6-1-2）。

图6-1-1 各式钻筒

（三）操作建构区

该区域主要发展幼儿对颜色和声音的认知能力，可投放以下玩具与材料。

1. 操作类

分类板、分类盒、配对板、万花筒、棋类等各种玩具可以帮助幼儿感知事物，使其在探索事物的过程中发展思维。幼儿对该类玩具进行摆弄，可锻炼双手协调性、手眼协调性，丰富想象力与创造力。

2. 建构类

大型积木、积塑、磁力片等可帮助幼儿发展建构能力，发挥想象力和创造力，增强团结协作的能力。

图6-1-2 点心店玩具

（四）科学探究区

该区域主要发展幼儿的观察、动手操作、自然认知、因果关系探究、问题解决能力，可投放以下玩具与材料。

1. 自然生活类

如牛奶瓶、纸杯、麦穗、水果、梳子、镜子、球类、百洁布、脸盆、牙刷等。

2. 数学认知类

如数字钉板、夹珠数字配对等。

3. 拼图类

如磁性拼图书、交通工具类拼图、蔬菜认知类拼图等。

4. 齿轮转动类

齿轮配对积木（颜色或形状配对）、齿轮轨道等（图6-1-3）。

5. 磁铁类

如磁性小鱼、磁性苹果树、磁性垃圾分类玩具（图6-1-4）等。

6. 光影类

如星空投影仪、光影沙画台、瑞吉欧光影积木（图6-1-5）等。

图6-1-3　齿轮轨道

图6-1-4　磁性垃圾分类玩具

7. 配对、分类游戏材料

如盖子与罐子、乐器与收纳箱、乒乓球与球拍、不同颜色的杯子、塑料瓶等。

（五）艺术游戏区

该区域主要发展幼儿在音乐、美术、舞蹈方面的感知与体验能力，可投放以下玩具与材料。

1. 乐器声响类

如双响筒、摇铃、串铃、沙锤、节奏棒、圆舞板、碰铃、三角铁、铃鼓等（图6-1-6）。

图6-1-5　瑞吉欧光影积木

图6-1-6　奥尔夫乐器

2. 美术探究类

使用纸、毛球、纽扣、果实等各种材料创作粘贴画可充分锻炼幼儿的动手操作能力、手眼协调能力、色彩搭配能力，提高幼儿的艺术审美能力。

3. 舞蹈表演类

如舞衣、舞鞋、扇子、头饰等。

（六）早期阅读区

该区域主要发展幼儿的听音、词汇、语言表达能力，可投放绘本、图片、卡片、挂图、故事机等，充分调动幼儿的阅读兴趣。幼儿在听、说、认中可增加体验、丰富感知，发展阅读能力和表达能力。

四、实施25～30个月幼儿早期教育活动

（一）集体活动

25～30个月幼儿参与的集体活动仍以亲子形式为主。这一时期，幼儿的探究欲望和身体控制能力增强，所以在集体教育活动设计中更应注重培养幼儿的独立性。按照维果茨基最近发展区理论，应为幼儿设计和组织有挑战性的活动，使其能力在现有水平上得到发展。比如在感统训练时，随着幼儿身体协调性的增强，在平衡木的练习中可以加入沙包等障碍物，锻炼幼儿的平衡能力。在绘本阅读活动中，可以增加师幼互动，让幼儿根据图片来讲述发生的故事。同时，增加手工环节，该月龄段的幼儿可以使用超轻黏土制作简单的物品，黏土的触感也能激发幼儿游戏的兴趣。幼儿可以利用黏土玩一些假装游戏，比如告诉身边的同伴"我现在要做面条了""我要做一个比萨饼"等。该月龄段幼儿的社会性需求增强，集体活动中可以让幼儿有更多与同伴交往的机会，学会自主解决一些在交往中碰到的问题。

在早教机构中，针对25～30个月幼儿的亲子活动时长往往在40～45分钟，但基于幼儿心理发展的特点，教师往往在活动中采用"动静结合"的方式，既有大运动环节，又有锻炼精细动作的环节，并且准备多样且丰富的教具，通过新颖变化的活动帮助幼儿保持活动的专注力。当然，由于幼儿发展存在个体差异性，有时幼儿会出现不愿意参与活动的情况，此时教师要对此类情况进行针对化的分析。此外，集体活动的安全问题也不能忽视，教师要注意教具的安全性和卫生性，不能使用存在安全隐患的教具，并且要定期消毒教具，在活动中也要指导幼儿和家长安全使用教具。

该月龄段幼儿也可独立进入托班参与集体活动，无家长参与的集体活动中教师更要关注活动的安全性，主教和助教要紧密配合。在集体活动中关注幼儿的个体差异和安全，及时发现幼儿在集体活动中的异常，比如幼儿出现精神不振、流鼻血等突发情况要及时处理等。

（二）小组活动

小组活动是25～30个月幼儿早期教育活动的一种重要形式。教师可根据幼儿的能力或兴趣爱好将幼儿分组，一般以2～4人为一组。教师应有针对性地指导各组幼儿进行活动探索，如幼儿分组进行运球活动时，教师先和助教进行活动示范，将活动流程和要求讲解清楚之后再让幼儿进行小组活动。在小组活动中发现幼儿有攻击性行为时，应该立即阻止。此外，在小组活动结束之后，教师应邀请小组组员表达在小组活动中的体会，锻炼幼儿的语言能力。

（三）个别活动

根据意大利教育家蒙台梭利的敏感期理论，25～30个月的幼儿处于细节敏感期和秩序敏感期，以及语言能力的爆发期。这一阶段的个别化活动要特别注意幼儿秩序感的建立，引导幼儿多用语言表达自己的想法和感受。比如，教师在指导幼儿阅读绘本时可以让幼儿指出某一张图片中有哪些事物；在搭建积木时让幼儿说出不同积木的形状和颜色，描述所搭建的积木作品等。

五、调整25～30个月幼儿早期教育活动

（一）实施观察分析

25～30个月的幼儿在各个领域能力的发展上都有明显增强，教师可以根据幼儿观察结果及时调整和改进活动方案，重点观察内容可参阅表6-1-1。

表6-1-1　25～30个月幼儿重点观察内容

观察领域	重点观察内容举例
健　康	1. 可自主控制大小便，使用坐便器 2. 自己穿脱衣服，会叠小被子 3. 会做力所能及的事，如自己洗手、搬椅子、收拾玩具等
动　作	1. 会扶着扶手上下楼梯 2. 会双脚同时站在平衡木上不会跌倒 3. 可以进行搭建活动 4. 可以模仿画直线与圆圈
语　言	1. 对事物感兴趣，能提出"为什么"等问题 2. 能理解成人的语言，喜欢向成人表达及模仿成人说话
认　知	1. 能按照成人的要求完成一些简单的任务 2. 会辨认圆形、正方形和三角形 3. 知道"大小""上下"，会比较长短、大小
社会交往	1. 能主动帮助同伴 2. 渴望与别人交往，开始出现一些合作行为

　　25～30个月幼儿的语言能力发展迅速，对周围事物非常感兴趣，也渴望与别人交往。教师在观察时可记录幼儿的语言发展水平，适时提供相应帮助。语言发展水平影响着幼儿社会交往能力及攻击性行为出现的可能性，同时良好的语言能力也能促进幼儿思维的发展，教师可以依据具体的语言发展目标，运用恰当的方式实施观察。

　　表格记录法是一种行之有效的观察记录方法，操作比较方便。然而设计表格需要一定的经验，必须在了解幼儿的基础上才能设计出可行的表格。表6-1-2是关于幼儿阅读表现的记录表，借助该表可以清晰地了解幼儿在不同日期的阅读表现，从而及时调整语言领域活动。

表6-1-2　幼儿阅读表现记录表

日　期	撕　书	不　听	边听边玩	手拿书安静地听	学着翻书，跟着阅读

　　表格记录法不仅仅可以运用在语言领域，也可用于其他领域。比如，可设计相应表格，观察幼儿在动作领域能否扶着扶手上楼梯、能否进行搭建活动，观察幼儿在认知领域能否辨认简单形状等。

（二）调整教育活动

　　以语言领域发展为例。通过以上实施观察分析的方法，教师会发现处于同一月龄段的幼儿在语言发展水平上存在明显差异。在亲子早教课程中，家长经常会咨询教师如何提高幼儿的语言水平，部分家长会因幼儿的语言水平不如同伴感到焦虑不安，这时教师可以为幼儿制订个别化的语言培养计划。制订计划前需要了解幼儿的语言水平现状，如是否会说"吃饭饭""玩玩具"这样的短句，除此之外，还要了解幼儿家庭成员构成、平时使用的语言及其兴趣爱好等。

　　当了解了幼儿的基本情况后，教师可以调整教育活动，对不同幼儿实施有针对性的语言培养。比如，可以把班级幼儿按语言能力分为三种。针对较为内向、不爱开口的幼儿，教师可以先让其进行模仿，在模仿的过程中把需要模仿的语句变成口令，让幼儿在轻松的游戏中锻炼自己的语言能力。针对愿意说但无法独立说出完整语句的幼儿，可以在个别化指导的过程中让幼儿通过图片和语言相结合的方式进行训练，如看绘本《我爸爸》《我妈妈》，练习完整的句式表达，如"这是我的妈妈""这是我的爸爸""我的妈妈会做饭"等。针对语言发展水平较好的幼儿，教师在活动中要多给予幼儿表达的机会，如让幼儿做示范、回答教师的提问、介绍自己的绘画作品等。

六、25～30个月幼儿的家庭教育指导

（一）健康

随着幼儿粗大动作和精细动作的发展，幼儿在这一阶段的自我服务能力增强，家长要培养幼儿自己吃饭的良好习惯，并且在吃饭的时候不要看电视或看书等，在家中设置固定的幼儿用餐区域，为幼儿准备安全卫生的勺子可以适当放一些轻音乐。

该月龄段也是培养幼儿定时排便的关键时期。2岁左右的幼儿可以意识到自己有排便的需求，但如果家长此时不注重幼儿定时排便习惯的养成，为了节约时间还继续给幼儿使用尿不湿，那么幼儿就很难形成自主排便的良好习惯。同时，家长也可以运用绘本中可爱的动物形象帮助幼儿养成良好习惯。如，"小熊宝宝"系列绘本中就有"你好""午饭""睡觉"等对幼儿每天都需要面对的日常生活的描绘，幼儿可以跟着小熊宝宝一同建立起良好的行为习惯。

该月龄段也是幼儿假装游戏的爆发时期，幼儿非常喜欢玩"娃娃家"游戏，家长在家中可以抓住幼儿这一心理发展的关键时期，陪幼儿一起玩"给娃娃喂饭""给娃娃穿衣"等游戏。通过游戏让幼儿逐渐形成自己的生活习惯，家长在游戏过程中适时对幼儿正确的行为予以鼓励和夸奖，以强化其良好习惯。

（二）动作

25～30个月的幼儿运动能力明显增强，家庭当中的活动空间似乎已经无法满足幼儿日渐增长的活动需求，幼儿需要更多的户外活动空间和时间。不论是小区里的儿童乐园，还是公园里的大草坪，都是幼儿可以活动的户外场所。此外，几个熟悉的家庭可以组织幼儿一起活动，增加社交活动，促进幼儿的社会性发展。家长可以和幼儿在户外玩一些简单的小游戏，一起探索自然的美，感受人与自然的和谐相处。家长也可以尝试"收集落叶"等游戏帮助幼儿发展动作。

活动案例

收 集 落 叶

【活动目的】
锻炼粗大动作和精细动作；体会在大自然中活动的乐趣。

【活动准备】
树叶、树枝、绳子以及起点与终点的标识。

【活动过程】
1. 家长带领幼儿把收集好的落叶带到小山丘场地，把收集好的落叶放在事先设定的起点处。

2. 家长引导幼儿自由探索，熟悉坡道的弧度，体验上坡与下坡走起来不一样的感觉。

3. 家长可以用树枝围成不同的形状，如五角形、三角形等，让幼儿把刚才收集到的落叶摆放在树枝围成的各式形状里。幼儿在和家长一起参与的过程中，体会户外活动的乐趣。

观察重点：观察幼儿双脚的协调性，从而判断幼儿的动作发展情况；在幼儿捡树叶的过程中，观察幼儿精细动作的发展，如能否快速地捡起树叶并放到相应的区域内。

同时，家长要着重培养该月龄段幼儿上下楼梯的能力，观察幼儿能否在成人单手搀扶下上下楼梯，并在日常生活中加以训练。在精细动作方面，此时幼儿的搭建能力增强，家长要有意识地指导幼儿玩建构游戏，让幼儿自主搭高楼、搭小桥等。

（三）语言

儿歌、故事、游戏和绘本阅读都是能够帮助幼儿发展语言能力的有效方法。儿歌的歌词朗朗上口，可以在幼儿玩玩具、收拾玩具、用餐时播放。同时，很多儿歌内容来源于日常生活，幼儿熟悉也愿意跟唱学习。如《起床歌》就是让幼儿在美妙的音乐声中开启一天的游戏生活，歌词和旋律都令幼儿感到温暖且亲切。

此外，故事具有语法规范、语言流畅、形象生动的特点，家长为幼儿绘声绘色地朗读故事有利于其规范语言的学习。幼儿的学习需要重复，家长切勿因为某个故事已经讲过就不愿意再讲一遍，幼儿喜欢听熟悉的故事，而反复的朗读可以加深幼儿对于语言的理解。

绘本阅读对幼儿来说是一种非常好的语言学习方式。在绘本的讲述过程中，家长可以根据绘本中的角色使用不同的语音语调，让幼儿观察发现不同角色的特点，也可以和幼儿分别扮演角色进行对话练习。同时，家长可以根据绘本中的情境在家进行动作模拟，如绘本《艾玛和蝴蝶》中艾玛穿过陡峭的悬崖时，家长可以和幼儿一起贴着家里的墙壁向前行走，感受此时艾玛的心情和语气的变化。家长在与幼儿阅读该绘本时还可采用如下方法：

第一层次，引导幼儿数绘本中的角色数量，认识颜色，模仿动物声音。

第二层次，鼓励幼儿建立交朋友的意识。（根据绘本内容调整。）

第三层次，告诉幼儿大自然里有很多小动物，到幼儿园也会交到很多好朋友。

第四层次，启发幼儿遇到危险不要害怕。（根据绘本内容调整，传达"做自己就是最棒的"中心思想。）

（四）认知

25～30个月的幼儿对周围事物更感兴趣，能根据成人的要求完成一些简单任务，开始用简单的词对熟悉的事物进行描述，思维刚进入前运算阶段，认知活动带有明显的具体形象性和不随意性。家长通过家庭教育活动促进幼儿认知发展时应注意以下三点：

第一，进行认知游戏时，需要幼儿通过最直接的视觉、听觉、触觉、味觉及嗅觉五感探索的方式去认知事物。

第二，每次游戏时，只要幼儿关注一个重点即可。比如认识颜色，同时认识多种颜色会使幼儿难以区分、容易受干扰，可以先认识红色，只告诉幼儿红色的物品，其他颜色暂时不出示。当幼儿已经掌握红色的概念后，再认识第二种颜色。

第三，对一种事物的认知是需要多次重复的。认知学习是通过各种感觉器官的协调活动实现的，这个过程是各种感觉的统合过程，是培养学习能力的过程，是大脑神经建立暂时神经联系的过程，只有当相同的刺激反复多次之后，这种联系才能建立。无序杂乱的刺激难以建立大脑神经的联系，学习能力也就难以培养。

活动案例

认知游戏：苹果（25~30个月）

【活动目的】
用五感探索的方式认识和感知苹果。

【活动准备】
苹果、绘本《好大的红苹果》。

【活动过程】
1. 家长拿出一个新鲜的苹果让幼儿看一看、闻一闻、摸一摸、滚一滚，说一说分别是什么感觉。
2. 幼儿想一想苹果可以用来做什么。
3. 家长切开苹果让幼儿尝一尝苹果的味道，观察切开的苹果里面有什么。
4. 家长和幼儿一起翻看绘本，寻找苹果还可以用来做什么。

（五）社会交往

25~30个月的幼儿更渴望社会交往，他们开始模仿成人的行为。家庭中，成人的相处模式，甚至和宠物的相处模式都会在一定程度上影响幼儿的社会交往水平。因此，家长应注意自己的言行举止，切不可随意打骂幼儿，否则可能使幼儿产生攻击性行为。比如，2岁多的毛毛在班中和其他幼儿产生矛盾时，就会举起小手拍在同伴身上，这种情况已经发生了几次。一开始，家长并不知道毛毛产生这样行为的源头，因为家里没有人会打人。但有一次毛毛的爷爷突然想到，当家里的狗不听话时他们有时会举起手说"你再不听话就要打你了"。可见，家庭成员间不经意的行为都可能会影响幼儿的交往行为。同时，在家庭教育中，家长应该有意识地引导幼儿使用礼貌用语，比如得到别人帮助时要主动说"谢谢"，看到教师或者熟悉的同伴时要主动问好，不小心碰撞到同伴要赶紧表示歉意。此外，家长可以通过绘本和游戏互动的方式传递正确的交往方式，如握手、拥抱、微笑等表示友好的方式。并且，应注意避免幼儿因观看、模仿动画视频而学习到一些不良行为。

任务二　31~36个月幼儿早期教育活动设计与组织

案例导入

快3岁的东东最近让妈妈特别烦恼：天气冷，妈妈想给东东加件衣服，东东说"不"；在小花园里玩，其他幼儿想玩东东的玩具，东东紧紧抱着自己的玩具，任凭妈妈怎么说要学会分享就是不肯

松手；看到别人手中的玩具，他又一把抢过来，妈妈批评教育了几次，东东还是改不了。东东马上就要上幼儿园了，妈妈非常担心东东进入幼儿园后会和同伴起冲突，想帮助东东尽快建立规则感。针对东东妈妈的忧虑，你有哪些建议呢？

任务要求

1. 理解31～36个月幼儿身心发展特点及其在早期教育活动设计中的作用。
2. 理解并掌握31～36个月幼儿早期教育活动的设计思路与组织流程。

一、制订31～36个月幼儿早期教育活动目标

（一）31～36个月幼儿的身心发展

31～36个月的幼儿在思维上仍以动作思维为主，行走能力已经相对熟练。大部分的幼儿都能进行单脚站立，双脚交替下楼梯，对于自己身体的掌控能力更强，在这一基础上，他们也渴望更多的挑战。在家庭生活中，除了能自主吃饭外，他们也愿意做一些如叠被子、收拾碗筷等简单的家务，但因受动作发展水平所限，常常事与愿违，帮了倒忙。一些家长以为幼儿调皮捣蛋，其实这是一种误解。这时候，家长恰恰要善于观察，鼓励幼儿积极的行为，帮助提高幼儿的动作发展水平，让幼儿在家里拥有更多动手动脑的机会。随着幼儿能参与的事情增多，他们的精细动作也会发展得更好，自信心和自主性也会增强。

31～36个月的幼儿在自我意识上的发展更加显著。在这个时期，幼儿会把很多东西据为己有，还不断强调"我的"，更喜欢与大人对着干，用"不"表达自己的想法。就如前文所说的，幼儿通过不断的探索发现自己对身体的掌控力更强了，他们也会发现语言同样具有力量，而从前他们不曾体会到。当他们说"不"时，家长或是生气或是无奈，又或是顺从，这些表现让幼儿觉得自己的语言是可以影响某些事情的。当然面对这种情况家长也不要着急，在某些情况下，幼儿是可以适当拥有自己的决定权的。

比如，幼儿对自己的物品有决定权，他们可以选择分享或拒绝，也有自己的意志，可以说"不"。家长要创造一个良好的环境，帮助幼儿的自我意识获得发展。

在情绪和社会交往上，虽然这一阶段的幼儿有时会让家长觉得有一些"叛逆"，但幼儿大多数时候在情绪控制上显得更为"冷静"和"成熟"。会用"快乐""生气"等词来描述自己和他人的情感，有时甚至会隐藏自己的真实情感，对成功的事表现出积极的情绪，反之则会产生消极的情绪。这一阶段的幼儿在成人的引导下具备一定的交往策略，逐步开始与同伴进行合作分享。

在认知发展方面，幼儿已经基本能区分红、黄、蓝、绿等常见的颜色，可以画一些涂鸦画等。在语言发展上，31～36个月是幼儿口语快速发展的时期，词汇量明显增大，能说出5个字以上的复杂句子并能回答成人的简单问题。知道了一些礼貌用语并会在恰当的场合使用，能够理解简单的事物之间的关系并能用语言进行表达。

（二）31～36个月幼儿的早期教育活动目标

1. 健康

营养与喂养：能尝试用筷子夹取食物；能有控制地进食。

生活与卫生习惯：晚上能控制大小便，不尿床，能做一些力所能及的家务。

2. 动作

粗大动作：能连续跳跃，能平稳地走平衡木；能朝目标定向投掷；能协调地做模仿操。

精细动作：手眼协调增强，能画圆形、十字形，对折纸；手部肌肉力量增强，能插积塑类玩具。

3. 语言

听：学会倾听和理解语言，愿意听故事，逐步掌握词汇和简单的句子。

说：对声音和语言感兴趣，学会正确发音；学会运用语言进行交流，表达自己的要求。

早期阅读：能理解绘本故事的主要情节；会自己看绘本。

4. 认知

感知能力：发展最初的时间概念，如能结合具体事件理解时间概念的含义。

记忆能力：能记忆很久以前发生的事（如一个月前），能尝试简单的记忆策略。

早期数感知：开始对数数感兴趣。

问题解决能力：能尝试创造性地解决一些新问题。

想象能力：能做简单的想象游戏，能把一种物体想象成另一种物体。

5. 社会交往

与成人交往：能与教师建立新的依恋关系。

同伴交往：能与同伴互助，交换、分享玩具。

情绪情感：能有意识地控制自己的情绪；会整体移情、同情；能解释他人产生情绪的原因；情绪控制力明显增强。

自我意识：知道自己的性别；开始与他人比较、比赛。

二、组织31～36个月幼儿早期教育活动内容

（一）31～36个月幼儿早期教育活动内容

1. 动作技能类

（1）粗大动作

① 练习平稳地走平衡木。

② 玩接抛游戏，举手过肩抛球1米远。

③ 钻过高度为自己一半身高的洞穴，登三层攀爬架。

④ 做模仿操，玩荡秋千，跳蹦蹦床，玩跷跷板。

（2）精细动作

① 挑拣并分装不同的豆子，解扣子，会画圆形、正方形和三角形。

② 用手指捏橡皮泥，会撕纸、剪纸条、折长方形。

③ 用筷子夹枣，按要求的颜色、形状间隔穿珠子，可以完成简单的粘贴画。

2. 认知类

（1）言语知识类

① 练习语法结构和句型，积累一定的词汇量，说出五词句、六词句等复杂句。

② 听故事、儿歌、诗歌，说出日常物品的用途。

③ 正确使用"你""我""他"等人称代词，说出日常生活中的反义词，说出自己和熟悉的人的名字。

④ 较长时间做游戏、听故事，回答故事中的简单提问，回答"是什么""为什么"的问题，练习看图说话。

（2）智力技能类

① 听故事并跟着复述简单的句子，自己看绘本。

② 跟着音乐哼唱，背出一些歌词。

③感受软与硬、粗糙与光滑、冷与暖等变化。

④认识三种或三种以上颜色，认识圆形、三角形、正方形等形状。

⑤感知明显的大小及简单的数量关系。

（3）认知策略类

①记得熟悉的人并打招呼，记得一个月以前发生的事情。

②专注于自己感兴趣的事情并坚持10分钟左右。

③进行简单的分类和数数，练习手口一致点数1～10。

3. 情感态度类

（1）情绪情感类

①独立愿望很强烈，按顺序做事，做简单的、力所能及的事情。

②愿意与同伴一起开展平行游戏。

③有意识地控制自己的情绪，理解他人的情绪，在遇到问题时具有情绪控制能力。

（2）态度类

①自我评价及道德品质有初步的发展，会判断"好"与"不好"、"对"与"不对"。

②在适当的场合懂得用语言来控制和调节自己的行为以得到表扬或避免被批评。

（二）31～36个月幼儿早期教育活动内容的组织

1. 以领域活动为主线组织活动内容

幼儿的发展应遵循整体性原则，31～36个月幼儿早期教育活动的组织应以促进幼儿运动、认知、语言、情绪情感、社会性等各领域的发展为目标。

31～36个月的幼儿处于0～3岁的最后阶段，不论是生理上还是心理上，更具有独立性，教师和家长要尊重幼儿，但也要教会幼儿控制情绪和语言表达的方法。教师和家长可通过游戏、情景表演、绘本故事等让幼儿逐步明白虽然自己现在已经是一个独立的个体，但在社会生活中要遵守社会规范。

31～36个月的幼儿动作发展日趋成熟，教师和家长应利用日常活动帮助幼儿锻炼手部肌肉力量，锻炼幼儿身体协调能力和平衡能力，让幼儿有自主活动的机会，促进幼儿运动能力的发展。

31～36个月的幼儿语言能力快速发展，进入语言输出的高峰期，显示出对语言含义的极大兴趣。教师和家长要抓住语言发展的敏感期，通过歌曲、绘本、日常生活对话给予幼儿充分的语言输入和输出的机会，帮助幼儿纠正发音，规范语法结构，丰富语言表达的句型，积累一定的词汇量。同时，动作发展可以和语言发展相结合，比如引导幼儿通过对歌词内容的理解做出相应的动作。如，念到儿歌"小白兔，白又白，两只耳朵竖起来"，幼儿可以用手部动作模仿小白兔耳朵竖起来的样子，念到"一蹦一跳真可爱"，可以用跳跃动作来模仿小白兔的模样。

31～36个月的幼儿能够使用抽象的符号，理解一些简单的图片内容，对数字开始感兴趣，对物品进行简单分类，基于这些心理发展特点，教师可以设计图片配对、物品数数、物品简单分类等活动让幼儿得到充分锻炼。这一阶段，幼儿的注意力可以延长到10分钟，对自己感兴趣的活动可以集中注意力20～30分钟。在认知发展上该月龄段幼儿可以记住约两个任务，这是幼儿记忆能力的飞跃。随着幼儿认知能力的发展，在阅读绘本时可利用整合性原则，让幼儿数一数绘本中小动物的数量，识别绘本中的事物，用语言描述绘本中人物的心情变化，阅读结束后可以让幼儿回忆故事的主要内容。

2. 以入园适应为主线组织活动内容

31～36个月的幼儿即将进入幼儿园，入园适应问题应是这一阶段教师和家长关注的重点。一些家长担忧的是幼儿园的作息制度和托育园有差别，托育园相对来说每班幼儿较少，教师能够尽可能关注到每一个幼儿，而幼儿园小班每班人数在30人左右，教师的精力就更为分散。在托育园，家长关注的重点偏重保育方面，对幼儿的期望也是只要安全快乐即可，但是部分家长对于要上幼儿园的幼儿就会有新的要求，为幼儿报名参加了很多"兴趣班"，繁重的学习任务不利于幼儿身心的健康发展。为了使幼儿更好地适应入园以及缓解家长的焦虑情绪，应从各个领域让幼儿做好入园准备。

首先，教师要注重幼儿自理能力的培养，通过活动的方式让幼儿练习洗手、如厕、穿脱衣服、收拾餐具等生活技能。幼儿只有掌握了生活技能，进入幼儿园后才能拥有"自己的事情自己做"的自信，从而更好地融入幼儿园的游戏和学习。其次，在语言领域，教师也应注重让幼儿说出五词句的复杂句式，在幼儿园如果遇到困难要学会用语言来表达自己的想法。最后，在社会交往方面，幼儿进入幼儿园将面对新的教师和同伴，所以在入园适应上教会幼儿一些社交策略是非常有必要的，比如在游戏活动中让幼儿锻炼轮流、分享和交换的能力。

作为教师，可以从多种活动入手，帮助幼儿缓解入园过度焦虑等问题。比如，托育园或者早教中心可以开展"今天我上幼儿园"主题活动，将班级布置成幼儿园的环境，调整一日作息时间，让幼儿自己带好小书包，学会自己放到柜子里等。还可以邀请幼儿园的教师来园讲课，播放视频让幼儿了解幼儿园的真实情况。

其次，教师在一日生活中可以融入有关幼儿园的歌曲，让幼儿在轻松欢快的旋律中逐步适应准幼儿园小朋友的身份。比如，在幼儿刚入园的时候可以播放《入园歌》，让幼儿潜移默化地从歌词当中感受到进入幼儿园是一件十分快乐的事情，幼儿园的教师和同伴都是十分热情友好的。

最后，托育园可以和附近的幼儿园建立合作，在幼儿园开放日活动中组织幼儿去幼儿园参观，请幼儿园的哥哥姐姐与弟弟妹妹一起交流，一起游戏，让托育园幼儿感受到幼儿园是一个温馨快乐的大家庭。

三、创设31～36个月幼儿早期教育活动区域

结合31～36个月幼儿早期教育活动目标，教师可在室内外创设以下活动区域。

（一）感统运动区

本区域主要发展31～36个月幼儿的粗大动作，包括能连续跳跃，能平稳地走平衡木，定向投掷等。可投放以下活动材料。

1.攀爬练习类材料

主要锻炼四肢协调能力，培养空间知觉、方位知觉，培养的意志品质，如可投放钻筒、爬行通道。

2.臂力练习类材料

主要锻炼上肢力量，如可投放用于打拳击、接飞盘、投掷飞镖、打保龄球的材料等（图6-2-1）。

3.平衡能力练习类材料

主要锻炼平衡能力，发展前庭觉，如可投放平衡木、跷跷板、摇马等。

4.感觉统合练习类材料

主要锻炼身体协调性、粗大动作能力，如可投放平衡跷跷板、感统抛接球、儿童高跷、平衡踩踏车、儿童独角椅等（图6-2-2和图6-2-3）。

图6-2-1 保龄球

图 6-2-2　感统抛接球

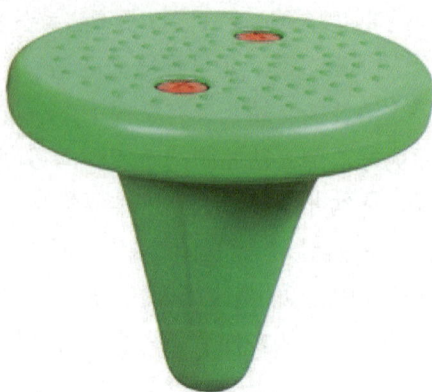

图 6-2-3　儿童独角椅

（二）角色游戏区

本区域主要发展31 ～ 36个月幼儿的语言能力、社会交往能力，可投放以下活动材料。

1. 餐厅材料

可投放仿真烧烤炉、电磁炉、餐碟、烤串玩具（图6-2-4）。

2. 超市材料

可投放仿真收银机、玩具纸币、篮子、饮料、零食、蔬果玩具（图6-2-5）。

图 6-2-4　餐厅玩具

图 6-2-5　超市玩具

3. 医疗材料

可投放仿真听诊器、血压计、注射针筒、医疗包、体温计、胸卡、药盒、显微镜、秒表、手电筒等。

（三）操作建构区

本区域主要发展31 ～ 36个月幼儿的认知能力，促进幼儿精细动作的发展，可投放以下玩具材料。

1. 操作类

可投放插塑类玩具以及生活类材料（如筷子、纸张），让幼儿学会用筷子夹物、对折纸条等，此外七巧板、拼图、多米诺骨牌、配对接龙玩具等都可锻炼幼儿认知能力和手部精细动作。

2. 建构类

雪花片、齿轮、磁性积木、拼装轨道车等玩具，可以培养幼儿的动手能力和创造力，促进幼儿深度知觉能力、空间感知能力及联想能力的发展（图6-2-6、图6-2-7）

图6-2-6　磁性积木

图6-2-7　拼装轨道车

（四）科学探究区

随着31～36个月幼儿认知能力的增强，在科学探究区可投放更具挑战性的材料，发展幼儿的观察、分类、创造、思维及问题解决能力等，可投放以下玩具材料。

1. 自然生活类

如棉花、沙子、蚕丝、羊毛、皮革、黏土、木材、竹材、石头、稻草及废旧衣物等。

2. 数学认知类

如三合一数字板、彩虹计数玩具、数字卡片书等（图6-2-8、图6-2-9）。

3. 拼图类

如交通工具拼图、艺术家画作拼图、Amino拼图。

4. 齿轮转动类

如机械齿轮、遥控编程齿轮（图6-2-10）。

5. 光影类

如光影游戏绘本、童话光影故事机。

6. 配对、分类游戏材料

如动物颜色分类玩具、影子配对玩具、垃圾分类玩具及乐器收纳盒等。

（五）艺术游戏区

本区域主要发展31～36个月幼儿在音乐、美术、

图6-2-8　三合一数字板

图6-2-9　彩虹计数玩具

图6-2-10　机械齿轮

舞蹈方面的艺术感知与体验，可投放以下玩具与材料。

1. 乐器声响类

如手风琴、木琴、打击乐玩具可以帮助幼儿感受音乐和节奏，培养音乐兴趣，锻炼耐心，增强对音乐的感知能力。

2. 美术探究类

如双面画板、彩笔、画笔等美术玩具可以让幼儿在涂涂画画中感受颜色的变化，发展幼儿的绘画能力和书写能力，帮助幼儿养成整理的好习惯。

3. 舞蹈表演类

如各种动物头饰、仿真化妆道具、镜子等。

四、实施31～36个月幼儿早期教育活动

（一）集体活动

31～36个月的幼儿即将进入幼儿园，在托育和早教活动中，教师应该更加注重幼儿入园规则感的培养。该月龄段幼儿的集体活动在时间上要有所延长，在活动形式上要与幼儿园的活动类型相衔接，弱化活动中家长参与的部分，锻炼幼儿的自主性。首先，集体活动中增加幼儿自取教具及专注力能力训练，在活动结束后引导幼儿自主收拾教具放回固定位置。其次，在集体活动中更强调规则性，比如排队领取活动教具，学会分享玩具，当和同伴发生冲突时学会用语言沟通的方式解决矛盾等。

此时的幼儿在动作发展方面，跳跃能力得到了极大增强，可以进行向前跳跃、立定跳跃以及单脚跳、站立等动作。故在组织集体活动时，教师应该充分调动幼儿的运动能力，满足他们身体发育的需求。在组织集体活动时，教师也要关注幼儿精细动作的发展，当幼儿开始出现旋扭的动作，能用食指和拇指去拿自己喜欢的物品，可以有针对性地锻炼幼儿的精细动作以及书写能力。该月龄段幼儿的语言能力得到较大提升，词汇量在之前的基础上成倍增加，每天都能学会多个新词汇，使用的句子在长度、复杂性等方面得到了一定的发展。故在集体活动中应该增加师幼互动以及语言领域的活动，以利于幼儿词汇量的学习及语言能力的发展。

总之，该月龄段幼儿集体活动的重点是帮助幼儿做好入园准备，培养幼儿独自进入集体生活所需的各项能力。

（二）小组活动

该月龄段幼儿在社会交往方面需求逐渐增大，喜欢用一些策略进行交友并加入同伴的游戏中。因此，该阶段的幼儿喜欢小组活动，也初步学会了与别人分享的方法，但是在表达自己的情绪上还有些不足，没有形成稳定的性格，在小组活动中容易发生冲突。所以在小组活动中，要及时鼓励幼儿，使其学会在交往时勇敢地面对问题，培养稳定的情绪，可指导幼儿阅读绘本，并组织一些游戏，帮助其排解焦虑的情绪。随着幼儿语言能力和自主性的增强，教师可让幼儿进行各个领域的小组活动。如在运动活动中，可让三四名幼儿一起运送沙包、皮球等，锻炼幼儿的合作能力；在美术活动中，可提供一套油画棒放在中间，让幼儿学会分享使用；在音乐活动中，可以小组为单位让幼儿围成圈跳舞等；在语言活动中，教师可让三四名幼儿共同分享绘本。

（三）个别活动

在个别活动中，教师应提供相关个别化材料，指导幼儿自主拿取和游戏。在个别活动中也应加入整理游戏，锻炼幼儿的动手能力及收纳习惯，为其进入幼儿园做准备。同时，规范幼儿的生活习惯，如安静吃饭、自主如厕及在规定时间睡觉等。可以通过游戏法、儿歌法、故事法、奖励法等方式激励幼儿在个别活动中的表现，充分调动其活动积极性。此外，教师应在个别活动中有针对性地观察幼儿，并在幼儿的成长档案中进行跟踪记录，从而制订个别化的指导方案，帮助其提高相应领域的能力。

五、调整31～36个月幼儿早期教育活动

（一）实施观察分析

31～36个月的幼儿在健康、动作、语言、认知和社会交往方面都有该阶段的发展侧重点，这些侧重点对教师设计与实施早期教育活动有一定指导意义，教师和家长可以根据观察重点与反馈及时调整活动内容（重点观察内容可参阅表6-2-1）。

表6-2-1　31～36个月幼儿重点观察内容

观察领域	观察重点内容举例
健　康	1. 能尝试用筷子夹取食物；能有控制地进食 2. 知道一些安全防护知识，具有初步的自理能力
动　作	1. 两脚交替上下楼梯；单脚站立不跌倒 2. 手部精细动作发展，可以进行简单折纸
语　言	1. 交谈时语句更加完整 2. 在交谈中使用礼貌用语，回答成人提出的简单问题
认　知	1. 记忆能力增强 2. 分类、数数能力增强
社会交往	1. 自理能力增强 2. 理解、倾听能力加强 3. 情绪控制能力提升

首先，在健康方面，该月龄段幼儿的自理能力明显加强，教师应该有意识地让幼儿自己穿脱衣服，折叠小被子、养成把鞋子放在固定的位置，女生睡觉前自己取下头绳交给教师统一保管或放在

固定位置，培养幼儿良好的生活习惯，为之后进入幼儿园做准备。

其次，在动作和语言方面，虽然该月龄段幼儿的语言和动作能力有了飞跃，行走时也较为自然，对语言的理解能力提升，但他们仍处于语言和动作的发展阶段。例如，教师组织了一个蒙眼游戏，需要一名幼儿在用眼罩蒙上眼睛，其他幼儿可以去触碰蒙眼幼儿，若蒙眼幼儿用手中的毛绒玩具打到其他幼儿，被打到的幼儿则被淘汰。教师认为这个游戏规则非常简单明了，但是讲解了好几遍，幼儿都玩不起来。可见幼儿对于某些语言的理解能力并不强，教师在组织教学活动、游戏活动时，不应只是简单地讲解游戏方法，而应该亲自做示范或者邀请幼儿一同做示范，让幼儿明白游戏的玩法。在动作发展方面，该月龄段的幼儿已经能完成双脚交替行走、单脚站立，但仍可以通过游戏的形式让幼儿进一步巩固。

（二）调整教育活动

31～36个月的幼儿最突出的表现是自我意识和语言能力增强，但对于一些较复杂的游戏规则难以理解，语言和动作仍在发展中。上文"蒙眼游戏"中，教师只是用语言讲解规则，并未实际示范，因此无法让幼儿充分理解游戏规则。故针对游戏讲解，教师应主动做示范，一边使用动作，一边结合语言，并且引导幼儿不戴眼罩试玩几次，待幼儿能够理解游戏玩法后再进行游戏。

为促进幼儿动作和语言发展，教师要充分给予幼儿语言表达的机会，如让幼儿描述周末发生的事情，说说图片中发生的故事，也可以提问简单的"为什么"问题促进幼儿语言能力的发展。动作发展方面，教师应该设计符合幼儿发展水平的游戏。比如，可以准备一些纸质的荷叶，让幼儿在荷叶上做双脚跳或单脚跳，模仿小青蛙的动作，使活动既有故事性又有趣味性，充分调动幼儿参与活动的积极性，同时锻炼幼儿双脚跳、单脚跳、单脚站立等能力，促进幼儿前庭觉的发展。

在认知发展方面，该月龄段幼儿的记忆、分类、数数能力增强，教师可以一次发出三条以内的简单指令，让幼儿根据指令完成相应的活动；也可以让幼儿进行简单分类和5以内点数活动。活动中，教师可采用一些教具，如动物分类、颜色分类、影子配对、垃圾分类、乐器分类等，来锻炼与发展幼儿的认知能力。在组织认知能力的活动时，要注意幼儿的个体差异，根据加德纳的多元智能理论，每个幼儿都有自己的长处和所属的智能类型，家长和教师应根据幼儿的个体差异，进行针对化、个性化的指导。

六、31～36个月幼儿的家庭教育指导

（一）健康

在进行健康领域家庭教育指导时，教师应引导家长注重幼儿的饮食均衡，培养幼儿用餐时荤素搭配、每天吃水果的好习惯，让幼儿知道一些常见食物的营养素及对身体的价值。同时，注重调节幼儿的情绪，帮助幼儿用合适的方法排解自己的不良情绪，避免一些攻击性行为的发生。随着自主性和活动能力的增强，幼儿对外界事物的探索能力和欲望成倍增长，但安全意识较薄弱，自我保护能力差，家长要向幼儿传递必备的安全知识。比如，不靠近池塘，不靠近马路，不离开父母的视线，不随意接受陌生人的食物，不靠近窗户和家中的电器等。

在家中开展教育活动时，家长可以借助绘本让幼儿理解良好饮食习惯的重要性。比如，绘本《肚子里有个火车站》讲述了一个叫茱莉娅的小姑娘不注意饮食习惯，结果导致生病的故事。家长也可以跟幼儿玩一些健康类的游戏，如和幼儿玩"打败病毒"游戏，让幼儿了解病毒是什么，以及为什么出门要戴口罩、要经常洗手消毒、不能去人员密集场所。

此外，除了培养幼儿良好的饮食习惯和安全意识，家长自身在烹饪食物时也要注意不能使用辛

辣刺激性调味品，腌制和霉变食品也不能给幼儿食用。同时，要少给幼儿吃糯米、黄米等做成的黏度高的食品，因为幼儿的会厌软骨发育不完善，食用之后容易发生危险情况。

（二）动作

该月龄段幼儿大动作发展的目标是能连续跳跃，能平稳地走平衡木，能定向投掷和做模仿操等。同时，精细动作也在不断发展，在绘画活动中可以画出一个闭合的圆圈。在早期教育活动中，教师可着重于幼儿上下肢力量的练习，可以设计钻爬隧道、走平衡木比赛、投掷沙包、做早操等活动。

在家庭教育中，家长可以利用多种活动发展幼儿的身体平衡和协调能力。如，走平衡木或沿着地面直线、田埂行走，也可鼓励幼儿进行跑跳、钻爬、攀登、投掷、拍球等活动，发展幼儿动作的协调性和灵活性。小区、公园、社区中的儿童乐园等可作为幼儿进行锻炼的场所。

在动作发展方面，家长要树立正确的儿童观和教育观，切勿因为担心幼儿可能摔倒或把衣服弄脏，而限制幼儿的探索活动。其实大自然是幼儿最好的伙伴，我国著名教育家陈鹤琴曾经说过，"大自然、大社会都是活教材"，幼儿在对自然的探索中能够锻炼身体、萌发好奇心和创造力。故，家长应为幼儿提供适合活动的衣物，鼓励幼儿多进行粗大动作的运动，不指责幼儿把衣服弄脏，为幼儿点滴的进步感到高兴。在精细动作发展方面，该月龄段幼儿手部精细动作还处在发展阶段，无法做一些对精细动作要求较高的动作，如扣纽扣、系鞋带等，但家长要为幼儿提供练习的机会。

总之，动作需要在不断练习中才能发展，家长要信任幼儿，在保障幼儿安全的情况下让其充分探索。

（三）语言

该月龄段的幼儿好奇好问，能理解简单的日常生活用语，可以和成人进行简单的对话，但在紧张情况下会出现表达不畅的问题。教师应给予幼儿充分的语言表达机会，如在绘本教学时经常与幼儿互动，让幼儿尝试回答"是什么""为什么"等问题，在日常生活中鼓励幼儿大胆表达。同时建议家长在家中要多与幼儿交流，不能对幼儿问的"为什么"置之不理，要对幼儿的提问耐心解答。如，幼儿会问"为什么有的地铁车厢是黄色的，而有的是蓝色的"，家长应该用儿童化的语言告诉幼儿地铁线路可以用颜色进行区分。若家长对于幼儿提出的问题无法解答，则可以告知幼儿待自己查询相关资料后再详细解答。家长跟幼儿交流的过程中要尽量使用完整的语句，为幼儿习得规范的语言表述做好示范。

特别值得注意的是，家长要引导幼儿学会借助语言进行情绪表达，不可采用动作及攻击性行为，跟别人交流时要使用礼貌用语。同时，在家庭教育中家长要以身作则，做好示范引领。

（四）认知

随着认知能力的发展，幼儿在记忆、早期数感知、问题解决和想象能力上都有了飞跃。家长可以根据早期教育活动的目标，结合幼儿自身认知能力发展情况设计丰富有趣的家庭教育活动。

家长在设计活动时既应注重分类、记忆及思维能力，也应有意识地锻炼幼儿的专注能力，引导幼儿不论是阅读还是玩玩具都要保持专心，不可左顾右盼、三心二意。此外，要结合幼儿以直接感知、动手操作为主的学习特点，采用多元的方式，激发幼儿对事物的好奇心和探索欲。

以"多彩的石头"活动为例，家长可以从多个方面，采取多元方式进行引导。

活动案例

多彩的石头（31～36个月）

【活动目的】

促进认知能力和多感官发展，促进想象力和创造力。

【活动准备】

石头若干、图片、颜料。

【活动过程】

1. 家长拿出不同颜色的石头，让幼儿按颜色分类。

2. 家长引导幼儿比较不同石头的大小、轻重，摸一摸石头的质地。

3. 家长用图片帮助幼儿认识石头不同的用途。

4. 家长播放音乐引导幼儿用石头当作乐器打节奏。

5. 家长和幼儿一起用石头铺石子路走一走。

6. 家长指导幼儿用石头来作画并进行交流分享。

（五）社会交往

该月龄段幼儿的社会交往包括控制个人情绪、学习合作交往、学会分享等方面。教师在教学过程中要注重教授幼儿正确的交往方法和策略，让幼儿学会初步的交往技能。

在家庭教育中，家长会察觉到该阶段的幼儿个人情绪波动比较大。特别是进入新环境，一不如意就哭闹，在家长给予安抚后就能立刻止住哭闹，甚至眉开眼笑。此时，家长首先要引导幼儿学会控制自己情绪的方法，如用语言表达自己的想法，或是深呼吸几秒慢慢让自己缓解情绪，多次尝试之后幼儿就会逐渐明白如何控制自己的情绪。其次，幼儿会慢慢注意到周边人的情绪及态度变化，面对自己友好的同伴，会主动接触并愿意建立友谊，甚至主动分享自己的玩具；面对不友好的同伴，则会选择避让，并会向家长反映"我不喜欢跟他一起玩""我不要给他玩具玩"。家长要了解此时幼儿的社会交往特点，切勿强迫幼儿分享自己的物品。

总之，家长要充分给予幼儿社会交往的机会，让幼儿体验不同社会场景下的社会交往，从中锻炼社会交往能力。

思考与练习

一、单选题

1. 从幼儿心理发展角度来看，以下哪个月龄段通常会呈现"小大人"的特质？（　　）

    A. 7～12个月　　　　　B. 13～18个月　　　　　C. 25～30个月　　　　　D. 31～36个月

2. 25～30个月幼儿的早期教育目标不包括以下哪一项？（　　）

    A. 健康　　　　　B. 语言　　　　　C. 书写　　　　　D. 认知

3. 以下哪一项不属于25～30个月幼儿的动作发展特点？（　　）

    A. 侧身走　　　　　B. 单足站立　　　　　C. 双脚交替上下楼梯　　　　　D. 连续跳跃

4.以下哪一项不属于31～36个月幼儿粗大动作的发展特点？（　　　）

　　A.能平稳地走平衡木　　B.能协调地做模仿操　　　C.能朝目标定向投掷　　　　D.能插积塑玩具

5.以下哪一项不属于25～30个月幼儿的建构类玩具？（　　　）

　　A.积木　　　　　　　　B.积塑　　　　　　　　　C.数字钉板　　　　　　　　D.磁力片

6.从幼儿心理发展角度来看，以下哪个月龄段的幼儿喜欢用"不"来表达自己的想法？（　　　）

　　A.7～12个月　　　　　B.13～18个月　　　　　　C.25～30个月　　　　　　D.31～36个月

7.以下哪一项材料不属于感觉统合练习类？（　　　）

　　A.感统抛接球　　　　　B.儿童独角椅　　　　　　C.平衡跷跷板　　　　　　D.娃娃家

8.针对31～36个月幼儿的托幼衔接，适合开展哪种类型的活动？（　　　）

　　A.以绘本为主线的活动　　　　　　　　　　　　B.以生活主题为主线的活动

　　C.以入园适应为主线的活动　　　　　　　　　　D.以领域活动为主线的活动

9.以下哪种活动类型有助于培养25～30个月幼儿的社会交往能力？（　　　）

　　A.个别活动　　　　　　B.集体活动　　　　　　　C.小组活动　　　　　　　D.亲子活动

10.25～30个月幼儿观察重点是（　　　）。

　　A.健康、动作、语言、认知、社会交往

　　B.健康、动作、阅读、认知、社会交往

　　C.健康、书写、阅读、认知、社会交往

　　D.健康、动作、语言、思维、社会交往

二、简答题

1.简述25～30个月与31～36个月幼儿早期教育活动目标和内容。

2.简述25～30个月与31～36个月幼儿心理发展的异同点。

3.请为25～30个月的幼儿设计一个绘本主题教育活动方案。

4.请为31～36个月的幼儿设计一个入园适应主题活动方案。

5.请用表格记录法记录分析一个25～30个月幼儿的语言发展水平，并尝试将分析信息与教育活动建立关联。

6.请为31～36个月幼儿的家长设计一个早期教育指导方案。

模块 七

婴幼儿特色教育活动的设计与组织

任务一 ➜ 婴幼儿感觉统合教育活动的设计与组织

任务二 ➜ 婴幼儿蒙氏教育活动的设计与组织

任务三 ➜ 婴幼儿奥尔夫音乐教育活动的设计与组织

≫ 模块导读

　　感觉统合训练、蒙氏教育、奥尔夫音乐教育三种教育活动颇具特色，丰富而有趣的操作材料为婴幼儿所喜爱，经过长期的发展，形成了完整的课程体系，是婴幼儿早期教育活动中不可或缺的部分。本模块内容共包含三项任务：任务一，掌握感觉统合训练的基本知识，能设计与组织婴幼儿早期感统教育活动；任务二，学习和掌握蒙氏教育相关理念，了解蒙氏教育的主要内容并能设计和组织婴幼儿早期蒙氏教育活动；任务三，学习奥尔夫音乐相关理论，能设计和组织婴幼儿奥尔夫音乐早期教育活动。

≫ 学习目标

1. 了解感觉统合训练、蒙氏教育、奥尔夫音乐教育三类特色课程的基本理念。
2. 掌握婴幼儿感觉统合训练、蒙氏教育、奥尔夫音乐教育活动的基本内容。
3. 能根据所学知识设计并组织实施婴幼儿感觉统合训练、蒙氏教育、奥尔夫音乐教育活动。
4. 学会指导家长在家中开展婴幼儿感觉统合训练、蒙氏教育、奥尔夫音乐教育活动。

≫ 思维导图

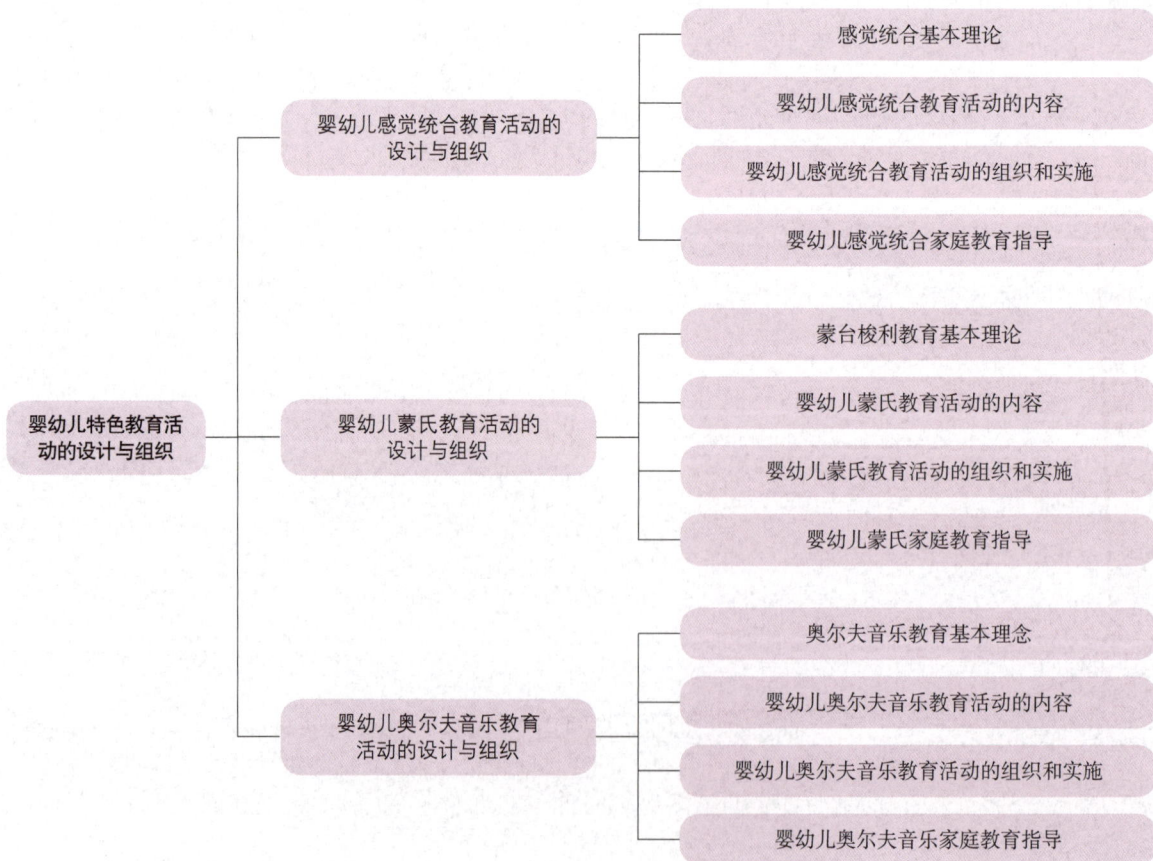

任务一　婴幼儿感觉统合教育活动的设计与组织

案例导入

安安是一个精力旺盛的小男孩。教师发现他特别喜欢做旋转的动作，尤其是在一些快速旋转的器材上，可以一直转不停，平时也经常自己转圈圈，好像没什么危险意识，甚至越危险的活动越喜欢。小敏是一个十分敏感的小女孩，对衣服的材质十分挑剔，也会因食物的材质而挑食，怕脏，不喜欢去探索外面的世界，也不喜欢与陌生人接触，害怕与陌生人进行目光对视。天天较其他幼儿显得有些懒散，不喜欢运动，逃避体育锻炼，在家中也会逃避帮爸爸妈妈做家务，自我服务能力较差，整天都懒洋洋的。请问，以上三个幼儿在发展过程中分别遇到了什么问题，应该如何帮助他们？

任务要求

1. 了解感觉统合的基本理论。
2. 掌握婴幼儿感觉统合教育活动的基本内容。
3. 学会组织与实施婴幼儿感觉统合教育活动。
4. 学会指导婴幼儿感觉统合家庭教育活动。

一、感觉统合基本理论

（一）感觉

感觉是人脑对直接作用于感觉器官的事物的个别属性的反应。人体的感觉可以分为外感和内感，从身体之外接收感觉信息，就叫外部感觉，简称"外感"。外感主要由人体五大感觉器官接收外界信号刺激并传递给大脑，由大脑发出指令，再由感觉器官做出相应反应，主要包括人类常见的五种感觉：视觉、听觉、味觉、嗅觉和触觉（图7-1-1）。内部感觉又称"内感"，是一种"以身体为中心的感觉"，具有内隐性，不容易被人体察觉，却始终伴随着我们，在生活中发挥着重要作用，让我们知道饥饿、口渴、睡眠、排泄等信号，主要包括前庭觉、本体觉和机体觉三大感觉（图7-1-2）。通常

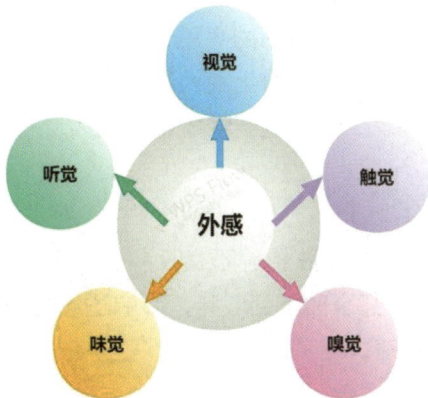

图7-1-1　外感

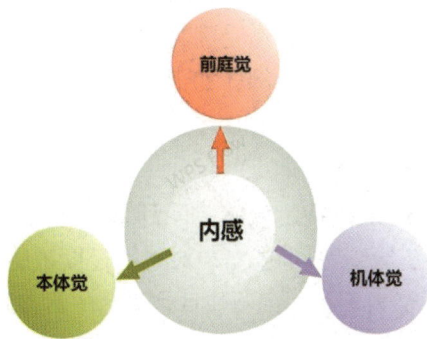

图7-1-2　内感

所说的人体感觉系统包括视觉、听觉、嗅觉、味觉、触觉、前庭觉和本体觉七大感觉系统，其中触觉、前庭觉和本体觉又被称为人类最基本的三大感觉系统。

触觉：触觉又称皮肤觉，皮肤作为最大的感觉接收器官，将接收到的来自外界的信号传递给大脑，人体表皮接触外界环境产生的感觉包括触觉、温度觉、压觉、痛觉。

前庭觉：前庭系统是掌管人体平衡的重要系统。前庭觉的直接感受器位于内耳，感受头部位移的感觉，生活中乘坐电梯、汽车，荡秋千，坐旋转木马都会产生强烈的前庭刺激。

本体觉：本体觉的感受器在肌肉、肌腱以及关节当中，是对机体所用力量、移动以及处于何种方位的感觉，包括身体的姿势、面部表情以及躯体运动时的状态的感觉。

（二）感觉统合

感觉统合理论由美国南加州大学临床医学及心理学家琼·爱尔丝博士（Dr. Jean Ayres）提出，爱尔丝博士将脑神经学与发展心理学研究相结合，总结得出：感觉统合是人的大脑将从各种感觉器官传来的信息进行多次分析、综合处理并正确应答，使个体在外界环境的刺激中和谐有效地运作。感觉统合的过程就是感觉器官接收外界刺激进行感觉输入，由周围神经系统传输至中枢神经系统，人脑经过筛选、调节和分析对传导信号进行有效整合，发出指令信号，最终感觉接收器官做出适应性反应的过程。因此，感觉统合的过程也是一个信息加工的过程。

二、婴幼儿感觉统合教育活动的内容

婴幼儿感觉统合教育活动的内容主要是应对婴幼儿七大感觉系统失调进行的训练。感觉统合失调是由于神经系统和外界环境因素的影响，儿童无法有效整合感觉到的外界刺激，有机体不能完成正确的应答，不能和谐有效地运作。

（一）婴幼儿感觉统合失调的主要表现

1.视觉统合失调

① 常碰撞他人或撞到物体；② 不会区分物体的大小；③ 对颜色分辨力不足；④ 空间感知能力较差，上下楼梯或跨越水沟时会迟疑和害怕；⑤ 配对简易几何积木图形有困难；⑥ 分辨力不足，辨认不出照片中的自己和熟悉的人；⑦ 不喜欢玩图形，找出掺杂在背景中的特定图形有困难；⑧ 容易迷路；⑨ 视线追踪移动物体有困难。

2.听觉统合失调

① 对突发的大声响没有反应，如鞭炮声；② 听到声音后，不会转头寻找声源；③ 不会注意倾听熟悉的声音，如妈妈的声音；④ 对于别人说的话没反应，被叫到名字时像没听到一样；⑤ 有语音分辨不清的现象，如把"水饺"听成"睡觉"；⑥ 听不懂别人说话的意思，或者需要别人放慢语速才能听明白；⑦ 容易受到无关声音的干扰而分心；⑧ 对于同时给出的两三项指示感到不知所措了；⑨ 会把数字听颠倒，如把"跳30下"听成"跳13下"；⑩ 听觉记忆短暂，别人交代的事情转身即忘。

3.嗅觉统合失调

① 排斥某些特定气味，闻到某种味道后出现头疼、恶心、眩晕等不良反应，日后伴随出现偏食、挑食、厌食等问题；② 对气味过度敏感或过度不敏感甚至闻不到气味，影响适应能力和情绪；③ 嗅觉记忆力不足，记不住日常生活中常接触的物品的味道。

4.味觉统合失调

① 在尝到某些特定味道后会出现头疼、恶心、眩晕等不良反应。衡量婴幼儿味觉是否失调，最

简单的方法是观察婴幼儿对苦味、辣味食物的接受度。如果婴幼儿对淡淡的苦味或者辣味也极端排斥、呕吐，就属味觉发育不良；② 出现挑食、偏食、厌食、异食癖、情绪敏感、防御过当、注意力不集中及适应慢等问题。

5. 触觉统合失调

① 穿衣挑剔，对某些特定材质的衣服反应过度，如毛衣或高领衣衫；② 对水温敏感挑剔，排斥洗头发、洗脸、刷牙、梳头、剪指甲、剪头发及换尿布等清洁活动；③ 挑剔食物的质地、吞咽困难，或挑食、含饭、吃得慢；④ 不喜欢身体接触，不喜欢被触摸、被亲吻；⑤ 手指碰触颜料、胶水，衣服沾到一点水就会感到很不舒服；⑥ 不喜欢脱掉鞋袜赤脚踏在草地、沙滩上；⑦ 被人轻微碰撞到会产生很大的情绪反应，会推人、打人、踢人或向大人告状；⑧ 很不喜欢待在人多且拥挤的地方；⑨ 因触觉区辨力发展不足，导致流口水没知觉、口齿发音不清、碰伤没知觉及双手操作器具不灵巧等表现。

6. 前庭觉统合失调

（1）过度敏感

① 不喜欢荡秋千，滑滑梯过分小心谨慎；② 不喜欢搭乘电梯或扶梯；③ 在玩一些轻微摇晃、旋转的游戏或翻跟头后容易头晕、想吐；④ 动作缓慢，过度谨慎，不敢尝试新事物，喜欢静态游戏或活动，时常要求大人保护（如扶、牵、抱）。

（2）过度不敏感

① 动个不停、坐不住，不停地跑跳、摇晃身体或头；② 非常喜欢在沙发上跳、坐摇椅、坐转椅或倒立；③ 非常喜欢在游乐场玩快速旋转的游乐器材；④ 转圈圈很久、很多次都不会头晕；⑤ 荡秋千常常荡很高、很久才肯停下来。

7. 本体觉统合失调

① 动作协调性不佳、肢体僵硬，如左右脚不协调、学习新动作困难；② 容易跌倒，走路容易碰撞到物品或他人；③ 动作笨拙，如脚步声很大、关门大力；④ 基本动作掌握不好，生活自理能力差，如穿脱衣物、鞋袜或扣纽扣等动作不灵巧、速度慢；⑤ 肌肉张力低、姿势松垮无力，如站立时喜欢倚靠外物、趴在桌上，喜欢坐着或躺着；⑥ 自动调整姿势的反应差，动作计划能力不佳，眼睛要注视着手、脚才容易做出动作；⑦ 站立、走路或进行活动时容易疲累、耐力差；⑧ 习惯寻求撞、跌的动作，常常动个不停或频繁更换姿势。

（二）婴幼儿感觉统合训练

感觉统合训练是通过游戏活动、器械操作和对日常生活各个环节的渗透教育来进行的，既具有针对性，即针对某一种感觉的失调进行有针对性的训练，又兼具综合性，即整合多种感觉加以训练。下面着重介绍视觉、触觉、前庭觉、本体觉四大感觉系统的训练。

1. 视觉统合训练

常用的视觉训练器械有88轨道（图7-1-3）、上下转盘（图7-1-4）。

（1）88轨道练习

婴幼儿双手握着88轨道两侧的"耳朵"，在一个平面内拉动，让"8"字不停地变换。可以先让婴幼儿学会拉动，再放小球在轨道里转动，其眼睛注意追视。

（2）上下转盘练习

婴幼儿双手握着上下转盘的两端，在一个平面内用

图7-1-3　88轨道

手心和手指转动转盘。可以先让婴幼儿学会转动，再放小球在轨道里转动，让其眼睛注意追视。

2.触觉统合训练

常用的触觉训练器械有大龙球（图7-1-5）、触觉按摩球（图7-1-6）、触觉垫（图7-1-7）、平衡步道（图7-1-8）及平衡触觉板（图7-1-9）。

（1）大龙球练习

婴幼儿俯卧或仰卧在地上，教师用大龙球对婴幼儿进行全身按压。婴幼儿俯卧或仰卧在大龙球上，教师辅助，让婴幼儿前后左右晃动（活动设计见表7-1-1）。

图7-1-4 上下转盘

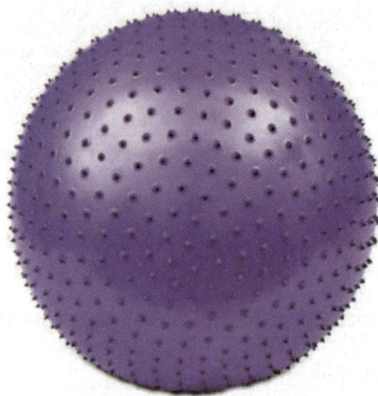

图7-1-5 大龙球

图7-1-6 触觉按摩球

图7-1-7 触觉垫

图7-1-8 平衡步道

表7-1-1 活动设计"滚动大龙球"

适用对象	触觉敏感或不足、身体协调不佳的婴幼儿
活动器材	大龙球
活动目标	在大龙球滚动的压力下，强化身体各部位触觉和大脑的协调能力，在不断的滚动中刺激前庭觉的发展
指导重点	1.婴幼儿趴卧或仰躺在地上，教师将大龙球放置在婴幼儿身上，慢慢进行前后左右的滚动，或在中间做轻轻挤压 2.对敏感度较强的婴幼儿，压背部（趴卧）比压腹部（仰躺）容易使其接受 3.可以尝试压婴幼儿足部，由于足部离大脑最远，刺激足部，有助大脑和身体间的协调 4.上下、前后、左右滚压对婴幼儿前庭刺激有很大的作用 5.可进行"三明治游戏"，不仅对触觉敏感儿有帮助，对触觉反应迟钝儿也有刺激其复苏的功效
延伸活动	可以在婴幼儿身上加上毛巾，大龙球的气体只要装一半，这种压力会让婴幼儿感到重力感的变化，对前庭到触觉的协调刺激有特殊效果
附 注	每次进行15～20分钟，每周进行2～4次

（2）触觉按摩球练习

触觉按摩球体积小，球面刺多，对皮肤的局部刺激较大，可用触觉按摩球触摸婴幼儿的头部、背部、手腕及脚底等身体部位。

（3）触觉垫练习

婴幼儿坐在触觉垫上，保持良好坐姿，或者站在触觉垫上，左右踩踏。

（4）平衡步道练习

放置于地面，婴幼儿身体保持平衡，在上面行走。可单条或多条一起使用。

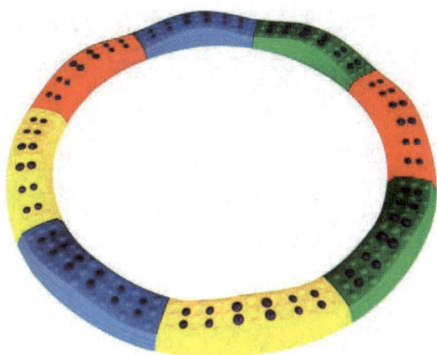

图7-1-9 平衡触觉板

（5）平衡触觉板练习

婴幼儿站到触觉板上，头抬高，眼看前方，双手张开，脚跟对脚尖向前走。

3. 前庭觉统合训练

常用的前庭觉训练器械有滑板（图7-1-10、图7-1-11）、滑梯（图7-1-12）、大陀螺（图7-1-13）。

图7-1-10 方形滑板

图7-1-11 圆形滑板

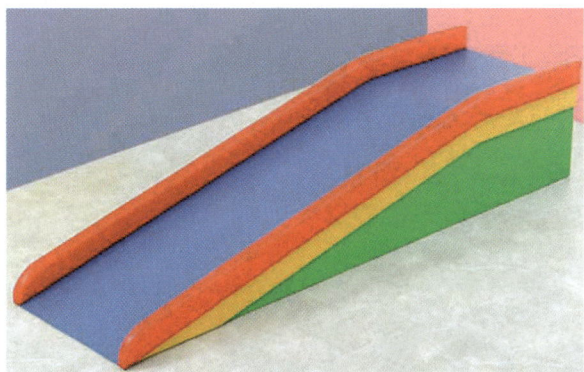

图7-1-12 滑梯

图7-1-13 大陀螺

（1）滑板练习

滑板是感统训练中具有代表性的器械，也是较常使用的教具，主要分为方形滑板和圆形滑板。

方形滑板：婴幼儿以腹部为中心，俯卧在滑板上，头抬高，双腿绷直，手打开或前伸，身体呈起飞状。

圆形滑板：坐拉——婴幼儿盘腿坐在滑板上，双手抓绳，由他人牵拉前行；趴拉——婴幼儿以腹部为中心，俯卧在滑板上，双手抓绳，由他人牵拉前行。

（2）滑梯练习

配合滑板使用，先将滑板放在平台上，婴幼儿坐或俯卧在上面，由高处滑下。

（3）大陀螺练习

婴幼儿盘腿坐在大陀螺中间，借助身体姿势的调整和陀螺底部的反弹力量使陀螺转起来（活动设计见表7-1-2）。

表7-1-2 活动设计"坐坐旋转大陀螺"

适用对象	前庭觉发育不良、身体协调性较差的儿童
活动器材	大陀螺
活动目标	在陀螺转动中自由接收信号的刺激，促进前庭系统的发育成熟及平衡力和身体协调性的发展
指导重点	1. 婴幼儿坐在陀螺转盘中，教师在外部帮其旋转，速度约每2秒钟回转一次 2. 不宜旋转太快，并注意婴幼儿的反应 3. 回转后完全不眩晕、眼振持续时间很短甚至完全没有的，表示前庭体系严重迟钝 4. 婴幼儿熟练后，可尝试自己摇晃
延伸活动	回转的时候可以做各种变化，将左回转和右回转交错，中间适当停顿，来观察婴幼儿的反应
附 注	刚开始每次旋转10～20下，再慢慢增加到每次30～50下，每周进行2～3次

4. 本体觉统合训练

常用的本体觉训练器械有踩踏石（图7-1-14）、万象组合（图7-1-15）、阳光隧道（图7-1-16）及羊角球（图7-1-17）。

（1）踩踏石练习

将踩踏石平面部分与地面接触，婴幼儿站在上面，双手提绳，手脚同时交替向上提。

图7-1-14 踩踏石

图7-1-15 万象组合

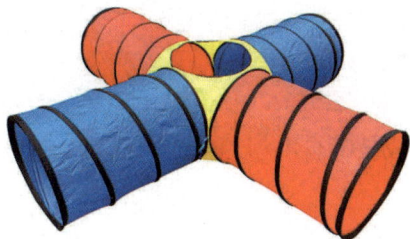

图7-1-16　阳光隧道

图7-1-17　羊角球

（2）万象组合练习

该套器械有多种组件，分开使用可促进基本动作发展，混合使用可进行高层次运动能力训练。

（3）阳光隧道练习

婴幼儿手膝着地，眼看前方，双手双脚交替爬过隧道。

（4）羊角球练习

婴幼儿双手紧握两个羊角，屁股坐在球上，身体和羊角呈45°角，小腿夹紧球身，身体借助球的弹跳力往前跃动（活动设计见表7-1-3）。

表7-1-3　活动设计"小小跳跳球"

适用对象	身体运动不良、协调性不佳的儿童
活动器材	羊角球
活动目标	刺激前庭，强化本体觉，提升动作计划能力
指导重点	1.婴幼儿坐在羊角球上，双手紧握羊角，身体屈曲，往前跳动 2.跳动的方向可以前后左右变化，高度也可以自由把握 3.进行跳跃次数和速度的比赛（跟自己比）
延伸活动	婴幼儿在跳跃时，教师可以在旁绕圈或扔出小球，让婴幼儿进行视觉追踪，训练婴幼儿眼睛和身体动作的协调能力
附　注	每次持续跳50～100下，每周进行3～4次

三、婴幼儿感觉统合教育活动的组织与实施

婴幼儿感觉统合教育活动的组织与实施通常会按照一定的流程，遵循一定的原则，下面具体呈现。

（一）婴幼儿感觉统合教育活动组织与实施的流程

婴幼儿感觉统合教育活动的组织与实施主要包括以下四个步骤。

1.相识礼仪

主要任务：为婴幼儿营造轻松、愉快的氛围，使婴幼儿之间互相熟悉，消除恐惧、焦虑的情绪，培养婴幼儿基本的礼貌、礼仪。

具体方法：教师通过语言和肢体动作进行示范，请婴幼儿模仿。

主要内容：问好、介绍。

活动建议：引导婴幼儿每次见面主动、热情地与他人打招呼、握手或拥抱。教师要做好示范，并创设良好的环境，还可配上背景音乐。

2. 热身活动

具体方法：教师做示范，请婴幼儿模仿做热身操和走线。

主要内容：学做模仿操及走线活动。

活动建议：健身操可以选用亲子课上常用的模仿操，或教师自由创编新的健身操。走线的环节主要是平复婴幼儿的情绪，为接下来的活动做准备。

背景音乐：根据健身操的风格确定音乐，走线的音乐要柔和。

3. 感统训练

具体方法：教师出示训练器材，讲解活动方法和要求并做示范，请婴幼儿积极参与。

主要内容：根据婴幼儿测评结果，教师制订活动计划，撰写活动教案，按照教案内容有计划且灵活地实施活动（可参考活动案例"闯关游戏"）。

活动建议：集体活动中不仅要有集体训练的内容，还要注意根据前期评测结果，关注到个别婴幼儿的感统失调情况，实施个别训练。

4. 告别活动

具体方法：教师利用音乐、乐器和肢体语言带领婴幼儿开展放松活动，并进行告别。

主要内容：教师播放舒缓的音乐，带领婴幼儿进行放松活动，平复运动后的情绪；总结本次活动的内容，并对婴幼儿的表现进行简单的记录和点评；布置家庭作业或游戏，邀请家长在家中和婴幼儿一同完成；教师和婴幼儿拥抱告别。

活动案例

闯关游戏（1.5～3岁）

【活动目的】

1. 学习介绍自己和认识别人，愿意与人交往。

2. 发展双手协调性，锻炼手部精细动作。

3. 发展前庭觉、本体觉、视听觉及平衡觉等多方面综合能力。

【活动准备】

体操音乐《照镜子》、背景音乐《牛奶歌》《清晨》《再见歌（Bye Bye）》、连环扣若干、滑板、滑梯、跳床、大陀螺、颗粒大龙球、地垫。

【活动过程】

一、问好

1. 教师向婴幼儿问好，并引导婴幼儿向教师问好。

2. 请婴幼儿互相问好，可以适当请婴幼儿表演节目。

二、热身运动

教师带领婴幼儿进行热身运动，做体操（可以适当改变体操内容，如走、跑、转等）。

体操：照镜子

两个人儿一个模样，我点点头你点点头，我扭扭腰你扭扭腰。

想要和你握握手，你也和我手拉手。

两个人儿一个模样，我点点头你点点头，我扭扭腰你扭扭腰。

想要和你握握手，你也和我手拉手。

三、手指运动

教师出示连环扣：可爱的小圈圈非常想和宝宝们玩个游戏，它们想看看宝宝们能不能将它们都穿起来，变成一条长长的项链送给妈妈。

教师将材料发放给幼儿，并先示范操作，再请幼儿自由操作，家长在旁协助指导。教师对有需要的婴幼儿进行个别指导。

四、欢乐共享

教师：妈妈们都戴上了宝宝做的漂亮的项链，请宝宝和妈妈互相拥抱。接下来宝宝和妈妈一起来玩一个闯关游戏吧。

1.将婴幼儿分组进行操作练习。

教师：宝宝们，我们要闯关了，看看你们能不能在规定的时间内完成老师指定的任务。

2.活动及目标量：冲滑板5～10个左右。

目标要求：头抬起看前方，手放背后（不会用手撑地），要自己拿滑板回来。

3.活动及目标量：在跳床上双脚跳30～50次。

目标要求：脚并拢，协调跳跃，尽可能跳到最高，控制身体平衡。

4.活动及目标量：大陀螺左右各转5～10圈。

目标要求：坐在陀螺里，手紧握边沿，自己控制旋转（如果婴幼儿不熟悉教具操作方法或者暂时不能按要求进行活动，可由教师引导旋转）。

五、球体按摩

1.请所有的婴幼儿躺在地垫上，教师将大龙球放在婴幼儿身上进行按摩，家长辅助教师按摩。

2.按照从脚到头的顺序按摩。

3.按摩方式：推压—弹压—重压（每种方式3次）。

六、再见

1.教师带领婴幼儿回顾活动内容。

2.请婴幼儿及家长起身跟随《再见歌》的音乐左右晃动身体，在音乐中结束活动。

（二）组织与实施中应注意的问题

教师在组织婴幼儿感觉统合教育活动时，为了达到更好的训练效果，促进婴幼儿身心协调发展，应该注意以下十个方面。

① 在活动开始前应先对婴幼儿进行评估，再根据婴幼儿的情况进行有针对性的训练。

② 活动设计应充分考虑安全性，训练时也应注意保护婴幼儿不受伤害。

③ 训练时要给婴幼儿营造愉悦、安全的心理氛围，不要让婴幼儿感受到压力、恐惧等。

④ 在训练时以婴幼儿为中心，应尊重婴幼儿对刺激的选择和需要。

⑤ 训练过程中以示范者、引导者和协助者的身份出现，而不是直接教婴幼儿做法。

⑥ 在训练中要给予婴幼儿积极反馈，让其感受到成功的喜悦，逐步建立自信心。

⑦ 应将感统训练与游戏相结合，注意活动设计的游戏性和趣味性。

⑧ 活动环节的设计应具有层次性，难度递增，不断激发婴幼儿的兴趣和挑战欲。

⑨ 应注意个体差异，根据每个婴幼儿感觉统合失调的情况和兴趣偏好为其选择不同的训练项目。

⑩ 注意增强婴幼儿的意志力，培养其勇敢自信、互相学习、互相欣赏等优秀品质，提高婴幼儿团队协作意识，促进身体和心理健康发展。

四、婴幼儿感觉统合家庭教育指导

婴幼儿感觉统合家庭教育主要通过日常居家生活训练和亲子游戏等方式展开。针对不同年龄段的儿童、不同的感统失调类别，教师可以指导家长在家庭当中有针对性地对婴幼儿进行训练。

1. 视觉统合训练

家中在家庭中可对婴幼儿进行视觉分辨能力、手眼协调能力、视觉追踪能力的训练。针对视觉分辨能力训练，家长可以有意识地和婴幼儿一起玩"找不同"游戏，在规定时间内请找出两幅图不同的地方并用笔圈出来；或进行"图形划消"游戏，在规定时间内将需要划消的图形全部划掉。针对手眼协调能力，家长可陪同婴幼儿一起玩各类球类运动，如让婴幼儿练习拍球，先练习单手拍球，年龄稍大些可适当增加难度，如双手交替拍球、行进拍球、转圈单手双手交替拍球等。针对视觉追踪能力，家长可与婴幼儿玩抛接球的游戏以训练其视觉追踪能力。例如，家长将球抛给婴幼儿，并要求其接住。还可变化形式或增加难度，如定点投球，即在墙上标出投球的位置，让婴幼儿站在固定位置，将球投在指定的位置。可适当拉长距离，增加难度。

2. 听觉统合训练

家长可在家庭中通过日常交流培养婴幼儿良好的倾听习惯，还可让婴幼儿进行一些听辨声音和寻找声源的练习。0～1岁婴儿期，婴儿虽较少或不会开口讲话，但已具备一定的倾听能力。家庭主要抚养者应注意多与婴儿交谈，使其尽早熟悉身边人的声音，同时积极回应婴儿"o""a"等发音练习。家长可以和婴儿玩"听声寻物"游戏，将其熟悉的发声玩具藏在衣服里、旁边的枕头下、被子里，让婴儿听玩具的声音并寻找。1～2岁幼儿刚开始讲话，发音不准确，家长在与幼儿交谈的过程中应给予足够的耐心，注意倾听幼儿讲话的内容并积极回应，同时也要求幼儿认真倾听并积极回应。2～3岁幼儿能够听懂成人的指令，除了继续培养幼儿认真倾听的习惯外，还可通过向幼儿发出指令，使其在听指令行事的过程中培养听觉记忆能力。家长可向幼儿发出多条指令，培养其听从指令一步一步完成任务的好习惯。

3. 嗅觉统合训练

家长可有意识地引导婴幼儿嗅闻、识别和记忆日常生活用品（注意安全无毒、刺激性不要过大）和食物的味道，如沐浴露、洗衣液、花朵、食物的味道。

例如，准备十二个大小相同的塑料瓶或玻璃瓶，六种香料（如桂皮、香叶、花椒、豆蔻、生地、八角）。将十二个瓶子平均分为两组，一组作样本，一组作对照，每组均放入六种香料，盖紧盖子。随机从样本组中抽取一个瓶子，让幼儿闻闻瓶内的气味，然后在对照组中找出相同气味的瓶子进行配对，直至找出与所有样本气味匹配的瓶子。

4. 味觉统合训练

家长在喂养的过程中可有意识地引导婴幼儿品味食物的味道，并尝试用表情、动作和语言表达出食物的味道。

① 酸度感知：准备三个容器，每个容器内各放1毫升的醋，另外分别倒入100毫升、200毫升、400毫升水。幼儿品尝，说出容器里液体的味道，并说出哪个容器里的味道比较酸。

② 甜度感知：准备三个容器，每个容器内各放25克白糖，另外分别倒入100毫升、200毫升、400毫升水，幼儿品尝，说出容器里液体的味道，并说出哪个容器里的味道最甜。

③ 咸度感知：准备三个容器，每个容器内各放25克盐，另外分别倒入100毫升、200毫升、400毫升水，幼儿品尝，说出容器里液体的味道，并说出哪个容器里的味道最咸。

④ 苦度感知：准备三个容器，每个容器内各放1毫升的苦瓜汁，另外分别倒入100毫升、200毫升、400毫升水，幼儿品尝，说出容器里液体的味道，并说出哪个容器中的味道最苦。

⑤ 分辨感知：准备四个容器，每个容器内各倒入200毫升水，另外分别放入醋、白糖、盐、苦瓜汁，幼儿品尝，说出容器里液体的味道。

5. 触觉统合训练

家长在家中可以通过对婴幼儿进行触觉按摩、物体刺激、提供不同的爬行环境、触摸大自然及涂鸦等方式进行触觉统合训练。在日常生活中，家长可使用各种不同柔软度的刷子、不同质感的布料（如毛巾、澡巾等），轻轻地摩擦婴幼儿的四肢、背部，强化及增加触觉刺激的效果；鼓励婴幼儿用小手摸一摸、用小脚踩一踩各种常用物品，感受不同物品的质地；还可提供质地不同的玩具，让婴幼儿抓握或者啃咬。0～6个月，家长可以利用喂奶、换尿布和洗澡的时间，轻拍、抚摸和拥抱婴儿，增加触觉体验。这一时期婴儿对玩自己的手脚很感兴趣，吃手指或咬玩具都是在锻炼口、唇、舌的触觉。家长可以学习按摩操，为婴儿进行身体按摩。7、8个月以后，婴儿逐渐掌握爬行技能，可尝试让其在不同的环境中爬行，如塑胶垫、地毯、木地板、蓬松棉上等，在爬行中促进婴儿触觉发育；也可在家里设置一个球池，里面放上大小、软硬、材质不一的球，让婴儿在球池里爬行、玩耍。1～3岁阶段，幼儿活动范围扩大，逐渐能独立行走，运动能力逐渐增强，这一时期家长应该为幼儿提供与自然界接触的机会，大自然中的泥土、石子、树叶、花花草草等都是发展幼儿触觉的丰富材料，可以让幼儿在家里玩玩泥沙、学做园艺，积累丰富的触觉体验。还可以给幼儿提供一些安全的颜料，让幼儿用手、脚蘸颜料涂涂画画。

游戏案例

抚触按摩操（0～12个月）

【游戏目的】

积累触觉经验，促进触觉发展，稳定情绪，提高睡眠质量，促进神经系统的发育。

【游戏时间】

每天一次，每次10～20分钟。

【游戏过程】

家长将双手洗净，抹上婴儿润肤油或按摩油。

1. 头部按摩

双手拇指指腹从婴儿额头的中央位置开始，分别向两侧推出，重复两次；接着，双手拇指放置在婴儿下颌部的中央，分别向两侧斜上方滑动，让婴儿的嘴角呈现微笑的弧度，重复两次；最后，双手从婴儿的前额发际抚向脑后，两手中指分别停在脑后。

2. 四肢、手足按摩

用手抓住婴儿的一只胳膊，双手交替从上臂向手腕方向轻轻抓捏，然后从上到下搓滚，左右各做一次。下肢的抚触和上肢的方法一样。手部的抚触，先用两手拇指指腹沿着婴儿的手腕部到手指方向推进，逐个提拉每根手指。足部的抚触方法同手部。

3.躯体按摩

保证室内温度合适的情况下，让婴儿裸露上半身，双手从胸部外下方开始，向对侧上方交叉推进，在胸部交叉。两手依次从左下腹向左上腹、右上腹、右下腹按摩，朝顺时针方向画半圆。按摩背部时，让婴儿趴下，以脊椎为中分线，双手与婴儿脊椎呈直角，朝反方向重复移动，由背部上方到臀部，再到肩膀，重复多次。

【操作要点】

1.室温要在27℃左右，抚触一般要在两次喂奶之间或在婴儿洗浴后进行。抚触之前准备好换洗衣服和纸尿裤。

2.抚触前将手、腕部的饰品摘除，彻底洗净双手并擦上婴儿润肤油。给婴儿按摩时，家长的指甲不能过长，以免划伤婴儿。

3.抚触时家长要用温柔的目光和婴儿交流，一边抚触一边和婴儿说话。如果配上一些舒缓的音乐，跟着节奏进行抚触，婴儿会觉得更有趣。

6.前庭觉统合训练

0～1岁阶段，家长可在床上慢慢帮婴儿翻身，为婴儿提供适当的前庭刺激。抱着婴儿水平方向左右轻摇是最常使用的安抚手法，轻柔、缓慢、直线性、规律的前庭摇晃会使婴儿放松，容易入睡。1～3岁阶段，平衡性是重要发展任务。家长可在家中对幼儿进行坐姿、站姿、独立行走平衡姿势训练。例如，让幼儿趴在滚筒上，家长提起幼儿的大腿，这时幼儿必须自己调整姿势做出前倾的动作，以找到重心平衡。又如，扶家具站立，幼儿爬到家具旁，抓握桌脚，自己站立起来，这是对抗地心引力的突破。再如，扶着桌椅维持站立姿势，在左右脚的重心移动中找到平衡点。

7.本体觉统合训练

为了促进婴幼儿本体觉的发展，家长不要对婴幼儿过度保护，应该多给其提供自由探索身体和运动的机会。0～6个月的婴儿主要通过做伸展运动和反射动作等来促进本体觉的发展。在家中，家长可帮助婴儿做类似仰卧起坐的动作：婴儿仰躺，家长拉着婴儿的手轻轻夹住他（她）的腿，鼓励其抬起头及胸部；仰躺时让婴儿抬起腿踢悬吊的玩具；仰躺时为其翻身至侧躺，进一步翻成趴姿……这些动作都能够有效刺激婴儿本体觉的发展。6～12个月，该月龄段发展的重点为移行训练，婴儿可以开始移动自己的身体去探索周围的环境。可以先从锻炼上肢肌肉的本体觉开始，让婴儿趴在床上，提起他（她）的大腿，使其用两手撑地（像伏地挺身的动作）。如果婴儿能力较强，家长可以把手向后移到膝盖、小腿，使婴儿自己用力支撑的部分增加。还可借助玩具在前方吸引婴儿的注意力，试着让其维持趴姿支撑久一点。婴儿爬行时，首先是肚子贴地爬行以及手掌和膝盖撑地爬行，其次是肚子贴地爬以及两个手掌和两个膝盖四点着地爬。1～3岁阶段，走、跑、跳、爬等活动皆可刺激本体觉发展。这一阶段家长可以陪同幼儿玩一些球类游戏，投小球、滚大球均能够提供一些细致的本体觉刺激，以利于日后上肢肌肉精细动作的发展。除此之外，家长应加强幼儿生活自理能力训练，鼓励幼儿自己的事情自己做，如洗脸、穿衣、系鞋带、背书包等。家长应避免对幼儿过度保护，如穿过多的衣物、不脱袜子、禁止碰很多东西、禁止爬高等。应尽可能为幼儿提供安全、少限制的环境，让其充分活动肢体。

任务二　婴幼儿蒙氏教育活动的设计与组织

案例导入

　　市面上很多打着蒙氏教育旗号的托育机构，利用蒙氏教具易操作、有特色的优势吸引家长和幼儿。然而很多教师并没有完全领悟蒙台梭利教育的精髓和教具使用的原理，便贸然开展蒙氏教育活动。很多教师不知道蒙氏教具的真正目的是引发幼儿内在的认知，也不清楚每件教具都拥有秩序性和创造性的基本功能与变化功能，只是机械地对着幼儿发出"先放这个，再放这个……"的指示。那么，应该如何科学正确地组织蒙氏教育活动呢？

任务要求

　　1. 理解蒙台梭利教育的基本理念。
　　2. 掌握婴幼儿蒙氏教育活动的主要内容。
　　3. 学会组织和实施婴幼儿蒙氏教育活动。
　　4. 学会指导婴幼儿蒙氏家庭教育活动。

一、蒙台梭利教育基本理论

（一）儿童的发展具有敏感期

　　所谓的敏感期是指在特定的发展时期，儿童对环境中特定的因素产生特别敏锐的感受。"正是这种敏感性，使儿童以一种特有的强烈程度接触外部世界。在这一时期，他们能轻松地学会每样事情，对一切都充满着活力和激情。"在敏感期内，儿童内部有一种帮助其成长的独特潜能，使其充满活力与激情，容易轻松获得某种技能，只要实现了这个时期的目标，疲劳与麻木感就会随之而来。当这种激情耗尽后，另一种激情又被点燃，儿童则由一种敏感期过渡到了另一种敏感期。在敏感期内，儿童的学习是轻松的，通常呈现出"事半功倍"的效果。而没有达到或者错过了敏感期，再进行训练往往是"事倍功半"。儿童敏感期的年龄段分布可参见表7-2-1。

表7-2-1　儿童敏感期

年　龄　阶　段	敏　感　期
0～6岁	语言敏感期
2～4岁	秩序敏感期
0～6岁	感官敏感期
1.5～4岁	对细微事物感兴趣的敏感期
0～6岁	动作敏感期
2.5～6岁	社会规范敏感期

（二）儿童在工作中学习

蒙台梭利认为，幼儿阶段是创造与建构的时期，唯有通过工作才能逐渐习得各种技能。与众多教育家持有的观点不同，蒙台梭利认为游戏会把儿童引向不切实际的幻想，不可能培养儿童认真负责、准确求实和耐心秩序的行为习惯，唯有通过"工作"，才能培养儿童多方面的能力，促进其全面发展。所谓的"工作"是指儿童在成人为其准备好的环境中，用双手做事进行自我训练。工作时，儿童表现出对秩序的爱好与追求，喜欢独立做事，排斥成人给予过多的帮助，要求自由地选择工作材料，要求根据自己的学习进度确定工作时间。蒙台梭利将这种能帮助儿童生命及智能成长的学习称为"工作"，区别于游戏，是一种有目的的自我建构活动。

（三）教师的角色

蒙台梭利认为教育不是自上而下地灌输，而是教师帮助儿童自下而上地发展，教师的角色不是教授者，而是支持者、示范者、观察者以及环境和资源的提供者。教师应该精心为儿童提供有准备的学习环境，创设班级的活动区域，投放可供儿童操作的教具材料；为儿童创设良好的工作氛围，使其能安心投入工作，不被干扰；细心观察儿童在工作中的各种表现，观察其对什么工作感兴趣，是否专注，当下遇到什么困难，是否需要指导。观察时，要客观地观察每一个儿童，必要时做好观察记录，以便后期进行反思。儿童在操作材料遇到困难时，教师可在旁提供示范与指导。

二、婴幼儿蒙氏教育活动的内容

婴幼儿蒙氏教育活动主要包括日常生活训练、感官训练、语言训练、智能训练四方面内容。

（一）日常生活训练

1. 日常生活训练内容

婴幼儿蒙氏日常生活训练的内容主要包括动作练习（粗大动作和精细动作练习）、照顾自己、照顾环境和文明礼仪四个方面。

（1）大动作练习（表7-2-2）

表7-2-2　粗大动作练习内容

项　　目	练　习　内　容
1. 走	自然行走，徒手走线，持物走线，折返走，脚尖脚跟走，快走，慢走，匀速走，加速走
2. 跑	快跑，慢跑，匀速跑，加速跑，直线跑，折返跑
3. 跳	单脚跳，双脚跳，兔子跳，蛙跳，跳格
4. 投	投球（海洋球，纸球，乒乓球），定位投球，定点投球
5. 钻	钻洞，钻圆筒，钻桌子
6. 爬	地面爬，坡面爬，爬长桌子，爬越障碍
7. 捶	捶背，捶肩，捶腿
8. 拍	拍手，拍肩，拍腿，拍球

（2）精细动作练习（表7-2-3）

表7-2-3　精细动作练习内容

项　　目	练　习　内　容
1.抓	抓珠子，抓豆子，抓大米，抓小米，抓纸球，抓棉花，抓沙子
2.捏	二指捏，三指捏，捏泥（橡皮泥），捏面，捏珠子
3.撕	撕纸，撕树叶，撕棉花
4.舀	用勺子、杯子、瓶子、小碗、小盆等舀水，舀汤，舀沙子，舀面粉，舀米，舀珠子
5.拉	拉抽屉，拉拉链
6.按	按键，按纽扣，按开关
7.扫	扫垃圾，扫纸屑

（3）照顾自己——自我服务（表7-2-4）

表7-2-4　自我服务内容

项　　目	练　习　内　容
1.喝水	自己取水杯，自己接水喝，口渴时知道自己去喝水，用完后将水杯归位
2.就餐	餐前餐后洗手，自主取餐具，学会使用勺子吃饭喝汤，安静进餐，不挑食，不浪费食物，送回餐具，餐后漱口
3.盥洗	洗手，洗脸，刷牙，洗脚，擦手，擦脸，擦嘴，涂面霜，擦护手霜
4.如厕	脱裤子，自己大小便，擦屁股，提裤子
5.穿戴	穿脱衣物（衣服、鞋子、袜子），戴摘帽子
6.整理	整理玩具，整理教具，整理桌面，整理储物柜，整理房间（侧重自己）

（4）照顾环境——为他人服务（表7-2-5）

表7-2-5　照顾环境内容

项　　目	练　习　内　容
1.维护环境卫生	扫地，擦桌子，整理桌面、书架、储物柜，摆放物品，倒垃圾，晾晒衣物（侧重公共环境或家庭环境）
2.照顾他人	帮助他人穿脱衣帽鞋袜，帮别人开关门，帮他人拿东西，为老人表演节目，为父母倒水、帮厨
3.照顾动植物	观察动植物，为植物浇水、拔草；为小动物喂水、喂食、洗澡、打扫卫生

（5）文明礼仪（表7-2-6）

表7-2-6　文明礼仪内容

项　　目	练 习 内 容
1.交通规则	靠右行走，走斑马线，看红绿灯
2.公共秩序	排队，乘公交地铁先下后上，给老人、孕妇和残疾人让座，不随地吐痰，不乱涂鸦，不大声喧闹
3.问候礼仪	问早、问好，对长辈有礼貌，做错事懂得说对不起，学会说"谢谢"，学会握手和拥抱
4.行为礼仪	物品轻拿轻放，未经他人允许不随便动他人物品，不随便触碰他人身体，不暴力对待他人
5.用餐礼仪	餐前餐后洗手，安静用餐，不玩闹，轻拿轻放餐盘，做到"三净"（桌面、地面、衣服干净）
6.卫生礼仪	每天刷牙洗脸，勤洗手、洗头、洗澡，穿干净衣物
7.分享礼仪	分享食物、玩具、图书、有趣的事情

2. 日常生活训练教具

（1）二指抓（图7-2-1）

婴幼儿拇指和食指捏住木柄，一个一个取出，再一个一个放回。练习拇指和食指协调的灵活性，发展手眼协调能力，培养独立性和专注力。

（2）三指捏羊毛球（图7-2-2）

婴幼儿根据教师的指令，使用拇指、食指和中指将不同颜色的羊毛球从小碗里取出，再放回。练习拇指、食指和中指的小肌肉力量及协调配合能力，发展手眼协调性和对颜色的感知。

图7-2-1　二指抓

图7-2-2　三指捏羊毛球

（3）衣饰筐（图7-2-3）

婴幼儿通过反复操作衣饰筐，掌握不同种类纽扣、拉链、绳带的系法，锻炼手部肌肉的灵活性，掌握基本的生活技能。

（二）感官训练

1. 感官训练内容

蒙台梭利的感官训练是针对视觉、听觉、嗅觉、味觉及触觉五种感官的训练（表7-2-7）。

2. 感官训练教具

（1）触觉板（图7-2-4）

婴幼儿通过触摸粗糙与光滑的板面，锻炼触觉的敏锐度和分辨力。

（2）温觉板（图7-2-5）

将大理石、软木、玻璃等不同材质的温量板放置在婴幼儿手心，让婴幼儿用掌心来感觉温度，加强对不同温度的分辨能力。

图7-2-3　衣饰筐

表7-2-7　蒙氏感官训练内容

项　　目	练 习 内 容
1. 视觉训练	通过肉眼观察和辨别物体的形状、大小、长短、高低、颜色等特征
2. 听觉训练	能够感知到周围的声音并做出反应，对熟悉的声音做出特定的反应
3. 嗅觉训练	用鼻子分辨香、臭、酸等不同的气味，提高嗅觉的灵敏度
4. 味觉训练	用嘴巴品尝鉴别酸、甜、苦、咸等不同的味道，提高味觉的灵敏度和识味辨味的能力
5. 触觉训练	通过用手触摸，辨别物体的平滑度、轻重、大小、薄厚、长短、形状以及温度，尝试通过触觉来认识周围的各种事物

图7-2-4　触觉板

图7-2-5　温觉板

（3）插座圆柱体（图7-2-6）

婴幼儿用三指抓握的方法把大小不一的圆柱体从洞中取出，用视觉判断圆柱体的高矮、大小、粗细等特征，再放回与之大小匹配的洞里，培养视觉灵敏度、视觉区辨力以及秩序感。

（4）彩色圆柱体（图7-2-7）

圆柱体分为红、黄、绿、蓝四种颜色，每种颜色各10个，分别放在同色盖子的木箱里。操作时，婴幼儿将圆柱体取出放于台面上，将圆柱体进行横向或纵向排列，感

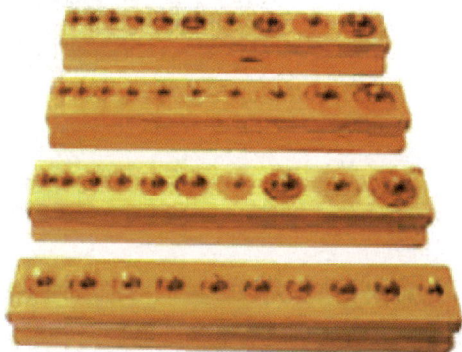

图7-2-6　插座圆柱体

知物体的高矮、粗细、大小等特征。（红色圆柱体高度相同，直径不同；黄色圆柱体高度不同，直径不同；绿色圆柱体从粗到细排序，长宽高不同；蓝色圆柱体直径相同，高度不同。）

（5）嗅觉瓶（图7-2-8）

嗅觉瓶里放置不同气味的液体或者固体，如花露水、咖啡、食醋等。婴幼儿用鼻子嗅的方式辨别出各种气味，培养和提高辨别各种气味的能力，了解生活中的各种气味。

图7-2-7　彩色圆柱体

图7-2-8　嗅觉瓶

（6）味觉瓶（图7-2-9）

成人将不同味道的液体（盐水、白醋、白糖水、苦瓜汁、白开水）等分别放入味觉瓶，用滴管滴出1～2滴液体。婴幼儿品尝并说出味道，增强味觉的灵敏度以及识味、辨味的能力。

（7）色板（图7-2-10）

婴幼儿根据指令用拇指和食指捏取色板，或教师取出色板后，婴幼儿拿出对应色板进行颜色配对。

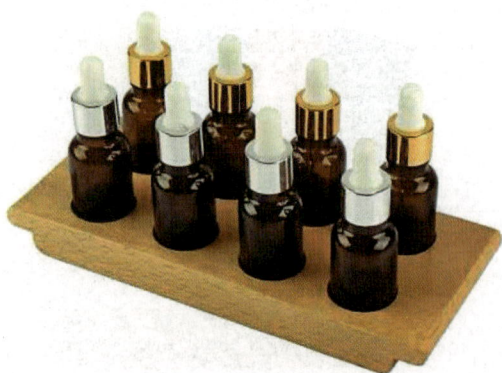

图7-2-9　味觉瓶

图7-2-10　色板

（三）语言训练

在0～3岁阶段，蒙氏语言训练主要包含听力训练和口语训练两个部分。

（1）听力训练（表7-2-8）

表7-2-8　听力训练内容

项　　目	练　习　内　容
1.听力辨音	辨别豆子、石子、硬币等放入不同容器发出的声音；辨别雷声、雨声、风声等自然界的声音；猜猜我是谁（听辨同伴、教师、家长说话的声音）；辨别不同小动物的叫声；辨别不同交通工具的鸣笛声（火车、汽车、轮船）
2.听力追踪	教师演奏婴幼儿熟悉的乐器，婴幼儿听声音寻找乐器；将发声玩具藏起，使之发出熟悉的声音，婴幼儿听声寻找玩具；教师、家长或同伴藏在不同的角落发出声音，婴幼儿寻找
3.听力联想	我说你画；我说你猜（猜食物、动物、人物）；听音乐编动作；听故事续编故事
4.听觉反应	听指令取物；听指令做动作
5.听觉记忆	同时给2～3个指令，婴幼儿按照指令完成任务

（2）口语训练（表7-2-9）

表7-2-9　口语训练内容

项　　目	练　习　内　容
1.自我介绍	名字、年龄、性别、班级、教师、爸爸妈妈
2.谈话	教师围绕一个话题组织谈话，婴幼儿表达自己的想法
3.儿歌	《洗手歌》《刷牙歌》《如厕歌》《喝水歌》《排队歌》《交通信号灯》《我的好妈妈》
4.讲故事	教师、家长给婴幼儿讲故事，婴幼儿复述故事情节或人物原话，并表达自己的看法

（四）智能训练

智能训练主要包括注意力、观察力、记忆力及想象力四个方面能力的训练（表7-2-10）。

表7-2-10　智能训练内容

项　　目	练　习　内　容
1.注意力训练	教师营造安静、简单的环境（物理环境和心理环境），婴幼儿在环境中培养有规律的一日作息和自我约束能力
2.观察力训练	养成良好的观察习惯，制订观察计划，掌握一定的观察技巧和方法
3.记忆力训练	多次重复讲话加深记忆，增加形象记忆，用动作和表情辅助记忆
4.想象力训练	丰富生活经验，在大脑中建立更多的表象；在阅读和游戏中培养想象力

　　需说明的是，各个方面的教育内容并不是孤立的，在蒙氏教育活动中，往往会将各个方面的教育内容相融合，以促进婴幼儿多方面能力的发展。

三、婴幼儿蒙氏教育活动的组织与实施

（一）婴幼儿蒙氏教育活动组织与实施的流程

婴幼儿蒙氏教育活动的组织与实施主要遵循以下五个步骤。

① 走线活动：走线的目的是舒缓婴幼儿情绪，营造一个安静的氛围，让婴幼儿集中注意力，唤醒其秩序感，尽快调整到最佳的工作状态。

② 谈话活动：抛出一个谈话的话题，可以是天气、心情、生活事件等。

③ 律动或手指游戏：课前教师会和婴幼儿做一个律动或者与课程内容相关的手指操，教师引导婴幼儿一一落座，保持安静。

④ 分组上课环节：给班上的婴幼儿分组，由几位教师轮流为小组进行授课。

⑤ 集体自由工作环节：分组课程结束以后，就是集体自由工作时间，婴幼儿自己铺一张工作毯，然后选择一项自己喜欢的工作自由探索。

游戏案例

工作毯的使用

【活动目的】

1. 具备初步的自我意识。
2. 学会使用工作毯。
3. 养成做事专注的好习惯。

【活动准备】

工作毯人手一张，背景音乐。

【活动过程】

1. 配班教师控制音乐，主班教师带领婴幼儿进行走线活动。

2. 如果是初次接触蒙氏线的婴幼儿，教师要介绍其名称，并进行展示。方法：五指并拢指向蒙氏线，告诉婴幼儿"这是蒙氏线"并站在线上，然后开始慢慢地走。走的时候后脚尖挨着前脚跟，注意不要走出线外。

3. 用温和的语气介绍走线规则：慢慢地走线，小手插在腰上或者背在身后（后期可以设计不同的动作）。

4. 随着音乐慢慢减弱停止，走线也停止，教师请婴幼儿坐到蒙氏线上进行以下活动：

（1）问好，进行自我介绍并互相认识，唱欢迎歌。

（2）告知婴幼儿今天要来学一个本领，教师先进行展示，走到工作毯架前慢慢取出一张工作毯拿到活动室中间，并进行介绍：这是工作毯，我们从哪里拿来工作毯，就要放回到哪里去。

（3）示范工作毯的拿法：双手均四指并拢和大拇指分开，右手在上，左手在下，右手握住工作毯的上面的三分之一，左手握住下面的三分之二处，竖着拿起，不要使工作毯散开。

然后走到蒙氏线前跪地，双手伸直铺工作毯，可一只手压住工作毯的一边，另一只手灵活地将工作毯打开，双手从上到下将工作毯抚平。

（4）收工作毯时，婴幼儿将工作毯顺时针转过来，使短边对着自己，双手五指并拢把工作毯卷好，将工作毯送回原位。

（5）请婴幼儿取用工作毯。

教师："请你轻轻地取一块工作毯，找个小标记，对齐放好工作毯。然后在教具架前自由选择你喜欢的教具，轻轻放到工作毯上进行操作。"婴幼儿自由工作，教师个性化指导并做好观察记录，主要观察婴幼儿的专注情况，分析可能分人的原因。

（6）请婴幼儿把教具归位，并卷好工作毯送回毯架。

（二）组织与实施中应注意的问题

① 坚持正面教学以及示范指导。
② 操作前应确保教具完好、数量充足。
③ 排除让婴幼儿走神的干扰因素。
④ 操作时不超出工作毯的范围，工作毯尽量选用纯色的。
⑤ 时刻观察婴幼儿的动作、反应以及兴趣点。
⑥ 鼓励婴幼儿重复操作。
⑦ 适时进行引导。
⑧ 不随意打断婴幼儿的操作。
⑨ 及时做好婴幼儿操作观察记录。

四、婴幼儿蒙氏家庭教育指导

婴幼儿蒙氏家庭教育活动，主要依据不同月龄段婴幼儿身心发展的特点，抓住婴幼儿发展的敏感期，从生活、感官、语言、智能等多个方面加以引导和支持，借助蒙氏教具或者其他替代性材料，以家庭亲子小游戏的形式展开。

教具在蒙氏教育中扮演着重要的角色，家长可配合使用一定的教具，在选择和使用教具时注意蒙氏教具的单一性特点，即每一种教具只训练婴幼儿的单一能力。教具操作原则为：家长先向婴幼儿介绍教具的名称，然后按照一定的顺序展示教具操作的方法，如自上而下、从左往右，每一个动作要缓慢、准确，以确保婴幼儿能够看清楚。同时，要注意观察婴幼儿的面部表情，在展示的过程中除讲解和提示，尽量少说话，以免造成不必要的干扰，提示语也要做到简洁精确。展示结束后邀请婴幼儿独立操作，家长在旁鼓励和指导。

关于日常生活训练，家长要注意家庭环境保持整洁、有序。注意对婴幼儿生活习惯和自理能力的培养，做到自己的事情自己做，家里的事情帮着做。如，自己穿脱衣服、鞋袜；自己独立、安静进餐，不挑食、不浪费粮食；自己的玩具自己收拾；帮家长做一些力所能及的家务，如晾衣服、扫地、擦桌子、浇花、喂宠物或帮厨等。家长要以身作则并对婴幼儿严格要求，使其掌握基本的礼仪规范，如学会打招呼和自我介绍，遵守交通规则，公共场合不喧哗、不吵闹，注意个人卫生，勤洗脸、洗手、洗澡、刷牙。家长还应该陪婴幼儿做运动，促进其大肌肉粗大动作和小肌肉精细动作的发展。

撕纸游戏　　　　　　有礼貌的孩子　　　　　　盖瓶盖

任务三　婴幼儿奥尔夫音乐教育活动的设计与组织

案例导入

昊昊的妈妈爱好音乐，经常在家里播放一些优美的歌曲。她发现昊昊很小的时候听到活泼欢快、节奏感强的乐曲便会不自觉地舞动身体，并且脸上露出愉悦的表情。于是她常常在想，可否从婴幼儿时期就让昊昊接受音乐教育，对他各方面的音乐能力进行培养，如感知音乐旋律和节奏，听音辨音，学习使用一些简单的乐器……如果你是教师会向昊昊妈妈推荐什么样的音乐教育活动呢？

任务要求

1. 理解奥尔夫音乐教育的基本理念。
2. 了解婴幼儿音乐能力发展的特点，并掌握奥尔夫音乐教育活动的内容。
3. 学会组织与实施奥尔夫音乐教育活动。
4. 学会指导奥尔夫音乐家庭教育活动。

一、奥尔夫音乐教育基本理念

奥尔夫音乐教育的基本理念可以概括为以下五方面。

（一）本原性

人类用音乐抒发情感最原始的方式往往是运用各种声调，加上肢体动作。奥尔夫音乐尊重音乐的原始形态和人类天性本能，注重音乐基本元素的教学，如感受声音的强弱、速度的快慢、旋律的高低、音色的特征、调性的变化等。奥尔夫在音乐教学方法上所采取的模式都是从单一音乐要素出发，再不断加入新的元素和表现手段，从而使儿童受到系统的音乐训练。他认为音乐教学越具有本原性、单纯性，效果就越直接、越强烈。

（二）综合性

音乐在儿童身上表现出来的自然形态是动作、舞蹈、语言，三者密不可分。在奥尔夫音乐教育体系里，朗诵、游戏、律动、奏乐、歌唱、表演、舞蹈等都融合在一起，形成十分鲜明的特色。奥尔夫音乐教学虽然从音乐最基本、最简单的元素出发，但又讲求多种元素的融合与高度完美的艺术性；虽然十分强调以节奏为基础，但又对旋律、和声、配器、曲式等方面有着严格的要求；虽然以器乐为特色，但又讲求声乐与器乐并重。

（三）参与性

奥尔夫认为，音乐教育的首要任务是使普通儿童乐意参加音乐活动，能够成为具有一定水平的音乐欣赏者，能够从音乐中体验到乐趣。同时，也为今后要从事音乐艺术的儿童打好基础。因此，在奥尔夫音乐教育课堂上，每一个儿童都是演奏者和参与者，他主张在轻松、愉悦、民主的氛围中，在教师和儿童之间平等的对话和交流中，共同建构音乐教学活动。

（四）创造性

奥尔夫音乐教学非常强调教学的即兴性，从模仿学习开始，到自由创造，充分发挥儿童的个性。因此，要求儿童具有强烈的音乐创造欲望，喜欢观察周围的事物，在解决音乐创造、表演问题时能够提出与众不同的方法，大胆地表达自己的想法。这样，儿童的聪明才智和创造能力便能够获得极大的发展。

（五）开放性

奥尔夫音乐教育没有固定统一的课程模式，它鼓励人们依照本国的文化，将其音乐教育的理念和方法融入其中。如，中国的奥尔夫音乐教学就结合了本国的文化、语言、民歌、童谣甚至方言。这种音乐更容易被儿童所接受和理解，具有通俗性和本土性。因此，各国的奥尔夫音乐教育理念虽然相同，却在具体内容上有所不同，这种开放性教学理念不会使奥尔夫音乐局限在某一时代、某一国家，而是不断创新、逐渐丰富。

二、婴幼儿奥尔夫音乐教育活动的内容

婴幼儿奥尔夫音乐教育体系的课程内容主要包含嗓音训练、动作训练和器乐训练三个部分。

（一）嗓音训练

声带作为人体自带的发声器官，是天然的发声器，能够发出各色各样的声音。柯达伊曾经说过："你的喉咙里就有一样'乐器'，只要你愿意使用它，它的乐音比世界上任何小提琴都美。"奥尔夫音乐作为一种本原性的音乐教育活动，非常注重对嗓音的训练。其中，嗓音训练包含节奏朗诵和歌唱活动。

1.节奏朗诵

节奏朗诵和歌唱活动除了在有无旋律方面有所不同以外，在其他方面具有高度的相似性，婴幼儿可以像演唱歌曲一样，通过嗓音和语气的变化表达一系列富有韵律感、节奏感和结构感的词语，感受并体验节拍、节奏、力度、速度、声调、结构句子等音乐要素。教师在组织节奏朗诵活动时，可以根据朗诵的具体内容和形式配以简单有趣的身体动作，来增加节奏练习的效果和活动的趣味性。

2.歌唱活动

歌唱活动是婴幼儿喜闻乐见的一种音乐教育形式，也是其表达自己喜怒哀乐等情绪情感的方式。在歌唱活动中，婴幼儿用甜美、清脆的童声来表达自己欢乐、喜悦、忧伤等各种各样的心情，展示自己的能力。通过歌唱活动，婴幼儿可培养对音乐的感知能力，丰富音乐表现力和创造力。

（二）动作训练

瑞士著名音乐教育家达尔克罗兹认为，音乐本身离不开律动，律动和人体动作的发展有着密切的关系，因此单纯地教音乐、学音乐而不结合身体运动的方式是孤立的、不全面的。在婴幼儿动作训练中，主要包括律动、舞蹈和音乐游戏三种基本活动。

1. 律动

律动是有节奏的跳动、有规律的运动，指人听到音乐后，按照音乐节奏进行身体动作表现。达尔克罗兹的"体态律动教学法"指出，体态律动就是用人体的肌肉和心灵去感受音乐节奏的疏密、旋律的起伏、情绪的变化。奥尔夫音乐教学中的律动是达尔克罗兹"体态律动教学法"的延续，强调只有在身心两方面都真正投入音乐中，内心对音乐的感受、理解才是深入的。婴幼儿通过律动活动，用身体表达对音乐旋律、节奏、曲式、风格的理解，尤其是对歌曲节奏的把握。

2. 舞蹈

舞蹈是以身体为语言的人体运动的表达艺术，一般有音乐伴奏，是以肢体动作为主要表现手段的艺术形式。婴幼儿阶段常以"歌表演"的形式展现舞蹈动作，即伴随着音乐的节奏载歌载舞，用舞蹈动作表达情感和对音乐的感知。

3. 音乐游戏

奥尔夫音乐教学十分重视游戏的作用，几乎每一堂课都包含游戏的元素，从教学内容到教学方法，甚至是课堂组织的形式都具有游戏性。当然，这种游戏不是单纯地玩乐，而是通过游戏学习音乐元素，发展音乐能力，提高音乐素养。奥尔夫音乐的游戏教学法符合婴幼儿的学习特点，规避了呆板的教学形式，可使婴幼儿在玩中学，在游戏体验中加深对音乐的感知。

（三）器乐训练

器乐训练是一种乐器演奏活动，奥尔夫主张运用各种乐器和能发出声音的物体，使儿童通过奏乐对音乐世界进行探索，从而得到全方位的音乐体验。奥尔夫器乐训练并不是把学习乐器演奏作为教学的主要目的，而是将其当作一种帮助儿童理解音乐的手段，这些简单的、无需太多使用技巧的乐器为儿童参与和体验音乐提供了良好的途径。婴幼儿奥尔夫器乐训练主要分为器乐伴奏练习和器乐演奏练习两个部分。

1. 器乐伴奏练习

婴幼儿使用简单的乐器为歌曲、乐曲、儿歌、舞蹈等进行伴奏，可在器乐演奏的过程中进一步加深对音乐节奏的理解，了解不同乐器的音色特点以及如何根据乐曲的风格进行配器。

2. 器乐演奏练习

器乐演奏练习是一种即兴的乐器演奏活动。奥尔夫的器乐演奏往往和嗓音训练、动作训练搭配进行，而不是以器乐演奏为主要目的，因此奥尔夫器乐演奏练习并不等同于一般意义上的器乐演奏。

奥尔夫器乐训练中会使用多种多样的打击乐器，对于0～3岁的婴幼儿来说，打击乐器是他们最容易操作的一类。按照乐器制作的材质和发音特点的不同，可以将其分为以下四类。

（1）鼓类

鼓类又称皮革类打击乐器，鼓面一般由皮革制成，蒙在筒状的共鸣箱上，靠鼓槌或用手敲击鼓面振动发出声音，音色特点是声音低沉、浓厚且延续音较长，适合于低声部，在强拍上给人以稳定感。0～3岁阶段婴幼儿常用的鼓有邦戈鼓、手鼓、小军鼓等（图7-3-1、图7-3-2、图7-3-3）。

（2）木竹类

木竹类乐器用木头或竹子制成，内置一定的共鸣腔，常见的有双响筒、响板、木鱼及蛙鸣筒等

图7-3-1 邦戈鼓

图7-3-2 手鼓

图7-3-3 小军鼓

（图7-3-4、图7-3-5、图7-3-6、图7-3-7）。通常靠敲击或撞击发声，音色特点是清脆、干净、利落，几乎无延续音，适合表现速度较快的节奏型。

图7-3-4 双响筒

图7-3-5 响板

图7-3-6 木鱼

图7-3-7 蛙鸣筒

（3）金属类

金属类乐器用铁、铜、铝等金属材料制成，主要靠金属部分的撞击发出声音，如三角铁、碰铃、小锣、钹等（图7-3-8、图7-3-9、图7-3-10、图7-3-11）。音色特点是高亢明亮、穿透力强、有余音，不适宜在快节奏的曲子中使用，其中，钹、锣等音量较大，在合奏中要注意控制，一般作为特色乐器使用。

图7-3-8 三角铁

图7-3-9 碰铃

图7-3-10 小锣

图7-3-11 钹

（4）混响类

在奥尔夫器乐当中还有一类乐器综合了两种或两种以上材料制作而成，这类乐器有铃鼓、串铃棒、沙锤（图7-3-12、图7-3-13、图7-3-14）等，还有一些配合身体动作表演时戴的腕铃（图7-3-15）、脚铃、腰铃等。它们大多靠摇晃或抖动发出声音，具有散响的特征，因此又称散响类或混响类乐器。除铃鼓外，这类乐器大多音量较小、声音细碎，演奏时较难控制，适合表现长音节奏，不宜表现太快或太慢的节奏。

| 图7-3-12　铃鼓 | 图7-3-13　串铃棒 | 图7-3-14　沙锤 | 图7-3-15　腕铃 |

三、婴幼儿奥尔夫音乐教育活动的组织与实施

（一）活动的组织

婴幼儿奥尔夫音乐活动的教学组织形式可以按照不同的维度进行划分：按照参与人数，可以分为集体活动、小组活动和个别活动三种形式；按照活动内容的组织形式，又可以分为单一活动和综合活动。

1. 按参与人数划分

（1）集体活动

集体活动是一种全体婴幼儿参与的活动形式，年龄较小的婴幼儿往往需要家长辅助参与活动，在集体活动中可以增加婴幼儿间交流、分享与合作的机会。

（2）小组活动

小组活动，即将全班婴幼儿分成小组，分别进行不同的音乐活动。

（3）个体活动

个体活动，即针对个别幼儿进行的音乐教学活动，如家庭当中的亲子游戏。

2. 按内容组织形式划分

（1）单一活动

单一活动，即针对歌唱、朗诵、律动、舞蹈、音乐游戏及器乐演奏中的某一项，对婴幼儿实施训练的教学，如歌唱活动"哈喽歌"、律动活动"五指歌"。

（2）综合活动

综合活动是奥尔夫音乐教育的常用模式，也是奥尔夫非常推崇的一种教学模式，教学内容的组织集嗓音、动作、器乐训练为一体，在一次教学中可以促进婴幼儿多种音乐能力的发展，使婴幼儿获得全面、丰富、综合的审美体验。

游戏案例

综合活动：小小蛋儿把门开（1～3岁）

【活动目的】

1. 朗诵和学唱儿歌《小小蛋儿把门开》。
2. 能根据歌曲内容做简单的身体律动。
3. 学会用三角铁进行伴奏。

4.通过相互打电话，学会与人交往。

【活动准备】

音乐《小小蛋儿把门开》，鸡蛋，成长鸡嵌板，自制蛋壳，毛绒小鸡，上弦小鸡，三角铁。

【活动过程】

一、导入

教师出示一个鸡蛋，提问"这是什么"，然后用成长鸡嵌板讲解小鸡的成长过程："小鸡从妈妈的肚子里出来时是一颗鸡蛋，小鸡就藏在蛋里面。过一段时间，它会顶破蛋壳，从蛋壳里钻出来，并且渐渐长大。我们今天学习的这首歌唱的就是小鸡从蛋壳里钻出来时的样子。"

二、串讲歌词

教师打开自制蛋壳，取出毛绒小鸡，念出歌词，师幼共同听音乐《小小蛋儿把门开》。

三、念唱歌曲

教师带领幼儿跟着音乐拍手念一遍，再唱一遍。

手起，注意间奏时手不打节拍，轻轻摇动身体（提示语：摇头），尾奏时继续拍完（提示语：继续）。

四、乐器伴奏

教师请幼儿有秩序地上前取乐器，提示幼儿可随意练习敲打、刮奏乐器，同时在教师说"收"时停止。

五、体态律动

教师边念歌词边做动作：两手合拢再打开，一只手钻出（小小蛋儿把门开，一只小鸡钻出来），两臂合抱摇摆身体（毛茸茸、胖乎乎），手指做小鸡尖嘴的样子，按节拍点动（叽叽叽叽叽叽叽叽唱起来）。幼儿跟着音乐学做动作。

六、游戏律动

教师用身体示范鸡蛋打开的样子：蹲下，两臂合抱，然后两臂推开做开门的样子（小小蛋儿把门开），站起的同时右手从中间向上举至面前（一只小鸡钻出来）。其余动作同上，幼儿跟做。

【活动延伸】

教师："小鸡是我们的好朋友，我们现在把好朋友小鸡画出来，带回家，让小鸡在家里和我们一起唱歌。"

教师出示小鸡出壳图，提示图上小鸡穿着黄色的衣服，请幼儿给空白的小鸡图涂色。注意涂色要均匀，涂在线内，保持画面的整洁。

（二）活动的实施

1.0～1岁婴儿奥尔夫音乐教育活动

0～1岁婴儿奥尔夫音乐训练以感知练习为主。

（1）嗓音训练

由于1岁之前婴儿语言系统尚未发育成熟，口语水平较低，针对0～1岁婴儿的嗓音练习主要以

倾听感受为主。可以多让婴儿倾听旋律优美、节奏明显的乐曲和儿歌，经常为婴儿朗诵有节奏的诗歌、儿歌及儿童诗。

（2）动作训练

0～1岁的婴儿经历了抬头、翻身、坐、爬、站立及行走等一系列动作发展，手部抓握动作经历了从无意识的抓握反射到有意识地用手抓取物件。总体而言，该年龄段的婴儿身体动作的控制能力较弱，还不能根据指令控制和完成身体动作。因此，0～1岁婴儿奥尔夫动作训练往往以成人辅助、婴儿被动感知的方式进行。

（3）器乐训练

0～1岁婴儿能够用手抓握玩具，但手部力量和精细动作均发展不足，因此还不能正确操作乐器。针对该年龄段的婴儿，可以让其探索、体验乐器的玩法，倾听、感知并学会分辨乐器的声音。教师应精心为婴儿选择颜色鲜亮的乐器，以激发其探索的兴趣，使其通过眼睛观察和用手触摸感知乐器的外观与材质，在敲敲、打打、摇摇中倾听乐器发出的声音，感知动作的力度、速度与音量大小、节奏快慢的关系。

2. 1～2岁幼儿奥尔夫音乐教育活动

1～2岁幼儿奥尔夫音乐训练以模仿练习为主。

（1）嗓音训练

1岁左右的婴幼儿开始学会说话，这一时期幼儿通过模仿成人说话来学习一些日常用语，掌握日常生活中常用的词汇，且能听懂成人的一些简单的指令。所以该阶段的嗓音训练主要以模仿训练为主，婴幼儿通过倾听和观察，模仿成人朗诵和歌唱。

（2）动作训练

1～2岁幼儿大肌肉动作快速发展，逐渐能平稳地独立行走，可以倒退走、走直线、走曲线，会滚球、手臂越过头抛球，手部的精细动作较为灵活，双手可以搭配完成一些简单的动作。该年龄段的幼儿喜欢模仿大人的动作，能听懂简单的指令，所以1～2岁幼儿奥尔夫动作训练可以采用模仿游戏的方式。

（3）器乐训练

1～2岁幼儿能够依从指令行动，并遵守简单的操作规则。对乐器探索的欲望进一步增强，随着手部力量的发展和精细动作的完善，能够演奏部分乐器，但是无法准确地和乐演奏，仍以模仿成人为主。因此，对该阶段幼儿的器乐训练可采用探索模仿的方式。

3. 2～3岁幼儿奥尔夫音乐教育活动

2～3岁幼儿奥尔夫音乐训练以表演练习为主。

（1）嗓音训练

2～3岁幼儿的语言能力尤其是口语水平有了较大程度的提升，掌握的词汇量激增，会使用形容词、副词、代词、连词，可以说出完整的短句和简单的复合句来表达自己的想法。幼儿能够记忆和演唱简单的儿歌，能够朗诵简短的、节奏性强、押韵的诗歌等。针对该年龄段的幼儿可以采用声音表演法进行奥尔夫嗓音训练。

（2）动作训练

2～3岁幼儿动作发展水平较前两个年龄段有了较大幅度的提升，手脚灵活、肢体协调，可以完成连贯的动作组合，如抱起球往前跑，可以清晰地根据指令完成动作，会做简单的律动操，表演简单的儿童舞蹈，因此该年龄段幼儿的奥尔夫动作训练主要以动作表演为主。

（3）器乐训练

2～3岁幼儿手部肌肉力量增强，精细动作发展水平更高，更加喜欢敲打、拨弄乐器，乐器演奏水平提高。幼儿的社会交往需求增加，喜欢与同伴玩游戏。因此，针对该年龄段幼儿的器乐训练，教师可以多设计乐器操作的游戏。

四、婴幼儿奥尔夫音乐家庭教育指导

（一）0～1岁婴儿奥尔夫音乐家庭教育指导

在0～1岁婴儿嗓音训练启蒙中，倾听非常重要，倾听是音乐体验和学习的基础。家长可以挑选适宜的倾听素材，引导婴儿倾听大自然的声音、周围人的声音，可以经常在家中播放儿歌、歌谣让婴儿倾听。注意播放和说话的音量不要过大，并时刻观察婴儿的表情、动作。

关于动作训练，家长在家中可播放节奏明显的音乐，根据婴儿动作发展水平设订一些有节奏的肢体动作。如游戏"火车突突突"，家长把婴儿平放在地垫上，边有节奏地念歌谣，边让婴儿屈膝，前后摆动双脚。随后可变化速度念歌谣，让火车加速、减速，让婴儿体验身体速度的变化。最后，起身抱起婴儿边念歌谣边绕室走。

该年龄段婴儿的器乐训练以感知探索为主，家长可为婴儿呈现不同材质、大小、形状的乐器，以鲜亮颜色为主，以引发其探索欲望，让婴儿把玩、敲打乐器，进一步熟悉乐器的外观形状、音色特点，体验身体节奏、力度与乐器发声快慢、大小的关系。

（二）1～2岁幼儿奥尔夫音乐家庭教育指导

该年龄段的幼儿已经具备了一定的语言模仿能力，家长可以在家中和幼儿一起有节奏地朗诵儿歌，演唱一些简单的儿歌。此过程更多的是增加幼儿的模仿体验，不要求幼儿能记忆并独立演唱。家长在朗诵和演唱时要注意音量适中、音准准确、节奏感强，为幼儿提供正确的示范。

关于动作训练，该年龄段幼儿的动作发展水平进一步提高，喜欢模仿成人的动作，能听懂简单的指令，根据指令做动作。家长可以在家中和幼儿一起玩动作模仿游戏，如"我的五官"，帮助幼儿认识自己的五官。

1～2岁幼儿手部精细动作水平逐渐发展，模仿能力逐渐增强，家长可以在幼儿面前示范一些简单乐器的玩法，如节奏棒、串铃、小鼓等，幼儿通过模仿家长逐渐学会乐器的操作方法。

（三）2～3岁幼儿奥尔夫音乐家庭教育指导

2～3岁幼儿的语言能力进一步提高，对歌曲节奏和旋律的感知能力也进一步增强，具有了一定的自主意识，渴望在成人面前展现自己。家长应该在家庭中多为幼儿提供表演的机会，必要时配合使用头饰、道具等进行表演。可在家中带领幼儿进行一些音乐律动游戏或者唱歌表演活动，一边演唱儿歌一边加上身体动作进行表演，边歌边舞。

关于器乐训练，可以和歌唱、朗诵、动作表演等活动结合进行，如边歌唱边搭配乐器演奏；或者幼儿一边歌唱一边做身体律动，家长从旁演奏乐器，为幼儿伴奏。

思考与练习

一、单选题

1. 内感包括（　　　）、本体觉和机体觉。
   A. 触觉　　　　　　　B. 前庭觉　　　　　　　C. 嗅觉　　　　　　　D. 视觉
2. 动作协调性不佳，左右脚不协调，学习新动作困难是哪一种感觉统合失调的表现？（　　　）
   A. 触觉　　　　　　　B. 前庭觉　　　　　　　C. 本体觉　　　　　　D. 视觉

3. "以腹部为中心，俯卧在上面，头抬高，双腿绷直，手打开或前伸，身体呈起飞状进行滑行"描述的是哪一种感统器械的操作方法？（　　　）

    A. 大龙球   B. 触觉球   C. 平衡步道   D. 方形滑板

4. 关于感觉统合训练时应注意的问题，以下说法不正确的是？（　　　）

    A. 活动的设计应充分考虑安全性

    B. 训练时可以适当地给婴幼儿压力，以帮助他们完成挑战

    C. 应将感统训练与游戏相结合，注意活动设计的游戏性和趣味性

    D. 应注意个别差异，根据每个婴幼儿感觉统合失调的情况和兴趣偏好为婴幼儿选择不同的训练项目

5. 以下不是蒙台梭利教育观点的是（　　　）。

    A. 游戏的作用大于工作   B. 儿童发展具有敏感期

    C. 教师是支持者、示范者和观察者的角色   D. 环境是第二任教师

6. 婴幼儿蒙氏教育活动的主要内容包括日常生活训练、（　　　）、语言训练、智能训练四个方面。

    A. 感觉训练   B. 感官训练   C. 智力训练   D. 任务训练

7. 在婴幼儿蒙氏教育活动组织与实施环节，（　　　）的目的是舒缓婴幼儿情绪，营造一个安静的氛围，让婴幼儿集中注意力，唤醒其秩序感，尽快调整到最佳工作状态。

    A. 走线活动   B. 谈话活动   C. 韵律活动   D. 集体自由活动

8. 奥尔夫音乐教育没有固定统一的课程模式，它鼓励人们依照本国的文化，将其音乐教育的理念和方法融入其中。如在中国的奥尔夫音乐教学，结合了本国的文化、语言、民歌、童谣甚至是方言。这体现了奥尔夫音乐教育的哪一种教育理念？（　　　）

    A. 本原性   B. 综合性   C. 创造性   D. 开放性

9. 以下哪一项不属于婴幼儿奥尔夫音乐教育活动的内容？（　　　）

    A. 嗓音训练   B. 动作训练   C. 音乐欣赏   D. 器乐训练

10. 在众多奥尔夫器乐当中还有一类乐器综合了两种或两种以上材料制作而成，这类乐器有铃鼓、串铃棒、沙锤等，还有一些配合身体动作表演时戴的手串铃、脚铃、腰铃等，它们大多靠摇晃或抖动发出声音。这是哪一类乐器？（　　　）

    A. 鼓类   B. 混响类   C. 木竹类   D. 金属类

二、简答题

1. 请谈谈蒙氏、感统及奥尔夫音乐教育的基本理念。

2. 请说说婴幼儿蒙氏、感统及奥尔夫音乐教育的内容有哪些。

3. 请分别谈谈婴幼儿蒙氏、感统及奥尔夫音乐教育的教具名称与使用方法。

4. 请设计一个婴幼儿蒙氏、感统或奥尔夫音乐教育活动方案。

5. 请为婴幼儿家长设计一个蒙氏、感统或奥尔夫音乐教育指导方案。

主要参考文献

［1］黄瑾.幼儿园教育活动设计与指导［M］.上海：华东师范大学出版社，2021.

［2］玛丽亚·蒙台梭利.童年的秘密［M］.马荣根，译.北京：人民教育出版社，2005.

［3］张红.0～3岁婴幼儿教育活动设计与指导［M］.上海：华东师范大学出版社，2021.

［4］刘金花.儿童发展心理学［M］.上海：华东师范大学出版社，2013.

［5］琳恩·E.科恩，桑德拉·韦特-斯图皮安斯基.幼儿教师须知的教育理论——13个世界著名理论流派的幼儿教育观［M］.刘富利，覃静，译.北京：中国轻工业出版社，2021.

［6］徐小妮.0～3岁儿童早期教育概论［M］.上海：复旦大学出版社，2021.

［7］R.M.加涅，W.W.韦杰，K.C.戈勒斯，J.W.凯勒.教学设计原理［M］.王小明，等译.上海：华东师范大学出版社，2020.

［8］何晓夏.学前教育史［M］.北京：高等教育出版社，2014.

［9］陈鹤琴.家庭教育［M］.上海：华东师范大学出版社，2013.

［10］吴静静.马尔科姆·诺尔斯成人教育学思想研究［D］.南京：南京师范大学，2019.

［11］杨文花.陈鹤琴家庭教育思想研究［D］.保定：河北大学，2007.

［12］朱莉·布拉德.0～8岁儿童学习环境创设［M］.陈妃燕，彭楚芸，译.南京：南京师范大学出版社，2014.

［13］玛丽亚·蒙台梭利.童年之秘［M］.李田树，译.台北：及幼文化，2000.

［14］陈秀云，陈一飞.陈鹤琴文集［M］.南京：江苏教育出版社，2007.

［15］国家卫生健康委.托育机构设置标准（试行）［EB/OL］.（2019-01-16）［2022-02-01］http://www.gov.cn/xinwen/2019-10/16/content_5440463.htm.

［16］文颐，杨秀蓉，杨春华.0～3岁婴儿早期教育亲子指导课程教学设计方案［M］.北京：科学出版社，2018.

［17］北京市教育委员会.0～3岁儿童早期教育指南［M］.北京：北京师范大学出版社，2010.

［18］张海燕，石琳，李娜.0～3岁婴幼儿早期教育活动的设计与实践［M］.北京：中国农业出版社，2020.

［19］孔宝刚，盘海鹰.0～3岁儿童的保育与教育［M］.上海：复旦大学出版社，2013.

［20］陈帼眉.学前心理学［M］.北京：北京师范大学出版社，2015.

［21］王振宇.学前儿童发展心理学［M］.北京：人民教育出版社，2004.

［22］曹桂莲.0～3岁儿童亲子活动设计与指导［M］.上海：复旦大学出版社，2014.

［23］左志宏.0～3岁婴幼儿认知发展与教育［M］.上海：华东师范大学出版社，2020.

［24］秦旭芳.0～3岁亲子教育活动指导与设计［M］.北京：中国人民大学出版社，2017.

［25］张永红，赖莎莉.0～3岁婴儿的保育与教育［M］.武汉：武汉大学出版社，2015.

［26］张明红.0～3岁儿童语言发展与教育［M］.上海：华东师范大学出版社，2013.

［27］贾艳.1～3岁婴幼儿动作发展研究［D］.太原：山西大学，2013.

［28］任丽晓.0～3岁婴幼儿家长养育需求研究［D］.南京：南京师范大学，2019.

［29］顾静.0～3岁婴幼儿亲子阅读现状调查——以成都市郫都区为例［D］.成都：四川师范大学，2018.

［30］郑小蓓，孟祥芝，朱莉琪.婴儿动作意图推理研究及其争论［J］.心理科学进展，2010，18（03）：441-449.

［31］李丹，陆文婧.0～3岁儿童社会情绪与社会行为发展的研究综述［J］.上海师范大学学报（基础教育

版），2008，37（03）：8-14.

［32］李雨霏，袁瑜翎，王玲艳.0～3岁婴幼儿母亲育儿压力现状与影响因素［J］.学前教育研究，2019（09）：68-80.

［33］国家卫生健康委办公厅.国家卫生健康委办公厅关于印发托育机构婴幼儿伤害预防指南（试行）的通知［EB/OL］.（2021-11-04）［2022-05-30］.http://wjw.yl/.gov.cn/index.php?m=Article&a=show&id=23155.

［34］洪秀敏.《托育机构保育指导大纲（试行）》的研制目的、价值取向与主要内容［J］.幼儿教育（教育科学），2021（05）：3-7+12.

［35］国家卫生健康委办公厅.托育机构保育指导大纲（试行）［EB/OL］.（2021-11-20）［2022-04-20.］http://www.nhc.gov.cn/rkjcyjtfzs/s7785/202101/deb9c0d7a44e4e8283b3e227c5b114c9.shtml.

［36］上海市教育委员会.上海市0-3岁婴幼儿教养方案（试行）（下）［J］.幼儿教育，2004（11）：42-44.

［37］Mary Jane Maguire-Fong.与0-3岁婴幼儿一起学习——支持主动的意义建构者［M］.罗丽，译.北京：中国轻工业出版社，2020.

［38］Carol Copple，Sue Bredekamp，Derry Koralek，Kathy Charner.0-3岁婴幼儿发展适宜性实践［M］.洪秀敏，宋佳，等译.北京：中国轻工业出版社，2020.

［39］刘婷.0～3岁婴幼儿心理发展与教育［M］.上海：华东师范大学出版社，2021.

［40］周念丽.0～3岁儿童心理发展［M］.上海：复旦大学出版社，2019.

［41］张红.0～3岁婴幼儿教育活动设计与指导［M］.上海：华东师范大学出版社，2021.

［42］朱迪·赫尔，特丽·斯文.美国早教创意课程［M］.李颖妮，译.上海：华东师范大学出版社，2018.

［43］陈明霞.婴幼儿亲子活动课程（13～18个月）［M］.上海：复旦大学出版社，2018.

［44］丁玉，陈丽萍.0～3岁亲子活动设计与家长指导［M］.上海：复旦大学出版社，2018.

［45］李燕，赵燕.学前儿童发展心理学［M］.上海：华东师范大学出版社，2008.

［46］王红.0～3岁婴幼儿家庭教育与指导［M］.上海：华东师范大学出版社，2020.

［47］曹中平.0～3岁婴幼儿玩具与游戏［M］.长沙：湖南教育出版社，2021.

［48］赵嘉然.育婴师（三级）［M］.北京：中国劳动社会保障出版社，2016.

［49］袁爱玲.0～3岁婴幼儿保育与教育［M］.长沙：湖南师范大学出版社，2019.

［50］Janet Gonzalez-Mena.婴幼儿教师与家长沟通和合作的50个策略［M］.洪秀敏，等译.北京：中国轻工业出版社，2020.

［51］张凤敏.婴幼儿家庭教育［M］.上海：上海科技教育出版社，2021.

［52］陈国鹏，张小民.儿童感觉统合理论与实务教程［M］.上海：上海教育出版社，2019.

［53］张楠.婴幼儿感觉统合教育实操教程［M］.上海：复旦大学出版社，2020.

［54］蒙台梭利.蒙台梭利早教方案——0～3岁感官系统训练全书［M］.薛莎莎，译.北京：北京理工大学出版社，2013.

［55］蒙台梭利.蒙台梭利早教方案——0～3岁智力及语言系统训练全书［M］.齐开霞，译.北京：北京理工大学出版社，2013.

［56］张前高.奥尔夫音乐教育［M］.镇江：江苏大学出版社，2015.

［57］董硕灵.0-3岁婴幼儿奥尔夫音乐教育［M］.南京：南京大学出版社，2020.

图书在版编目(CIP)数据

婴幼儿早期教育活动设计与组织/徐小妮主编. —上海：复旦大学出版社，2023.2(2025.6重印)
ISBN 978-7-309-16532-6

Ⅰ.①婴…　Ⅱ.①徐…　Ⅲ.①婴幼儿-早期教育　Ⅳ.①G61

中国版本图书馆 CIP 数据核字(2022)第 197280 号

婴幼儿早期教育活动设计与组织
徐小妮　主编
责任编辑/赵连光

复旦大学出版社有限公司出版发行
上海市国权路 579 号　邮编：200433
网址：fupnet@ fudanpress. com　http://www.fudanpress.com
门市零售：86-21-65102580　团体订购：86-21-65104505
出版部电话：86-21-65642845
上海丽佳制版印刷有限公司

开本 890 毫米×1240 毫米　1/16　印张 12.75　字数 368 千字
2025 年 6 月第 1 版第 3 次印刷

ISBN 978-7-309-16532-6/G・3435
定价：49.00 元